Biblioteca de Derecho Administrativo

Luigi Garofalo
(Director)

Carlos Antonio Agurto Gonzáles
Sonia Lidia Quequejana Mamani
Benigno Choque Cuenca
(Coordinadores Generales)

COLECCIÓN ALLAN R. BREWER-CARÍAS

ALLAN R. BREWER-CARÍAS
Profesor Emérito de la Universidad Central de Venezuela
Individuo de Número de la Academia de
Ciencias Políticas y Sociales de Venezuela
Miembro Correspondiente de la Academia Chilena de
Ciencias Sociales, Políticas y Morales
Miembro de la Asamblea Nacional Constituyente de Venezuela, 1999

GOLPE DE ESTADO CONSTITUYENTE Y FRAUDE CONSTITUCIONAL

LECCIONES DE LA EXPERIENCIA VENEZOLANA CON LA ASAMBLEA CONSTITUYENTE DE 1999

EDICIÓN AL CUIDADO DE
CARLOS ANTONIO AGURTO GONZÁLES
SONIA LIDIA QUEQUEJANA MAMANI
BENIGNO CHOQUE CUENCA

editorial jurídica venezolana
Ediciones Olejnik

GOLPE DE ESTADO CONSTITUYENTE Y FRAUDE CONSTITUCIONAL.
Lecciones de la experiencia venezolana con la Asamblea Constituyente de 1999

© Ediciones Olejnik
Huérfanos 611, Santiago-Chile
E-mail: contacto@edicionesolejnik.com
Web site: http://www.edicionesolejnik.com

Primera edición en Ediciones Olejnik: 2021

ISBN: 978-956-407-058-2

Diseño de Carátula: Ena Zuñiga

Diagramación: Janett Ruiz Rebaza

La primera edición de Ediciones Olejnik fue impresa en Argentina, 2021

La reimpresión en coedición entre Ediciones Olejnik y Editorial Jurídica Venezolana fue impresa por Lightning Source, an Ingram Company, para Editorial Jurídica International Inc., 2021

A la memoria del profesor Pedro Nikken,
mi querido y entrañable amigo de tantos años,
compañero de tantas horas de reflexión y de trabajo
en la cátedra universitaria y en la Academia, quien tanto
me alentó a trabajar en el proceso constituyente venezolano,
y quien durante treinta y cinco años fue nuestro socio
en el Despacho de Abogados Baumeister & Brewer.

ÍNDICE

NOTA DEL AUTOR

Con particular referencia a las lecciones del proceso venezolano (1999) para el proceso constituyente chileno (2021)

La experiencia venezolana de convocatoria e instalación de una Asamblea Constituyente en 1999 que no estaba prevista ni regulada en la Constitución entonces vigente de 1961,[1] fue una manifestación de populismo constitucional,[2] cuyas lecciones deben conocerse para no repetirse, como lamentablemente ocurrió unos años después en Ecuador[3] y en Bolivia, pues en la misma se violaron todos los principios más elementales del constitucionalismo moderno.

Es precisamente en ese contexto que he querido analizar en esta pequeña obra el proceso constituyente o de golpe constituyente y fraude a la Constitución que se desarrolló en Venezuela en 1999, con la convocatoria de una Asamblea Constituyente no prevista en la Constitución de 1961; proceso mediante el cual un grupo de militares, que habían fracasado en un intento de golpe de Estado en 1992, acompañados de acólitos civiles, utilizaron una vía democrática de consulta popular para asaltar igualmente el poder, perpetuándose en él, desmantelando el Estado democrático de derecho, para establecer un régimen autoritario.[4] Esa experiencia hay

---

1 Véase Allan R. Brewer-Carías, *Reforma Constitucional y Fraude Constitucional. Venezuela 1999-2009*, Academia de Ciencias Políticas y Sociales, Caracas 2009.

2 Véase Juan Carlos Cassagne y Allan R. Brewer-Carías, *Estado populista y populismo constitucional. Dos estudios*, Ediciones Olejnik, Santiago, Buenos Aires, Madrid 2020.

3 Véase Allan R. Brewer-Carías, *Reformas constitucionales, Asambleas Constituyentes y control judicial: Honduras (2009), Ecuador (2007) y Venezuela (1999)*, Universidad Externado de Colombia, Bogotá 2009.

4 Véase Allan R. Brewer-Carías, *Dismantling Democracy. The Chávez Authoritarian Experiment*, Cambridge University Press, New York 2010; *Authoritarian Government v. The Rule of Law. Lectures and Essays (1999-2014) on the Venezuelan Authoritarian Regime Established in Contempt of the Constitution*, Fundación de Derecho Público, Editorial Jurídica Venezolana, Caracas 2014; *Estado Totalitario y desprecio a la Ley. La desconstitucionalización, desjuridificación, desjudicialización y desdemocratización de Venezuela*, Fundación de Derecho Público, Editorial Jurídica Venezolana, 2014, 532 pp.; segunda edición, (Con prólogo de José Ignacio Hernández), Caracas 2015; *La Ruina de la Democracia. Algunas Consecuencias. Venezuela 2015*, (Prólogo de Asdrúbal Aguiar), Colección Estu-

que conocerla y estudiarla, por las lecciones que dio, como antes mencioné, para tratar de evitar su repetición en otros países.

I

Antes, sin embargo, estimo de interés recordar algunos principios elementales del constitucionalismo aplicables a la materia.

Una Constitución como manifestación de la voluntad del pueblo expresada como poder constituyente originario, prevalece y debe prevalecer sobre la voluntad de todos los órganos constituidos del Estado, por lo que su modificación o reforma sólo puede llevarse a cabo conforme se dispone en su propio texto, como expresión-imposición de la voluntad popular producto de ese poder constituyente originario.

Este postulado de la supremacía de la Constitución en tanto que norma fundamental implica, como lo dijo Alexander Hamilton en 1788, no sólo que "ningún acto legislativo contrario a la Constitución puede ser válido," sino que "negar esto significaría afirmar que: "los representantes del pueblo son superiores al pueblo mismo; que los hombres que actúan en virtud de poderes, puedan hacer no sólo lo que sus poderes no les autorizan sino también lo que les prohíben."[5]

La contrapartida de la obligación de los órganos constituidos de respetar la Constitución de manera que el poder constituyente originario (del pueblo) prevalezca sobre la voluntad de dichos órganos estatales constituidos, es el derecho constitucional que todos los ciudadanos tienen en un Estado Constitucional, a que se respete la voluntad popular expresada en la Constitución, es decir, *el derecho fundamental a la Constitución y a su supremacía.* [6] Nada se ganaría con señalar que la Constitución, como manifestación de la voluntad del pueblo, debe prevalecer sobre la de los órganos del Estado, si no existiere el derecho de los integrantes del pueblo de exigir el respeto de esa Constitución, y además, la obligación de los órganos jurisdiccionales de velar por dicha supremacía.

El constitucionalismo moderno, por tanto, no sólo está montado sobre el principio de la soberanía popular sino sobre el de la supremacía y rigidez constitucio-

---

dios Políticos, No. 12, Editorial Jurídica Venezolana, Caracas 2015; *The Collapse of The Rule of Law and the Struggle for Democracy in Venezuela. Lectures and Essays (2015-2020),* Foreword: Asdrúbal Aguiar, Colección Anales, Cátedra Mezerhane sobre democracia, Estado de Derecho y Derechos Humanos, Miami Dade College, 2020.

5 Véase en *The Federalist* (ed. B.F. Wright), Cambridge, Mass. 1961, pp. 491-493.

6 Véase Allan R. Brewer-Carías, "Algo sobre las nuevas tendencias del derecho constitucional: el reconocimiento del derecho a la constitución y del derecho a la democracia," en Sergio J. Cuarezma Terán y Rafael Luciano Pichardo (Directores), *Nuevas tendencias del derecho constitucional y el derecho procesal constitucional,* Instituto de Estudios e Investigación Jurídica (INEJ), Managua 2011, pp. 73-94.

nal,[7] lo que implica que para llevar a cabo una reforma de la Constitución los tres principios han de ser observados y ninguno de ellos puede prevalecer en sacrificio de los otros. La soberanía popular debe respetarse siempre que se manifieste de acuerdo con la propia voluntad popular expresada en la Constitución, y la supremacía constitucional no puede ser relegada bajo la excusa de que el pueblo quiere manifestarse. Por lo que se refiere a la rigidez constitucional, la misma debe regularse de manera de permitir los cambios y la adaptación de la Constitución mediante normas que permitan a la voluntad popular expresarse, de manera de asegurar que los hechos no desmoronen al derecho.

Para ello, precisamente, las Constituciones como manifestaciones de la voluntad popular, establecen los mecanismos y procedimientos para su propia reforma, los cuales confirman el principio de la rigidez, y ellos deben respetarse por los órganos del Estado. Toda manipulación de las normas constitucionales para producir su reforma o modificación sin sujetarse a los procedimientos constitucionales no sólo es inconstitucional, sino que puede calificarse como un "fraude a la Constitución."

Sobre ello se refirió hace ya varias décadas, G. Liet-Veaux al estudiar las revoluciones de Italia, Alemania y Francia cuando se establecieron los regímenes populistas fascista y nacional-socialista en la primera mitad del siglo pasado, precisando que el fraude constitucional consiste en crear un nuevo órgano de revisión encargado de dictar una nueva Constitución, distinto al previsto en esta; o en la utilización del procedimiento de reforma para, sin romper con el sistema de legalidad establecido, proceder a la creación de un nuevo régimen político y un ordenamiento constitucional diferente.[8]

Ese fraude a la Constitución es el que ha caracterizado algunos procesos de convocatoria de Asambleas Constituyentes en las últimas décadas en nuestros países latinoamericanos, producto del populismo constitucional, es decir, de la manipulación de la Constitución para lograr su reforma pero con el objeto de lograr, desde dentro, la destrucción del sistema democrático utilizando sus propias herramientas, y con ello, asegurar, a quienes acceden al poder su permanencia en el mismo.

---

7 Véase Allan R. Brewer-Carías, *Reflexiones sobre la Revolución Norteamericana (1776), la Revolución Francesa (1789) y la Revolución Hispanoamericana (1810-1830) y sus aportes al Constitucionalismo Moderno.* 2ª Edición Ampliada, Serie Derecho Administrativo N° 2, Universidad Externado de Colombia, Editorial Jurídica Venezolana. Bogotá 2008, pp. 84 ss., 175 ss., 272 ss.

8 Véase G. Liet-Veaux, "La fraude à la Constitution," en *Revue du Droit Public,* París 1943, pp. 116-150. Traducido al español por Sergio Díaz Ricci: "El 'Fraude a la Constitución.' Ensayo de un análisis jurídico de las recientes revoluciones políticas: Italia, Alemania, Francia," en *Revista Peruana de Derecho Público,* No. 10, Año 10, enero-junio 2005, pp. 11-41.

II

De ese proceso, una de las primeras víctimas ha sido precisamente la propia Constitución, a la cual se atribuye la responsabilidad de gran parte de todos los males de la sociedad, proponiéndose su cambio para supuestamente "refundar" la República o el Estado, a cargo de Asambleas Constituyente "creadoras," invocándose incluso para su convocatoria la supuesta supremacía de la soberanía popular sobre la supremacía constitucional, abandonándose el carácter supremo y rígido de la Constitución, y asestándose así un golpe al antes mencionado principio básico del constitucionalismo.

Ello ha ocurrido, sobre todo, cuando se han convocado Asambleas Constituyentes al margen y en contra de lo establecido en las Constituciones entonces vigente, donde no estaban reguladas, como ocurrió en las últimas dos décadas, como antes se mencionó, en Venezuela, Ecuador y Bolivia, y de cuya convocatoria inconstitucional las mismas por supuesto siempre resultaron controladas por los líderes populistas convocantes. La estrategia constante de los populismos, en estos casos, es que la voluntad del pueblo siempre se puede expresar aún en contra de lo dispuesto por el propio pueblo en la Constitución.[9]

Ello es lo que explica que a pesar de los principios tradicionales del Estado democrático constitucional que formalmente incluso se han incorporado en las Constituciones, las ejecutorias de los populismos a lo que siempre conllevan es a la destrucción o neutralización de dichos principios, comenzando con el de la representación democrática, el de la separación de poderes, el del pluralismo, el de la alternancia en el poder, el del respeto a los derechos humanos y el del control del ejercicio del poder.

Por otra parte, las Asambleas Constituyentes controladas que han sido convocadas en los últimos veinte años en América Latina por movimientos populistas como fue el mencionado caso de Venezuela, Ecuador y Bolivia, como supuestos instrumentos dispuestos para expresar la voluntad popular para crear nuevas instituciones, han tenido la característica común de haber sido convocadas en nombre de un llamado "nuevo constitucionalismo," que no ha sido otra cosa sino un instrumentos del "populismo constitucional" o del "constitucionalismo populista" para asegurar y sellar el asalto al poder usando métodos democráticos, y proceder, utilizándolos, a desplazar a los poderes constituidos, considerados como los más conspicuos representantes de las elites a las cuales se buscó eliminar; y así, ase-

9 Véase sobre ello lo que expuse en la Nota del Editor sobre "Democracia, Populismo y Constitución," al libro *Elecciones y democracia en América latina: El desafío autoritario – populista (Coloquio Iberoamericano, Heidelberg, septiembre 2019, homenaje a Dieter Nohlen),* (Editor: Allan R. Brewer-Carías), Colección Biblioteca Allan R. Brewer-Carías, Instituto de Investigaciones Jurídicas de la Universidad Católica Andrés bello, Editorial Jurídica Venezolana International, Caracas 2020, pp. 13-25.

gurar que el grupo que asalta el poder es para ejercerlo para siempre. Y así, como específicamente sucedió en Venezuela, la Asamblea Constituyente en 1999 terminó anticipadamente con el mandato de representantes electos, cesando al parlamento; removieron los magistrados de la Corte Suprema, ocupándolos con personas adeptas al régimen; destituyeron jueces a mansalva; e intervinieron todos los mecanismos institucionales de control.[10]

Esas Asambleas Constituyentes elaboraron Constituciones, que han sido textos para, en definitiva, no ser cumplidos, porque en los populismos, la Constitución es siempre un instrumento maleable, acomodable e, incluso, mutable en el sentido que el gobierno quiera, lo que se logra utilizando a Jueces Constitucionales sometidos.[11]

Por ello, en un régimen populista, en definitiva, la Constitución se convierte en una gran mentira o en una promesa formulada para no ser cumplida, siendo la característica esencial de estos regímenes populistas producto del fraude constitucional, el estar basados y utilizar a la mentira como política de Estado, la cual ejecutan a través del control que asumen de los medios de comunicación.[12]

III

En cuanto al proceso constituyente de Venezuela del año 1999, puede decirse que el mismo tuvo su origen - como ha ocurrido en otros países - en la crisis terminal del sistema político que se había instaurado en el país a partir del año 1958, es decir, cuarenta años atrás, y que había caído en lo que en su momento denominé una "crisis terminal,"[13] que era una crisis de los partidos políticos y crisis de las instituciones, en definitiva, desencanto en las mismas pues nadie creía en el Congreso, nadie creía en el poder judicial, en la administración pública, en la policía, ni en los cuerpos de seguridad. Nadie creía en los liderazgos, había una situación de crisis derivada de que a la democracia se había dejado estancada, es decir, no se la había dejado evolucionar, habiendo sido los propios responsables de su instauración, que

10 Véase sobre Allan R. Brewer-Carías, *El "nuevo constitucionalismo latinoamericano" y la destrucción del Estado democrático por el Juez Constitucional. El caso de Venezuela*, Colección Biblioteca de Derecho Constitucional, Ediciones Olejnik, Madrid, Buenos Aires, 2018, 294 pp.

11 Véase sobre Allan R. Brewer-Carías, "El juez constitucional al servicio del autoritarismo y la ilegítima mutación de la Constitución: el caso de la Sala Constitucional del Tribunal Supremo de Justicia de Venezuela (1999-2009)", en *Revista de Administración Pública*, No. 180, Madrid 2009, pp. 383-418.

12 Véase Allan R. Brewer-Carías, *La mentira como política de Estado. Crónica de una crisis política permanente. Venezuela 1999-2015* (Prólogo de Manuel Rachadell), Colección Estudios Políticos, No. 10, Editorial Jurídica Venezolana, Caracas 2015.

13 Véase Allan E. Brewer-Carías, "Venezuela: Historia y crisis política" en *Derecho y Sociedad. Revista de Estudiantes de Derecho de la Universidad Monteávila*, N° 3, Caracas, Abril 2002, pp. 217-244.

fueron los partidos políticos, los no supieron como hacerla evolucionar hacia nuevas formas de participación y representación políticas.[14]

En ese contexto, el 4 de febrero de 1992 se produjo un intento de golpe de estado militar comandado por el Teniente Coronel Hugo Chávez Frías y un grupo de militares, el cual provocó, desde el punto de vista institucional, un sacudón importante en el país. Y fue justamente a raíz de ese intento de golpe de Estado fue que se planteó la idea y la propuesta de la necesidad de reconstituir y recomponer el proceso político democrático, en una forma también democrática, planteamiento del cual surgió la propuesta de convocar una Asamblea Constituyente para ello.

Yo mismo, en marzo de 1992, luego de la intentona de golpista de febrero de ese año, planteé la necesidad de restituir la legitimidad democrática en el país, o la democracia simplemente desaparecería, y junto con otras personas planteamos la idea de que se convocara una Asamblea Constituyente como forma de reconstitución del sistema político.[15] El planteamiento era simple: o se transformaba el sistema político y se convocaba una Asamblea Constituyente en democracia, o al final se podría producir otro golpe de Estado y la convocatoria iba a tener lugar sin democracia.[16]

Estábamos a tiempo, decía entonces, de reconstituir el sistema político en democracia, existiendo sin embargo para ello un escollo fundamental que impedía materializar rápidamente la propuesta que era que la Constitución de 23 de enero de 1961 no preveía entre los mecanismos para su revisión, la figura de la Asamblea Constituyente.[17] Por ello, la propuesta que formulamos en 1992, que fue secundada por el Grupo de Estudios Constitucionales y otras personalidades como el Gobernador del Estado Zulia (Oswaldo Alvarez Paz), y el propio Fiscal General de la República (Ramón Escobar Salom), fue que se aprobara una reforma puntual de la Constitución para prever y regular la Asamblea Constituyente. Esta idea la acogió incluso el Consejo Consultivo que el presidente Carlos Andrés Pérez había nombrado a raíz del intento de golpe de Estado de febrero de 1999.[18]

---

14 Véase Allan E. Brewer-Carías, "La crisis de las instituciones: Responsables y salidas", en *Revista del Centro de Estudios Superiores de las Fuerzas Armadas de Cooperación*, N° 11, Caracas 1985, pp. 57-83

15 Véase las declaraciones donde planteé la propuesta en *El Nacional*, Caracas 1 de marzo de 1992, p. D-2.

16 Véase Allan E. Brewer-Carías, *Asamblea Constituyente y Ordenamiento Constitucional*, Academia de Ciencias Políticas y Sociales, Caracas 1999.

17 Véase Allan E. Brewer-Carías, "Los procedimientos de revisión constitucional en Venezuela" en Eduardo Rozo Acuña (Coord.), *I Procedimenti di revisione costituzionale nel Diritto Comparato*, Atti del Convegno Internazionale organizzato dalla Facoltà di Giurisprudenza di Urbino, 23-24 aprile 1997, a cargo del Prof., Università Degli Studi di Urbino, pubblicazioni della Facoltà di Giurisprudenza e della Facoltá di Scienze Politiche, Urbino, Italia, 1999, pp. 137-181.

18 Véase sobre todas esas referencias en Allan E. Brewer-Carías "Reflexiones sobre la crisis del sistema político, sus salidas democráticas y la convocatoria a una Cons-

Pero ni los senadores ni diputados al Congreso, ni los partidos políticos entendieron la gravedad de la crisis, y no pasó absolutamente nada en la materia, perdiéndose la oportunidad de convocar una Asamblea Constituyente en democracia.

Algo era y sigue siendo definitivo en esta materia: una Asamblea Constituyente en democracia no es posible convocarla si no hay un acuerdo y un consenso político entre los actores de un determinado país. Esta había sido hasta ese momento la lección que resultaba del proceso constituyente colombiano del año 1990, que fue producto de un acuerdo político, y que permitió, luego de una consulta popular y una decisión judicial, la Convocatoria de una Asamblea Constituyente que sancionó la Constitución de 1991;[19] y puede decirse que fue la lección que se aprendió y que se reflejó en los acuerdos políticos en Chile en el año 2019, que originaron la reforma constitucional puntual para regular la Convención Constitucional e iniciar el proceso constituyente de 2021.

En Venezuela, en cambio, no hubo voluntad política ni interés ni consenso alguno en plantear el tema de regular una Asamblea Constituyente mediante una reforma puntual de la Constitución, para así poder convocarla. Eso fue lo que dio origen a que apareciera la figura del "populismo constitucional" producto del llamado "nuevo constitucionalismo" con la propuesta de utilizar las instituciones democráticas para asaltar el poder a través de una Asamblea Constituyente convocándola sin que estuviera prevista y regulada en la Constitución. Fue entonces que ante la desidia, desinterés o ignorancia del liderazgo y de los partidos políticos, la idea de la Asamblea Constituyente fue asumida incluso como bandera política única, por el candidato presidencial golpista Hugo Chávez Frías, de manera que su campaña electoral durante todo ese año 1998 fue sólo plantear la necesidad de convocar una Asamblea Constituyente, sin reformar la Constitución, solo consultando la voluntad popular, para "refundar" la República.

Frente a esa propuesta no hubo reacción alguna por parte de los partidos políticos, a pesar de que se había formulado la recomendación ante el propio Congres, ante las directivas de los propios partidos políticos y ante el propio Presidente de la República - en todas las cuales tuve ocasión de participar - ,[20] los cuales no entendieron

---

tituyente", en Allan R. Brewer-Carías (Coord.), *Los Candidatos Presidenciales ante la Academia. Ciclo de Exposiciones 10-18 agosto 1998,* Serie Eventos N° 12, Biblioteca de la Academia de Ciencias Políticas y Sociales, Caracas 1998, pp. 9-66.

19 Véase Allan E. Brewer-Carías, "El proceso constituyente y la Constitución colombiana de 1991, como antecedentes directos del proceso constituyente y de algunas previsiones de la Constitución venezolana de 1999," en Hernándo Yepes Arcila y Vanessa Suelt Cock (Editores), *La Constitución 20 Años después. Visiones desde la teoría y la práctica constitucional,* Facultad de Ciencias Jurídicas, Pontifica Universidad Javeriana, y Fundación Konrad Adenauer, Bogotá 2012, pp. 67-114

20 Véase todas las referencias en Allan E. Brewer-Carías "Reflexiones sobre la crisis del sistema político, sus salidas democráticas y la convocatoria a una Constituyente", en Allan R. Brewer-Carías (Coord.), *Los Candidatos Presidenciales ante la Academia. Ciclo*

ni el planteamiento ni la gravedad de la crisis política, quedando el tema en una confrontación entre el candidato Chávez, que proponía convocar una Asamblea Constituyente sin reformar la Constitución, y el grupo de personas que sosteníamos que era necesaria la reforma puntual de la Constitución para poder regular una Asamblea Constituyente que estableciera sus estatutos, y así poder convocarla apropiadamente.

En medio de esa discusión en un recurso de interpretación de algunas normas de la Ley Orgánica del Sufragio y Participación Política de 1998 que regulaban el referéndum consultivo, se le formularon a la la Corte Suprema de Justicia fundamentalmente dos preguntas: Primero: sí se podía convocar y realizar un referéndum consultivo sobre una Asamblea Constituyente y, segundo, sí ésta se podía convocar sin antes reformar a la Constitución.

La Corte Suprema, en una enjundiosa sentencia dictada el 19 de enero de 1999, analizó todo lo que había que estudiar y exponer sobre el Poder Constituyente, así como sobre el alcance del derecho a la participación política, terminando con la respuesta a la primera pregunta que se le había formulado, indicando en forma obvia que sí, que efectivamente se podía convocar un referéndum consultivo sobre la propuesta de una Asamblea Constituyente pues ello era evidentemente una materia de alto interés nacional. Sin embargo, y lamentablemente, la Corte Suprema no respondió expresamente a la segunda pregunta, es decir, sí se podía o no convocar una Asamblea Constituyente sin reformar la Constitución.[21]

IV

Fue en realidad la opinión pública y el inevitable proceso político subsiguiente los que, ante el silencio del Congreso recién electo en noviembre de 1998, y la falta de interés de los partidos políticos, resolvieron el asunto,[22] llevando al Presidente Chávez, recién electo en diciembre de 1998, a tomar la iniciativa de convocar un Asamblea Constituyente no prevista ni regulada en la Constitución Este fue, como lo había prometido, su primer acto político al asumir la Presidencia para lo cual emitió un decreto el mismo día en que tomó posesión de la Presidencia (Decreto No. 3 de 2 de febrero de 1999), convocando una Asamblea Constituyente que no estaba

---

de Exposiciones 10-18 agosto 1998, Serie Eventos N° 12, Biblioteca de la Academia de Ciencias Políticas y Sociales, Caracas 1998, pp. 9-66.

21 Véase el texto de la sentencia y su análisis en Allan R. Brewer-Carías, *Poder Constituyente Originario y Asamblea Nacional Constituyente,* Editorial Jurídica Venezolana, Caracas 1999.

22 Véase específicamente la referencia al papel que jugó la prensa en el detonante constituyente en Carlos García Soto, "La Asamblea Nacional Constituyente de 2017 en su contexto histórico," en Allan R. Brewer-Carías y Carlos García Soto (Compiladores), *Estudios sobre la Asamblea Nacional Constituyente y su inconstitucional convocatoria en 2017,* Editorial Jurídica Venezolana, Caracas 2017, pp. 87-92.

regulada en la Constitución.[23] En dicho decreto, además, resolvió convocarla dicha Asamblea conforme le vino en ganas; así de simple, es decir, conforme a los principios que él mismo estableció, lo que le permitió asegurarse, en definitiva, la mayoría absoluta y el control total de la Asamblea, la cual de 131 miembros constituyentes, sólo seis fueron no chavistas.

Allí comenzó otro debate político. A pesar de que esa Asamblea Constituyente convocada no estaba prevista en la Constitución, la misma sin embargo, en ningún caso podía ser electa en contra de la misma; es decir, no se podía acudir al principio de la soberanía popular para enfrentarla al de la supremacía constitucional.[24]

Esa Asamblea Constituyente que se convocó en 1999, por supuesto, no era una Asamblea primigenia para la constitución de un Estado como pudieron haber sido las que en todos nuestros países de América Latina existieron en la historia política del siglo XIX al constituirse las Repúblicas luego de la independencia de España, en situaciones en las cuales antes no había una Constitución previa, razón por la cual en su momento asumieron la totalidad de la soberanía. Tampoco se trataba de una Asamblea Constituyente producto de un golpe de Estado que hubiera barrido con la Constitución previa y, por tanto, la misma asumía la soberanía popular.

Esos no fueron los casos. En 1999, debido a que se trataba de una Asamblea Constituyente que se quería convocar en democracia, en un pa;is donde existía una Constitución (la de 1961) que estaba vigente y que no perdía vigencia frente a la propuesta de la convocatoria y elección de la Constituyente; en ese contexto, si esa Asamblea Constituyente se convocaba no podía ser en contra de la Constitución y, al contrario, debía estar sometida a ella. Sobre ello, incluso, la propia presidenta de la Corte Suprema de Justicia de la época, Cecilia Sosa Gómez, sostuvo en declaraciones de prensa que en su opinión, la Constitución de 1961 seguía vigente,[25] lo que implicaba, por tanto, que en definitiva, la convocatoria de una Asamblea Constituyente en democracia no podía significar que la misma suplantara al pueblo, ni podía significar que la Asamblea asumiera un poder originario que sólo el pueblo tenía.

Después de su ambigua sentencia de enero de 1999, la Corte Suprema de Justicia en varias sentencias dictadas con posterioridad durante en resto del primer semestre de ese año, buscó delimitar estos principios en relación con la Asamblea

---

23 Véase los comentarios sobre el decreto en Allan R. Brewer-Carías, "Comentarios sobre la inconstitucional de la convocatoria a Referéndum sobre una Asamblea Nacional Constituyente, efectuada por el Consejo Nacional Electoral en febrero de 1999" en *Revista Política y Gobierno,* Vol. 1, Nº 1, enero-junio 1999, Caracas 1999, pp. 29-92.

24 Véase Allan R. Brewer-Carías, "El desequilibrio entre soberanía popular y supremacía constitucional y la salida constituyente en Venezuela en 1999", en la *Revista Anuario Iberoamericano de Justicia Constitucional, Nº 3, 1999,* Centro de Estudios Políticos y Constitucionales, Madrid 2000, pp. 31-56.

25 Véase las declaraciones de prensa en *El Nacional,* Caracas 24 de enero de 1999, p. D-1; y *El Nacional,* Caracas 12 de febrero de 1999, p. D-1.

Constituyente, sentando el criterio de que la misma debía actuar conforme a la Constitución de 1961, razón por la cual la misma no podía pretender asumir un "poder constituyente originario."[26]

Sin embargo, en contra de ello, una vez que la Asamblea Constituyente fue electa, la primera decisión política que adoptó al instalarse y que se reflejó en su Estatuto aprobado días después, fue la de asumir, en contra de lo resuelto por la Corte Suprema de Justicia, el "poder constituyente originario." Con ello, a partir de ese momento, 1° de agosto de 1999, puede decirse esa Asamblea Constituyente dio un golpe de Estado contra la Constitución de 1961.[27] Yo fui miembro de esa Asamblea, habiendo sido electo como constituyente independiente de la misma (con más de un millón doscientos mil votos), habiendo por supuesto salvado mi voto ante esa decisión, como lo salvé otras varias decenas de decenas de veces respecto de todas las decisiones con las cuales no estuve de acuerdo.[28]

El procedimiento aplicado por Chávez fue convocar una Asamblea Nacional Constituyente no regulada en la Constitución, y en contra de ella, que asumiera el poder total y así suplantar al pueblo. Esa fue, y hay que es recordarlo, una receta de "populismo constitucional" o "nuevo constitucionalismo" que le vendieron a Chávez un grupo de profesores españoles vinculados a la Universidad de Valencia, España, y a un Centro académico en el cual tuvo su origen el partido Podemos de ese país. Ese grupo, en un trabajo soterrado que no fue conocido en el mundo académico venezolano del momento, hizo su trabajo de difusión que luego, continuaron en Ecuador, vendiéndole la idea a Rafael Correa, y luego en Bolivia, vendiéndosela a Evo Morales. En todos esos países se repitió el mismo esquema, aplicándose la misma receta de una Asamblea Constituyente electa sin respaldo en la Constitución, que asumió el poder constituyente total, propinando un golpe de Estado en contra de la Constitución y contra todos sus poderes constituidos.[29]

---

26 Véase Allan R. Brewer-Carías, "La configuración judicial del proceso constituyente en Venezuela de 1999 o de cómo el guardián de la Constitución abrió el camino para su violación y para su propia extinción," en *Revista de Derecho Público*, N° 77-80, Editorial Jurídica Venezolana, Caracas 1999, pp. 453-514

27 Véase los textos en Allan R. Brewer-Carías, *Golpe de Estado y proceso constituyente en Venezuela*, publicado por la Universidad Nacional Autónoma de México en 2002

28 Véase todos los textos en Allan R. Brewer-Carías, *Debate Constituyente, (Aportes a la Asamblea Nacional Constituyente)*, 3 tomos, Caracas 1999.

29 Véase los comentarios sobre esa influencia foránea en Allan R. Brewer-Carías, *La Justicia Constitucional, La demolición del Estado Democrático en Venezuela en nombre de un "nuevo constitucionalismo," y una Tesis "Secreta" de doctorado en la Universidad de Zaragoza,"* Ponencia preparada para las *Jornadas sobre "El papel de la Justicia Constitucional en los procesos de asentamiento del Estado democrático en Iberoamérica,"* Universidad Carlos III de Madrid, octubre de 2018, Editorial Jurídica Venezolana International, 2018; y *El "nuevo constitucionalismo latinoamericano" y la destrucción del Estado democrático por el Juez Constitucional. El caso de Venezuela*, Colección Biblioteca de Derecho Constitucional, Ediciones Olejnik, Madrid, Buenos Aires, 2018, 294 pp.

V

En Venezuela, esa receta populista se aplicó a la letra y, por tanto, permitió el asalto al poder por los mismos militares que siete años antes lo habían intentado por la vía de un golpe militar.

En 1999, el asalto lo llevaron a cabo usando un instrumento democrático como fue la decisión de convocar esta Asamblea Constituyente, pero en contra de la Constitución, lo que les permitió controlarla a su antojo, a lo cual contribuyó una gran abstención del 57.7% del electorado desencantado de la política. Con ello, una minoría, convertida en mayoría en la Asamblea, dio el golpe de Estado a través de una serie de actos[30] que se adoptaron rápidamente en un proceso que duró un mes:

Primero, al adoptar el Estatuto de funcionamiento de la Asamblea Constituyente, mediante el cual la misma asumió el "poder constituyente originario," suplantando al pueblo y la soberanía popular.

Segundo, decidiendo en contra de la Constitución vigente, que todos los poderes públicos quedaban subordinados a la Asamblea, con la obligación de cumplir y obedecer todos los actos que ella dictare; decretando una subsiguiente reorganización de todos los poderes públicos constituidos. La consecuencia de ello fue que las decisiones de la Asamblea Constituyente, en definitiva, quedaron fuera de control judicial pues una vez que la misma cesó, el Tribunal Supremo de Justicia nombrado por ella misma sentenció que dichos actos tenían un supuesto rango "supraconstitucional." Esta lección específica incluso fue seguida en Ecuador, al preverse en el propio estatuto de la Asamblea Constituyente en 2007 que los actos de esa Asamblea eran inmunes y no estaban sometidos a control.

Tercero, la Asamblea Constituyente se auto atribuyó potestades por encima de la Constitución entonces vigente de 1961, al punto de establecer expresamente en su Estatuto que la misma sólo estaría vigente en todo lo que no fuera contrario a lo que esa Asamblea decidiera.

Cuarto, la Asamblea decretó la intervención del Poder Judicial, creando una Comisión de Emergencia Judicial, la cual barrió con la autonomía y la independencia de los jueces, los destituyó a mansalva, sin garantías algunas del debido proceso, nombrándo jueces sustitutos sin concurso. La Corte Suprema de Justicia, incluso y lamentablemente, en un desafortunado Acuerdo del 23 de agosto de 1999, llegó a nombrar a uno de sus Magistrados para formar parte de esa Comisión de Emergencia Judicial. Con ello, con razón, como lo calificó Cecilia Sosa, presidenta de la Corte Suprema, se produjo su "autodisolución," razón por la cual, ante esa injerencia inadmisible de la Asamblea Constituyente en el poder judicial, renunció a su posición.[31] La Corte luego sería la primera víctima de la Asamblea Constituyente.

---

30 Véase el comentario a todos los textos en Allan R. Brewer-Carías, *Debate Constituyente, (Aportes a la Asamblea Nacional Constituyente)*, Tomo I, *op. cit*, Caracas 1999.

31 Véanse en torno al Acuerdo los comentarios en Allan R. Brewer-Carías, *Debate Constituyente,* Tomo I, *op. cit.*, pp. 141 ss. Véanse, además, los comentarios de Lolymar

Quinto, la Asamblea Nacional Constituyente intervino el Congreso, cesó en sus funciones a los Diputados y Senadores de la Cámara de Diputados y del Senado que habían sido electos unos meses antes, y que eran representantes de unos partidos políticas que no tuvieron interés alguno en el proceso. Ello provocó que luego el Congreso también fuera barrido inmisericordemente, como segunda víctima, tras la propia Corte Suprema de Justicia. La consecuencia de esta intervención fue que en este caso, la función legislativa la asumió la propia Asamblea Constituyente, llegando incluso a "delegarla," en parte, a la Comisión Delegada del antiguo Congreso. Luego intervino las Asambleas Legislativas de los Estados de la federación, eliminándolas; y, además, intervino y delimitó las funciones de los Concejos Municipales. Por último, la Asmablea Constituyente suspendió las elecciones municipales. Es decir que la Asamblea Constituyente barrió con todos los poderes constituidos.

Luego de este golpe de Estado constituyente, al mes siguiente la Asamblea pasó a elaborar el texto de la nueva Constitución y lo hizo en una forma como no debe hacerse un proceso de este tipo y que fue sin tener un proyecto previo para discutir. Al contrario, la Asamblea nombró de su seno veinte comisiones de constituyentistas para que cada una de ellas elaborará un proyecto en los temas que les fueron asignados. Todas esas Comisiones elaboraron sus proyectos de manera aislada que en conjunto llegaron a tener más de 950 artículos, los cuales luego hubo que recomponer, integrar y armonizar en una Comisión constitucional que los redujo a 350 artículos, que son los que tiene la Constitución que al final fue sancionada, luego de haber sido discutida en pocos días durante el mes de noviembre de 1999.

Al terminar la discusión y sanción de la Constitución, al momento de iniciarse la campaña electoral para el voto en el referendo aprobatorio de la misma fijado para el 15 de diciembre de 1999, publiqué un documento donde exponía las "razones por el voto No,"[32] es decir las razones para votar por el rechazo de la nueva Constitución, argumentando, entre ellas, que esa Constitución no era la que permitiría recomponer el sistema político en crisis, y más bien había resultado siendo una mesa servida para el autoritarismo, que mezclaba el centralismo, el presidencialismo, el militarismo y el populismo de Estado.

Lamentablemente el tiempo me dio la razón, pues la de 1999 ha sido una Constitución que en definitiva condujo a todo lo que se anunciaba, siendo un texto lleno de declaraciones floridas y principios dispuestos sin embargo para no ser cumplidos. Y así, las violaciones a la misma incluso comenzaron antes de que hubiera sido publicada (30 de diciembre de 1999), mediante la adopción por la

---

Hernández Camargo, *La Teoría del Poder Constituyente. Un caso de estudio: el proceso constituyente venezolano de 1999*, Universidad Católica del Táchira, San Cristóbal 2000, pp. 75 ss.

32 Véase Allan R. Brewer-Carías, "Razones del voto NO en el referendo aprobatorio de la Constitución," en Debate *Constituyente (Labor en la Asamblea Nacional Constituyente)*, Tomo III, Fundación de Derecho Público, Editorial Jurídica Venezolana, Caracas 2000, 315-340

propia Asamblea, la cual ya había cesado en sus funciones luego de que la Constitución fuera aprobada por referéndum por el pueblo (15 de diciembre de 1999), de un régimen constitucional transitorio que resultó ser una "Constitución paralela" a la aprobada. Este Estatuto constitucional transitorio dictado el 22 de diciembre d 1999, que no fue aprobado por el pueblo, materialmente suspendió la aplicación de la nueva Constitución, de manera que mediante el mismo, además, se decretó la remoción de todos los titulares de los órganos del poder público, nombrándose sus nuevos titulares, incluyendo al Tribunal Supremo de Justicia, sin siquiera cumplir los requisitos que exigía la nueva Constitución que se ignoró; habiendo sido ese Tribunal el que luego legitimó los actos constituyentes otorgándoles rango supra constitucional.[33]

En esa forma y desde ese momento se sentó la pauta de una Constitución que simplemente no se ha cumplido, lo que incluso se evidencia cada vez que los funcionarios del régimen la blanden en declaraciones públicas, refiriéndose a la misma. Cada vez que eso sucede, se puede estar seguro de que la misma no está siendo aplicada. En fin, la Constitución de 1999, producto del populismo constitucional, durante los últimos veinte años ha sido inmisericordemente violada y desperdiciada, sin que exista órgano alguno que haya podido controlar o detener esas violaciones, porqué el primer acto de la Asamblea Constituyente populista que asaltó el poder, como se dijo, fue precisamente nombrar un Tribunal Supremo de Justicia que en definitiva ha sido el primer instrumento para afianzar el autoritarismo de Venezuela.

Esa es la realidad del proceso constituyente venezolano de 1999, siendo el resultado una Constitución llena de principios y de declaraciones que cualquiera que la lea aisladamentee podría considerarla como una "maravillosa" Constitución, pero que lamentablemente no se cumple y nunca se ha cumplido, y que no tiene forma de ser controlada.

Esas son, en mi criterio, los elementos fundamentales de las lecciones que hay que aprender de la experiencia venezolana; elementos que luego se siguieron con nefastas consecuencias propias del populismo constitucional en Ecuador, Bolivia e incluso se intentaron ejecutar en Honduras.

VI

Esa tendencia, sin embargo, más recientemente se ha podido contener en el caso chileno, donde estimo que conociéndolas o no, se han aprendido muchas de

---

33 Véase en general sobre el tema, Allan R. Brewer-Carías, "La demolición del Estado de Derecho en Venezuela. Reforma Constitucional y fraude a la Constitución (1999-2009)," en *El Cronista del Estado Social y Democrático de Derecho*, No. 6, Editorial Iustel, Madrid 2009, pp. 52-61. Véase igualmente Allan R. Brewer-Carías, *Reforma constitucional y fraude a la Constitución 1999-2009,* Academia de Ciencias Políticas y Sociales, Caracas 1999.

las lecciones de la experiencia venezolana, para evitarlas y no repetirlas. Y ello, en los siguientes aspectos:

Primero, al haberse acordado convocar una Convención Constitucional, reformando previa y puntualmente la Constitución mediante la aprobación por plebiscito de la Ley 21.200 de 24 de diciembre de 2019[34] para regular en su texto a la Convención Constitucional, que fue lo que en 1998 propusimos en Venezuela, pero que no se logró. En Chile, en cambio, sí supieron hacerlo, frenando la tendencia populista, partiendo ante todo de la necesidad de reformar la Constitución para regular la Convención Constitucional partiendo de la iniciativa contenida en el proyecto de reforma constitucional que propuso en 2017 la entonces Presidenta Michelle Bachelet.[35]

Luego, segundo, al haberse logrado mediante un acuerdo político global que todas las corrientes políticas suscribieron después de las crisis políticas que se tuvieron que enfrentar antes del proceso constituyente, que se materializó en la suscripción del llamado "Acuerdo por la Paz Social y la Nueva Constitución" de 15 de noviembre de 2019.[36] Todos los partidos del oficialismo, la oposición, y la mesa técnica, elaboraron y llevaron adelante la propuesta de reforma constitucional y eso originó la sanción de la antes mencionada Ley 21.200 para la reforma constitucional que es la que rige la existencia y funcionamiento de la Convención Constitucional de 2021.

Tercero, como consecuencia de ello, al haber acordado que la Convención Constitucional estuviese constitucionalmente regulada en Chile, y bien regulada, ello resultó ser la garantía de que no puede haber discusión sobre si la Constitución actual sigue vigente o no durante las sesiones de la Convención. Evidentemente que sí sigue vigente, y la Convención Constitucional está sujeta a un marco bien preciso dentro de la Constitución.

VII

Esa regulación constitucional de la Convención Constitucional a raíz de la aprobación popular de la Ley 21.200 puede considerarse, globalmente, como la mejor garantía contra el populismo constitucional, particularmente al establecerse expresamente los siguientes aspectos, que demuestran que se aprendieron las lecciones del proceso venezolano, evitando su repetición:

---

34 El texto de la Ley sometido a plebiscito está disponible en: https://www.bcn.cl/procesoconstituyente/detalle_cronograma?id=f_cronograma-5

35 Véase los comentarios al proyecto en Allan R. Brewer-Carías, "Sobre la Asamblea Nacional Constituyente y el dilema entre soberanía popular y supremacía constitucional," en *Una nueva Constitución para Chile. Libro homenaje al profesor Lautaro Ríos Álvarez,* Asociación Chilena de Derecho Constitucional, Editorial Jurídica de Chile, Santiago 2018, pp. 69-96.

36 El texto del Acuerdo está disponible en: https://obtienearchivo.bcn.cl/obtienearchivo?id=documentos/10221.1/76280/1/Acuerdo_por_la_Paz.pdf

En primer lugar, que la Convención Constitucional tiene por misión única elaborar y sancionar un nuevo texto constitucional. Esa es su misión, eso era lo que nosotros queríamos fuera la misión de la Asamblea Constituyente de 1999 en Venezuela, y no fue así, pues la misma usurpó las funciones de los diversos órganos del Estado, en particular del legislador. En el caso chileno, en cambio, se dice expresamente que la Convención Constitucional "no podrá intervenir ni ejercer ninguna otra función o atribución de otros órganos o autoridades establecidas en esta Constitución o en las leyes" (art. 135).

En segundo lugar, la Convención Constitucional en Chile está sometida a la Constitución y a las leyes vigentes, disponiéndose expresa y textualmente en la misma, que "mientras no entre en vigencia la Nueva Constitución [...], esta Constitución seguirá plenamente vigente, sin que pueda la Convención negarle autoridad o modificarla" (art. 135). En cambio en Venezuela, la Asamblea Nacional Constituyente de 1999 barrió literalmente con la Constitución del año 1961.

En tercer lugar, en el caso chileno a raíz de la reforma constitucional derivada de la Ley 21.200 se dispuso expresamente en la Constitución que la Convención Constitucional no es soberana, no puede asumir la soberanía, no sustituye al pueblo ni puede abrogarse su soberanía. En el texto constitucional se establece, en efecto, que "mientras la Convención esté en funciones la soberanía reside esencialmente en la Nación y es ejercida por el pueblo a través de los plebiscitos y elecciones periódicas que la Constitución y las leyes determinan y, también, por las autoridades que esta Constitución establece." En consecuencia, incluso, el mismo texto constitucional dispone que "Le quedará prohibido a la Convención, a cualquiera de sus integrantes o a una fracción de ellos, atribuirse el ejercicio de la soberanía, asumiendo otras atribuciones que las que expresamente le reconoce esta Constitución" (art. 135).

En este caso, sin embargo, si bien el liderazgo político del país que logró el gran Acuerdo por la Paz Social y la Nueva Constitución de 2019 para iniciar el proceso constituyente y el propio pueblo que como poder constituyente originario votó en el plebiscito para aprobar la reforma constitucional que creó la Convención Constitucional (Ley 21-200), aprendieron la lección derivada del caso venezolano de que dicha Convención Constitucional no podía pretender asumir o usurpar la soberanía o el poder constituyente originario que solo es del pueblo, y así lo plasmaron en el texto de la Constitución; la lección lamentablemente comenzó a ser ignorada por los señores Convencionales a haber aprobado en la Convención Constitucional el 22 de septiembre de 2021 la inclusión, en el Reglamento de la Convención (después de tres meses de discusiones), una disposición en la cual se indica que:

"La Convención Constitucional es una asamblea representativa, paritaria y plurinacional, de carácter autónomo, convocada por el pueblo de Chile para ejercer el poder constituyente originario."[37]

---

37 Véase la información en Paul Follert y Cecilia Román, "La Convención se autodefine como poder "originario" en su primer día de votación del Reglamento," en

En realidad, de acuerdo con la decisión que adoptó el pueblo soberano de Chile expresada cuando aprobó la reforma constitucional para constitucionalizar la Convención, lo que dispuso fue todo lo contrario, es decir, que la Convención Constitucional no puede ejercer el poder constituyente originario que quedó retenido por el pueblo.

En cuarto lugar, en Chile, a raíz de la reforma constitucional de la Ley 21.200, se estableció que la nueva Constitución no afecta a las autoridades constituidas, es decir, "no podrá poner término anticipado al período de las autoridades electas en votación popular, salvo que aquellas instituciones que integran sean suprimidas u objeto de una modificación sustancial"(art. 138). Lo que ocurrió en Venezuela fue radicalmente distinto, pues una vez culminada su tarea, la Asamblea Nacional Constituyente no cesó y continuó a mansalva barriendo con todos los poderes públicos, eliminando y cesando a todos los funcionarios electos. De esto en Chile se aprendió la lección, y se reguló que las autoridades electas como principio conservan su potestad, salvo que se trate de órganos estatales que se eliminen.

Y por último, en cuarto lugar, en el caso chileno, en la reforma constitucional a raíz de la Ley 21.200 se establecieron los mecanismo de control necesarios para asegurar que la Asamblea en su funcionamiento se ajuste a lo prescrito en la Constitución; lo que no existió en Venezuela, donde la Asamblea Constituyente de 1999 escapó a toda forma de control. En el caso de Chile, en cambio, en el artículo 136 constitucional se reguló expresamente la posibilidad de formular reclamos ante cinco ministros de la Corte Suprema por infracciones a las reglas de procedimiento aplicables en la Convención (vicios esenciales); aun cuando se excluyó todo tipo de reclamo "sobre el contenido de los textos en elaboración."

En esta materia de control, el artículo 136 reformado por la Ley 21.200, sin embargo, concluyó indicando que "ninguna autoridad, ni tribunal, podrán conocer acciones, reclamos o recursos vinculados con las tareas que la Constitución le asigna a la Convención, fuera de lo establecido en este artículo," (art. 136) lo que implica, por supuesto, que toda actuación de la Convención Constitucional que no estén vinculada con las tareas que la Constitución le asigna, si queda sujeta al control de constitucionalidad atribuido en la misma Constitución al Tribunal Constitucional. Eso significa que cualquier decisión que adopte la Convención en ejercicio del supuesto "poder constituyente originario" que se arrogó en el Reglamento, por no estar vinculada "con las tareas que la Constitución le asigna" (art. 136) podría ser impugnada por inconstitucional ante el Tribunal Constitucional.

Todos los aspectos que fueron regulados en la Constitución en Chile le dan un marco de funcionamiento a la Convención Constitucional, dentro de la Consti-

---

pauta, 23 de septiembre de 2021, disponible en: https://www.pauta.cl/politica/primer-dia-de-votacion-de-reglamento-de-la-convencion

tución vigente, para la redacción de una nueva Constitución, respetando los principios del republicanismo y de la democracia (art. 135). Con todo esto, sin duda, en Chile puede decirse que se aprendió la lección de lo que no debía hacerse y que en cambio ocurrió en los procesos constituyentes de Venezuela, Ecuador y Bolivia.

Pero entre las lecciones del proceso venezolano, puede decirse que una de ellas lamentablemente no se aprendió a tiempo en Chile, y fue la de evitar la alta abstención en la elección de los convencionales constituyentes. En la misma tendencia de lo que ocurrió en Venezuela, donde solo votaron el 42.3% electores para elegir a los miembros constituyentes de la Asamblea Constituyentes en 1999, pero agravado, en Chile solo votaron el 41.5% de los electores para elegir los miembros convencionales de la Convención Constitucional. Eso significó en Venezuela, en definitiva, que la mayoría en la Asamblea Constituyente estuvo en manos de unas minorías, que impusieron su voluntad al país, lo que lamentablemente podría igualmente ocurrir en Chile.

Afortunadamente, sin embargo, en Chile se aprendió otra lección derivada del caso venezolano y que puede contribuir a frenar los antes referidos efectos nocivos que resultaron de la abstención, y es que a diferencia del régimen en Venezuela, donde las propuestas en la Asamblea Constituyente se aprobaron con el voto de la mayoría de los constituyentes presentes en las sesiones de la Asamblea; en el caso de Chile, la reforma derivada de la Ley 21.200 establece expresamente la necesidad de que todas las decisiones de la Convención Constitucional deben adoptarse por "un quorum de dos tercios de sus miembros en ejercicio," precisándose que "la Convención no podrá alterar los quorum ni procedimientos para su funcionamiento y para la adopción de acuerdos" (art. 133).

Lo importante, en todo caso, es que en la Convención Constitucional chilena se respete y se haga respetar el marco constitucional que le dio origen, y que regula con todo detalle su funcionamiento, como producto de los acuerdos y consensos políticos que tuvieron lugar para que se pueda sancionar una nueva Constitución que represente un verdadero y genuino pacto político de la sociedad para recomponer el sistema democrático.

Y para ello, por último, hay otra lección derivada del proceso constituyente de Venezuela que los chilenos también tomaron en cuenta al regular la Convención Constitucional. En Venezuela, la Constitución de 1999 fue aprobada en plebiscito por una minoría del país, es decir, por el 32% de los venezolanos con derecho a voto, en un referendo donde solo votaron el 44.4 % de los votantes, con una abstención de 55,62%. En Chile, a los efectos de evitar que la nueva Constitución pueda ser aprobada por una minoría del país como ocurrió en Venezuela, en la Constitución con motivo de la reforma constitucional derivada de la Ley 21.200, se dispuso expresamente que en el plebiscito nacional constitucional que se efectúe con el objeto de que la ciudadanía apruebe o rechace la propuesta de nueva Constitución, el sufragio "será obligatorio para quienes tengan domicilio electoral en Chile." Ello busca evitar la abstención y que si la Constitución resulta aprobada lo sea por la mayoría del país.

VIII

Ha sido precisamente en virtud de que en Chile se ha iniciado un proceso constituyente mediante la convocatoria de la Convención Constitucional producto de la reforma puntual a la Constitución realizada en 2019, para regular su composición y funcionamiento, como consecuencia de un amplio acuerdo político logrado entre todos los actores de la sociedad - es decir, la antítesis de lo que ocurrió en Venezuela, Ecuador y Bolivia -; y que tiene el enorme reto de sancionar una nueva Constitución que sea el resultado de consensos y no la imposición de un texto por un grupo sobre todos los otros de la sociedad; Ediciones Olejnik ha estimado de interés publicar esta pequeña obra que resume en grandes líneas el proceso constituyente venezolano de 1999 que, como se dijo, fue realizado al margen de la Constitución entonces vigente, y en violación de los más elementales principios del constitucionalismo moderno, siendo el resultado del mismo no solo la sanción de una Constitución que no se ha cumplido, y que se comenzó a violar desde antes de ser publicada; sino la conformación de un régimen autoritario basado en la mentira como política de Estado.

Nueva York, Septiembre de 2021

I.
La crisis terminal del sistema político venezolano y el momento constituyente a partir de 1998

La Constitución de Venezuela de 30 de diciembre de 1999[1] fue producto de la Asamblea Nacional Constituyente convocada por el Presidente de la República, Hugo Chávez Frías, luego de que la Corte Suprema de Justicia, mediante sentencias de 19 de enero de 1999 dictadas en Sala Político Administrativa,[2] admitiera la posibilidad de que, mediante referendo consultivo, el pueblo pudiera "crear" dicha instancia política no prevista ni regulada en la Constitución de 1961, para revisar la Constitución.

Ese proceso fue producto de la crisis terminal del sistema político-constitucional del Estado centralizado de partidos que se consolidó al amparo de la Constitución del 23 de enero de 1961, sancionada con la participación de todos los partidos políticos como consecuencia del denominado Pacto de Punto Fijo de 1958,[3] en el cual la élite política del momento acordó hacer todos los esfuerzos por consolidar en el país un régimen democrático representativo.

La consecuencia fue que cuarenta años después de la Revolución democrática de 1958 y más de cincuenta años después del fin del primer ensayo democrático en 1948, en Venezuela teníamos una de las democracias más viejas de América Latina,

---

1 Véase el texto en la *Gaceta Oficial* Extra N° 5.453 de 20 de marzo de 2000. Véase, además, en Allan R. Brewer-Carías, *La Constitución de 1999,* 3ª Edición 2001; y en Academia de Ciencias Políticas y Sociales, *La Constitución de 1999,* Caracas 2000.

2 Véase el texto de las sentencias y los comentarios a la misma en Allan R. Brewer-Carías, *Poder Constituyente Originario y Asamblea Nacional Constituyente,* Caracas 1999, pp. 25 a 53.

3 Véase sobre el Pacto de Punto Fijo y los orígenes de la Constitución de 1961 y del sistema de partidos en Juan Carlos Rey, "El sistema de partidos venezolano" en J.C. Rey, *Problemas socio políticos de América Latina,* Caracas 1980, pp. 255 a 338; Allan R. Brewer-Carías, *Evolución histórica del Estado, Instituciones Políticas y Constitucionales,* Tomo I, Caracas-San Cristóbal, 1996, pp. 394 y ss.; Allan R. Brewer-Carías, *Las Constituciones de Venezuela,* Caracas 1997, pp. 201 y ss.; y Allan R. Brewer-Carías, *La Constitución y sus Enmiendas,* Caracas 1991, pp. 13 y ss. El texto del Pacto puede consultarse en *El Nacional,* Caracas 27-01-98, p. D-2.

pero ante el asombro de otros países latinoamericanos que nos la envidiaban, era de las que menos prestigio tenía en el país, pues el mismo liderazgo y los partidos políticos que contribuyeron a la consolidación y mantenimiento de la democracia, décadas después no llegaron a entender la obra que habían realizado.

Esta incomprensión fue, precisamente, la que condujo a la crisis política terminal de los últimos años del siglo pasado, donde un cambio inevitable estaba en curso por la necesidad de renovar y transformar el sistema político, en un momento histórico en el cual ya nadie creía ni confiaba en el Parlamento, ni en el Poder Judicial, ni en la Administración Pública, ni en las fuerzas de seguridad ciudadana, así como tampoco creía ni confiaba en los partidos políticos, ni en las sociedades intermedias que aquellos habían penetrado y controlado, como los sindicatos, los colegios profesionales y los gremios.

La mayoría, sin embargo, quería cambios radicales, pero contrariamente a cualquier autoritarismo, en libertad; por ello, esa mayoría que quería en fin que la gobernaran, no llegó a tomar conciencia de que la libertad estaba en riesgo de quedar perdida si la conducción de aquellos cambios totales pasaba a manos de un liderazgo antidemocrático. Por ello, el verdadero dilema que teníamos los venezolanos en esos tiempos era cómo lograr los cambios inevitables, indispensables y necesarios que se requerían en libertad y, por tanto, sin perder la democracia que no era, precisamente, la culpable del deterioro ni estaba en su destrucción el camino para la reconstrucción de la Nación.

II.
La crisis política de 1992 y la propuesta de la asamblea constituyente

Dada la crisis del sistema político centralizado de partidos que había afectado los cimientos del Estado de derecho, para su reconstrucción no bastaba con reformar unos artículos de la Constitución, ni decretar la disolución del Congreso y la destitución de todos los jueces, ni llenar de militares o ex-militares los cargos ejecutivos. Así no se podía lograr crear el Estado que necesitamos para asumir el siglo XXI.

La tarea de hacer o rehacer el Estado era la tarea de al menos una generación, para lo cual en democracia no hay otra forma de lograrlo que no fuera sino mediante un acuerdo político de largo alcance que incluyera a muchos otros nuevos actores políticos.

Es decir, el asunto era mucho más complejo incluso que un acuerdo entre algunos partidos, por lo que para resolver la crisis al finalizar el siglo XX, pensé y así lo propuse, no teníamos otra salida que no fuera la de realizar un proceso de reconstitución democrática del sistema político, convocando democráticamente a una Asamblea Constituyente. La idea de la Asamblea Constituyente, por tanto, no debía ni podía ser una propuesta partidaria de uno u otro candidato presidencial, pues pertenecía a todos. La propuesta específicamente la formulé a las pocas semanas del intento de golpe de Estado militarista que motorizó el 4 de febrero de 1992 el entonces Teniente Coronel Hugo Chávez Frías contra el gobierno del Presidente Carlos Andrés Pérez y contra la Constitución y la democracia. Al igual que la había planteado el año anterior el denominado "Frente Patriótico.[4]

Éste fue el planteamiento que formulé en concreto el día 1° de marzo de 1992, a menos de un mes del mencionado intento de golpe de estado militarista en declaraciones dadas al diario *El Nacional,* al periodista Elías García Navas:

> La democracia en Venezuela ha perdido legitimidad. El sistema político ha degenerado en una democracia de partidos, y el Estado es un Esta-

---

4 Frente Patriótico, *Por una Asamblea Constituyente para una nueva Venezuela,* Caracas 1991.

do de partidos, donde estos han sido los únicos electores, mediatizando la voluntad popular. Ello ha provocado, en 30 años, la crisis institucional actual que nos coloca ante una disyuntiva final corroborada por los acontecimientos del 4F: o reconstituimos la legitimidad democrática o simplemente la democracia desaparece.

Para reconstituir la democracia no hay otra salida que llamar al pueblo. El liderazgo político, para salvar la democracia, necesariamente debe apelar al pueblo y el pueblo -políticamente hablando- no es otro que el cuerpo de electores. La conformación inmediata del pueblo como constituyente es la única salida a la crisis de la democracia, para lo cual hay que convocar y designar una Asamblea Constituyente.

Una Asamblea Constituyente o se forma al margen de la Constitución o se constituye conforme a ella. No hay otra alternativa. Al margen de la Constitución sería producto de un golpe de estado, y estamos a tiempo de evitarlo y reconstituir la democracia, mediante un pacto político constituyente, conforme a la Constitución.

En Colombia, a pesar de que la Constitución no lo preveía, se aprovechó la elección presidencial de mayo de 1990 para proponer al pueblo elector una consulta sobre la necesidad de una Asamblea Constituyente, debido a la grave crisis de legitimidad democrática y de violencia del país. Se trató de una especie de referendo no autorizado por la Constitución; una especie de "golpe de estado" electoralmente formulado que desembocó en la elección, siete meses después, de una Asamblea Constituyente, que luego sancionó una nueva Constitución en julio de 1991, acordando la cesación del Congreso. En ese proceso colombiano debe recordarse que el presidente Gaviria asumió el liderazgo de la reforma constitucional.

En Venezuela, la situación es distinta. La Constitución prevé la salida, y esa es la de la reforma constitucional. Pero hay que advertir que de lo que se trata es de hacer una sola y certera reforma para prever la Asamblea Constituyente, por lo que debemos olvidarnos de los aislados y acumulados proyectos de enmienda que la Comisión Bicameral Especial ha venido elaborando en conciliábulos parlamentarios y partidistas, sin consulta popular.

Lo que interesa es darle legitimidad al sistema y para ello, conforme al artículo 246 de la Constitución, debe proponerse la inmediata reforma de la Carta Magna que permita la convocatoria de una Asamblea Constituyente.

De acuerdo con la Constitución, la iniciativa de una reforma sólo puede partir de una tercera parte de los miembros del Congreso, por tanto, incluso si insensatamente algún partido no estuviese de acuerdo, el resto del espectro político -que ya se ha manifestado- podría tomar la iniciativa. En mi criterio, como el Presidente de la República parece que si comienza a darse realmente cuenta de la grave situación que atravesamos y de la precariedad de la sustentación de la democracia, él debería asumir el liderazgo del proceso y proponer formalmente la reforma.

También podría partir de la mayoría absoluta de las Asambleas Legislativas, en acuerdos tomados en no menos de dos discusiones por la mayoría absoluta de los miembros de cada Asamblea. Esta vía, por supuesto, es demasiado larga y complicada.

En todo caso, el papel del Congreso debe ser asumir la iniciativa de la reforma por todos los medios, porque conforme a la Constitución sólo el Congreso, que es la representatividad popular, puede salvar precisamente esa representatividad, es decir, la democracia misma.

Los pasos para la Constituyente serían los siguientes: una vez que una tercera parte de los miembros del Congreso asuma la iniciativa de la reforma, corresponde al Presidente del Congreso convocar a las Cámaras a una sesión conjunta con tres días de anticipación -por lo menos- para que se pronuncie sobre la procedencia de la reforma, teniendo que ser admitida la iniciativa por el voto favorable de las dos terceras partes de los miembros.

En este momento, en la realidad política venezolana y conforme al cuadro político actual, los partidos tendrán que manifestar por última vez si quieren o no salvar la democracia. En mi criterio, la única vía de salvación es con la convocatoria inmediata al pueblo de la Asamblea Constituyente.

Una vez admitida la iniciativa, el proyecto respectivo debe discutirse de acuerdo al procedimiento ordinario de formación de las leyes, o sea, discusión en ambas Cámaras, y una vez que el proyecto sea aprobado debe someterse a referendo en la oportunidad que fijen las Cámaras para que el pueblo se pronuncie en favor o en contra de la reforma.

Este procedimiento podría realizarse muy rápidamente, incluso en semanas. Lo único que se requiere es decisión política y liderazgo en la reforma, y que los partidos se den cuenta de que no es una enmienda más, sino un problema de sobrevivencia de la democracia. O se convoca al pueblo o desaparece la democracia.

En el caso concreto que se llegase a aprobar la reforma propuesta, debe preverse que el voto que se formule en el referendo, que apruebe la reforma, debería pronunciarse también sobre la convocatoria de la Asamblea Constituyente, de manera que con una sola consulta popular se apruebe la reforma de la Constitución y se convoque la Asamblea Constituyente. Así, podría ser electa este mismo año, en cuestión de meses, si los partidos políticos, se dan cuenta de que no queda mucho tiempo.

Esa Asamblea Constituyente tendría a su cargo en un tiempo perentorio no mayor de un año, sancionar una nueva Constitución. Debe concebirse como la depositaria de la soberanía popular y representar al pueblo en su conjunto. Por ello tiene que establecerse que sus miembros deben actuar individualmente, según su conciencia y no estar ligados por mandatos expresos o instrucciones de ningún género. Por ello debe establecerse que no pueden ser candidatos a la Constituyente quienes al momento de la elección sean diputados o senadores.

El número de miembros de una Asamblea Constituyente no debería ser excesivo. Podría por ejemplo, pensarse en 80 miembros, de los cuales 50 podrían ser electos uninominalmente, dividiéndose al país en 50 circunscripciones electorales, lo que en líneas generales significan dos constituyentistas por cada Estado y en los más populosos un número mayor. 25 miembros, por ejemplo, podrían ser electos por listas nacionales candidateados por partidos y grupos de electores de constitución más flexible.

También podrían presentarse candidatos individuales con respaldo de un número determinado de electores. En un esquema como en el mencionado, además de los 50 uninominalmente elegidos y de los 25 por listas, la Asamblea podría tener otros 5 miembros designados por ella misma, incluyendo personalidades que no hubiesen sido candidatos y sean considerados representativos de la vida nacional.

Al instalarse la Constituyente, la misma no suspende el funcionamiento de los órganos del Poder Público, pero en la nueva Constitución que se apruebe podría establecer todas las disposiciones transitorias que se juzgue conveniente, aunque afecte el funcionamiento de dichos órganos, pudiendo aprobar el cese del ejercicio de sus cargos e incluso podría convocar a unas elecciones anticipadas."[5]

El planteamiento, además, lo formulamos un mes después de ese acontecimiento en el Aula Magna de la Universidad de Los Andes, en Mérida, en una Asamblea convocada precisamente para tratar el tema. En ese tiempo, además, el tema lo sugirió el Consejo Consultivo designado por el Presidente Pérez a raíz del intento de golpe,[6] y llegó a ser incluido en el Proyecto de Reforma General de la Constitución que motorizó el ex Presidente Rafael Caldera en el Congreso.[7] En 1992, por otra parte, el entonces Gobernador del Estado Zulia, Oswaldo Álvarez Paz,

---

5 Véase en *El Nacional*, Caracas 1 de marzo de 1992, p. D-2.

6 Véase Consejo Consultivo de la Presidencia de la República, *Recomendaciones del Consejo Consultivo al Presidente de la República*, Caracas 1992, p. 15.

7 Congreso de la República, Comisión Bicameral para la Revisión de la Constitución, *Proyecto de Reforma General de la Constitución de 1961 con Exposición de Motivos*, Caracas, marzo 1992, pp. 49 ss.

propuso formalmente el camino constituyente como salida a la crisis;[8] la Comisión Presidencial para la Reforma del Estado también planteó el tema de la Constituyente al debate público,[9] e igualmente, el Fiscal General de la República, Ramón Escovar Salom, planteó a la Cámara de Diputados como el camino más racional y prudente para superar la crisis política, la convocatoria a una Asamblea Nacional Constituyente.[10] En 1994, el Frente Amplio Pro constituyente formuló la propuesta[11] y asimismo, en 1995, la planteó Hermánn Escarrá Malavé.[12]

En todo caso, en 1992, nuestra propuesta sobre la Asamblea Constituyente pasaba por la necesaria reforma puntual de la Constitución de 1961 (lo que se hizo por ejemplo en Chile en 2019) para precisamente regular dicha institución para luego convocarla.[13]

Con posterioridad, un año después, en 1993, el Presidente de la República Carlos Andrés Pérez fue enjuiciado y lo sustituyó transitoriamente el Presidente Ramón J. Velázquez hasta terminar el período del primero; lapso durante el cual le dimos un gran impulso institucional al proceso de descentralización.[14]

La elección presidencial de 1993 pudo haber constituido la apertura de la vía democrática para el cambio político que ya resultaba indispensable y que podía superar el centralismo partidocrático, pero lamentablemente, la opción popular se inclinó por el que consideramos era el menos indicado de los candidatos para moto-

---

8 Véase Oswaldo Alvarez Paz, *El Camino Constituyente,* Gobernación del Estado Zulia, Maracaibo, Junio 1992.

9 Véase los trabajos de Ricardo Combellas, "Asamblea Constituyente. Estudio jurídico-político" y de Ángel Álvarez, "Análisis de la naturaleza de la crisis actual y la viabilidad política de la Asamblea Constituyente" en COPRE, *Asamblea Constituyente: Salida democrática a la crisis,* Folletos para la Discusión N° 18, Caracas 1992.

10 Véase *El Fiscal General y la Reforma Constitucional.* Comunicación del Dr. Ramón Escovar Salom al Presidente de la Cámara de Diputados Dr. Luis Enrique Oberto. Ministerio Público, Caracas 8 de julio de 1992. Véase, además, R. Escovar Salom, "Necesidad de una Asamblea Nacional Constituyente" en *Cuadernos Nuevo Sur,* N° 2-3, julio-diciembre, Caracas 1992, pp. 156 a 160.

11 Véase Frente Amplio Proconstituyente *¿Qué es la Constituyente?, El Nacional,* Caracas, 30-06-94.

12 Véase Hermánn Escarrá Malavé, *Democracia, reforma constitucional y asamblea constituyente,* Caracas 1995.

13 El *Proyecto alternativo de Reforma Constitucional relativo a la Asamblea Constituyente y su inmediata convocatoria,* que presentamos un conjunto de organizaciones y personas el 7 de mayo de 1992, para convocar la Constituyente, consistía en agregar un nuevo artículo (250) a la Constitución, para regular la Constituyente. Váse el texto en Allan R. Brewer-carías, Golpe de Estado y proceso constituyente en venezuela, Universidad nacional Autónoma de México, México 2002, p. 36.

14 Véase *Informe sobre la Descentralización en Venezuela 1993. Memoria del Dr. Allan R. Brewer-Carías,* Ministro de Estado para la Descentralización, Caracas, 1993.

rizar cambio alguno, el Presidente Rafael Caldera, bajo cuya presidencia el sistema político de Estado centralizado de partidos entró en la etapa definitiva de crisis terminal.

La exigencia de cambio político al final del período constitucional del Presidente Caldera era incontenible, y ante el deterioro y desmoronamiento de los partidos políticos tradicionales, en particular Acción Democrática y Copei, y el consecuente vacío político que dejaron, el candidato popular que había enarbolado la bandera del cambio, Hugo Chávez Frías, quien había sido indultado por el Presidente Caldera, como se dijo, ganó la elección presidencial el 6 de diciembre de 1998.[15]

Con ello, sin embargo, se abrió la posibilidad de una vía democrática para el cambio político en el país. Los motivos que nos habían llevado a proponer en 1992 la necesidad de una consulta popular sobre la Constituyente fueron los mismos que, agravados, también nos impulsaron en 1998 a pensar que ésta era inevitable para reconstituir el sistema político y el Estado.[16]

15 En la elección presidencial de 1998 Hugo Chávez Frías obtuvo el 56,20% de los votos válidos, seguido por Henrique Salas Römer, con 39,99%. La abstención fue de aproximadamente el 35,27%. Véase en *El Universal,* Caracas 11 de diciembre de 1998, p. 1-1.

16 Véase Allan R. Brewer-Carías, "Reflexiones sobre la crisis del sistema político, sus salidas democráticas y la convocatoria a una Constituyente," en "Presentación" del libro *Los Candidatos Presidenciales ante la Academia,* Academia de Ciencias Políticas y Sociales, Caracas, 1998, pp. 11 a 66.

III.
La nueva necesidad de reconstituir el sistema político y la propuesta de la Asamblea Constituyente en 1998

El reto que entonces teníamos los venezolanos era darnos cuenta definitivamente, de cuál era la disyuntiva real que teníamos planteada: o convocábamos democráticamente y conforme a la Constitución la Asamblea Constituyente para reconstituir el sistema político en ejercicio de nuestros propios derechos democráticos, o nos la iban a convocar quizás después de conculcárnoslos por algún tiempo que ya se ha prolongado por dos décadas.

La fórmula legal de comienzo para llegar a ella, de la cual carecíamos en 1992 cuando formulamos la propuesta inicialmente, estaba en el referendo consultivo que se introdujo en la reforma de la Ley Orgánica del Sufragio y Participación Política de 1997,[17] que atribuía la decisión para convocarlo al Presidente de la República en Consejo de Ministros; a las Cámaras Legislativas en sesión conjunta o a un grupo equivalente al 10% de los electores (art. 181).

De nuevo nos encontrábamos en la situación de que estaba en manos de los poderes del Estado la decisión para que en las elecciones de noviembre o diciembre de 1998, se hubiera podido incluir una tercera tarjeta para efectuar la consulta sobre el tema de la convocatoria a una Constituyente, como ocurrió en Colombia en 1991,[18] y hubiéramos podido iniciar el proceso en forma democrática, de manera que si el voto era afirmativo, como lo hubiera sido según lo que informaban las encuestas, el Congreso que se eligió en noviembre de 1998 hubiera tenido como tarea inmediata prioritaria, por mandato popular, no solo por un acuerdo de partidos o por una propuesta política aislada, el proceder a iniciar el proceso de la reforma

17 Véase en *Gaceta Oficial Extraordinaria* N° 5.200 de 30 de diciembre de 1997.

18 Véase Allan R. Brewer-Carías, "El proceso constituyente y la Constitución colombiana de 1991, como antecedentes directos del proceso constituyente y de algunas previsiones de la Constitución venezolana de 1999," en Hernando Yepes Arcila y Vanessa Suelt Cock (Editores), *La Constitución 20 Años después. Visiones desde la teoría y la práctica constitucional*, Facultad de Ciencias Jurídicas, Pontifica Universidad Javeriana, y Fundación Konrad Adenauer, Bogotá 2012, pp. 67-114.

de la Constitución para regular la Asamblea Constituyente y así poder convocarla constitucionalmente en 1999.[19]

En esta situación de crisis terminal estimamos que no había que temerle a una Constituyente convocada democráticamente, es decir, no había que temerle a la democracia, siempre que tuviésemos claro que su sola convocatoria y funcionamiento no iba a acabar con los problemas del país; a lo que teníamos que temerle era a la incomprensión del liderazgo político sobre lo que estaba ocurriendo.

En todo caso, lo que sí consideramos que se debía evitar era que se procediera a su convocatoria sin previsión constitucional, como lo había anunciado el entonces candidato presidencial Hugo Chávez Frías y sus seguidores; y como en definitiva ocurrió, con el propósito de asaltar el poder.

Al contrario, en esos tiempos de crisis de la democracia, estimábamos que una Asamblea Constituyente era para que las fuerzas políticas pudieran llegar democráticamente a un consenso sobre ese nuevo proyecto de país. Por eso, lo importante era que la democracia asumiera la Constituyente como cosa propia, no era para destruir ni para excluir como lo sugirió el propio Chávez, pues para establecer cualquier forma de autocracia o de autoritarismo no era necesario Constituyente alguna, más bien constituía un estorbo y un enredo. La Asamblea Constituyente que el país requería no era para sustituir a todos los Poderes del Estado ni para ser convocada al margen de la Constitución y del Estado de derecho, sino dentro de su marco. Esa Constituyente que necesitábamos, por tanto, era una Constituyente democrática, convocada en democracia; no una Constituyente que fuera producto de la ruptura del orden democrático, como en definitiva ocurrió.

Pero ciertamente había un escollo constitucional. La Constitución de 1961 no preveía la posibilidad de convocatoria a una Asamblea Constituyente con esa misión de reconstituir el sistema político y reformar la Constitución, por lo que resultaba indispensable preverla en el propio texto de la Constitución mediante una reforma, que era el mecanismo adecuado para reformar la Constitución en este aspecto, como, repito, fue el procedimiento que se siguió en Chile en 2019.

Pero para ello era necesario forzar al liderazgo político para que efectivamente reformase la Constitución. Con tal fin, el primer paso que debió haberse dado era como antes indiqué, el que se procediera a realizar un referendo, por ejemplo, mediante la inclusión de una "tercera tarjeta" en las elecciones legislativas de noviembre o diciembre de 1998, para que el pueblo se pronunciase sobre la necesidad o no de la Constituyente y de la reforma constitucional que la regulase. Esto lo planteó formalmente al Congre-

19 Véase lo que expusimos al respecto, en noviembre de 1998, en Allan R. Brewer-Carías, *Asamblea Constituyente y Ordenamiento Constitucional*, Academia de Ciencias Políticas y Sociales, Caracas 1999, pp. 78 a 85.

so el Diputado Enrique Ochoa Antich,[20] y con ello coincidió Oswaldo Álvarez Paz.[21] En todo caso, sobre la convocatoria a la Constituyente conforme a la Constitución, se pronunciaron el Presidente de la omisión Presidencial para la reforma del Estado (COPRE), Ricardo Combellas[22] y otra serie de destacados intelectuales.[23]

En esta forma, si se obtenía un voto afirmativo mayoritario, como seguramente así hubiera ocurrido, la primera actividad que debió haber asumido el Congreso que resultó electo en noviembre de 1998, debió haber sido proceder a reformar la Constitución para prever y regular el Estatuto de la Asamblea Constituyente y convocarla.

Sin embargo, la iniciativa para ese referendo de noviembre o diciembre de 1998, con fundamento en el artículo 4 de la Constitución y conforme a la Ley Orgánica del Sufragio y Participación Política, sólo la tenían el Presidente de la República en Consejo de Ministros, las Cámaras Legislativas en sesión conjunta o el 10% del electorado. Si los órganos del Estado realmente hubieran tenido conciencia de la crisis terminal en la cual nos encontramos, el Gobierno o las Cámaras Legislativas habrían resuelto convocar a esa consulta de la voluntad popular para que el pueblo se pronunciara sobre el tema de la Constituyente en las elecciones de 1998, y así establecerle al que sería el próximo Congreso un mandato popular de cumplimiento obligatorio como programa prioritario para el 1999.

Con fundamento en lo antes dicho, el 24 de agosto de 1998 presenté al Presidente y Vicepresidente del Congreso de la República una nueva propuesta sobre la necesidad de la convocatoria a una Asamblea Constituyente, -que estimamos que no podía ser bandera ni de un candidato presidencial, ni de un partido, ni de individualidades aisladas, pues era de la democracia-, con el objeto de convocar a todos los nuevos y viejos actores políticos producto de la democratización del país, para reconstituir el sistema político.[24]

---

20 Véase *El Universal,* Caracas 30 de junio de 1998, p.1-16; *El Nacional,* Caracas 31 de julio de 1998, p. D-6; *El Universal,* Caracas 31 de julio de 1998, pp. 1-2; y *El Nacional,* Caracas 18 de agosto de 1998, p. D-4

21 Véase Oswaldo Álvarez Paz, "Constituyente a la Vista," *El Universal,* Caracas 6 de agosto de 1998-08-98, p. 1-5; y sus declaraciones en *El Globo,* Caracas 14 de agosto de 1998, p. 4; en *El Nacional,* Caracas 24 de agosto de 1998, p. D-3 y en *El Universal,* Caracas 24 de agosto de 1998, p. 1-18

22 Véase Ricardo Combellas, *¿Qué es la Constituyente?, Voz para el futuro de Venezuela,* Caracas 1998. Muchas de las afirmaciones formuladas en este libro sobre la naturaleza de la Asamblea Constituyente fueron radicalmente distintas a las formuladas por el mismo en su libro Ricardo Combellas, *Poder Constituyente (Presentación, Hugo Chávez Frías),* Caracas 1999.

23 Véanse los trabajos contenidos en el libro R. Combellas (coordinador) *Constituyente. Aportes al Debate,* COPRE, Konrad Adenauer Stiftung, Caracas 1998. Véase, además, Juan M. Raffalli Arismendi, *Revolución, Constituyente y Oferta Electoral,* Caracas 1998.

24 En comunicación de 24 de agosto de 1998, conforme a lo establecido en el artículo 67 de la Constitución que garantiza el derecho de petición, formalmente les solicitamos

La propuesta dio origen a un nuevo debate sobre el tema, readquiriendo actualidad planteamientos similares que se habían venido formulando por otras personas, en particular, por Oswaldo Álvarez Paz y por el Diputado Enrique Ochoa Antich en la Cámara de Diputados el 30 de julio de 1998. Las Cámaras Legislativas, en sesión conjunta el día 27 de agosto de 1998, sin embargo, decidieron nombrar una Comisión Especial para estudiar el asunto -la mejor manera, por supuesto, de no considerarlo-, el cual no se pudo discutir antes de que concluyeran las sesiones ordinarias el 3 de septiembre de 1998.

Ahora bien, se efectuase o no el referendo para consultar la voluntad popular para regular y convocar a una Constituyente que no estaba regulada en la Constitución de 1961, resultaba indispensable establecer las reglas conforme a las cuales debía convocarse, quiénes la podían integrar, la forma de elección de sus miembros y las funciones específicas que se le debían atribuir. La Asamblea Constituyente de la cual estábamos hablando, como antes dije, en un régimen democrático regido por una Constitución como la de 1961, era un instrumento para recomponer el sistema político y plasmarlo en una nueva Constitución. No era una Constituyente producto de un golpe de Estado o de una revolución, en el cual el poder revolucionario es el que fija las reglas para la Constituyente. Estábamos en un régimen democrático, regido por una Constitución que establecía los principios del Estado de derecho, y era conforme a los mismos que planteamos la necesidad de prever la Constituyente y convocarla para lograr un nuevo pacto político, sin exclusiones.

En este contexto, una Asamblea Constituyente tenía que elegirse conforme a unas reglas y para determinados cometidos, insertándose su funcionamiento, mediante normas precisas, dentro del funcionamiento democrático del Estado y de sus órganos.

Ese régimen de la Constituyente, cualquiera que fuera, dentro del régimen democrático tenía que estar establecido formalmente por el poder constituyente instituido, es decir, conforme al artículo 246 de la Constitución, por el Congreso mediante la inserción de dicho régimen en la Constitución a través de su reforma que debía ser aprobada mediante referendo.[25] No era admisible, bajo ningún punto de vista democrático, hubiera o no referendo consultivo sobre la Constituyente, que luego, las reglas para su convocatoria, integración, forma de elección de sus miembros y

---

considerasen someter al Congreso la decisión de tomar la iniciativa para convocar la celebración de un referendo, con el objeto de consultar a los electores sobre la convocatoria a una Asamblea Constituyente. Otra comunicación con texto similar le enviamos en la misma fecha al Presidente de la República, Dr. Rafael Caldera. Véase el texto en *El Globo,* Caracas 26 de agosto de 1998). Véase el texto en Allan R. Brewer-Carías, *Golpe de Estado y proceso constituyente en Venezuela,* Universidad Nacional Autónoma de México, México 2002, pp. 50-51.

25 Véase Allan R. Brewer-Carías, "Los procedimientos de revisión constitucional," *Boletín de la Academia de Ciencias Políticas y Sociales,* N° 134, Caracas 1997, pp. 169 a 222.

funciones las determinase exclusivamente el gobierno; ello no sólo era contrario a la Constitución sino que hubiera sido un típico caso de usurpación de autoridad.

Precisamente para establecer el régimen de la Asamblea Constituyente, con rango constitucional, fue que en mayo de 1992, como antes se dijo, cuando el tema de la Constituyente dominó la discusión política, un grupo de organizaciones de la sociedad civil,[26] habíamos presentado a consideración de la opinión pública y de todos los ciudadanos, como alternativa frente a la Reforma Constitucional que en ese momento estaba discutiendo el Congreso, un *Proyecto Alternativo de Reforma Constitucional relativo exclusivamente a la Asamblea Nacional Constituyente y su convocatoria inmediata*, el cual volvimos a presentar en 1998 a la consideración de la opinión.[27]

En 1992, teníamos el convencimiento que una reforma constitucional como la que adelantaba el Congreso, sin convocatoria, consulta y participación del pueblo, no iba a resolver la grave crisis política que atravesaba el país, que era precisamente una crisis de representatividad y de participación, que luego se había agravado.

Ello había originado la pérdida de legitimidad democrática de las instituciones electas, la cual sólo podía recuperarse democráticamente mediante la convocatoria inmediata al pueblo de una Asamblea Constituyente que reformulase el sistema político en su conjunto, y permitiera el surgimiento del nuevo liderazgo que el país requería; situación que en 1998 aún persistía. Un referendo sólo para aprobar una reforma constitucional como la que discutía el Congreso, al contrario, podía precipitar a un estruendoso fracaso de la democracia, por la abstención electoral que cualquiera podía vaticinar se produciría.

De lo anterior resultaba que una Asamblea Constituyente para ser convocada democráticamente en el marco de la Constitución de 1961 que estaba vigente, en todo caso, debía tener un régimen relativo a su integración y funcionamiento que debía tener rango constitucional. De lo contrario, quedaría en los órganos constituidos del Estado el establecimiento de ese régimen, no teniendo ni el Ejecutivo ni el Legislador *status* de poder constituyente o carácter de representante del mismo.

---

26 Entre ellas el Centro Educativo de Acción Popular al Servicio de las Organizaciones Comunitarias (CESAP), la Fundación de Derecho Público, y el Grupo de Estudios Constitucionales que integramos varios profesores universitarios (Allan R. Brewer-Carías, Pedro Nikken, Carlos Ayala Corao, Gerardo Fernández, Gustavo Linares Benzo, Armando Gabaldón, entre otros). Véase particularmente Carlos Ayala Corao, "El funcionamiento de la Constituyente," "La crisis política y la salida Constituyente," y "La convocatoria Constituyente," *El Diario de Caracas,* 14 de mayo de 1995; 21 de mayo de 1995 y 4 de junio de 1995, p. 4. Véase *Revista Sic,* Año LV, Nº 544, mayo 1992, (Tema "Revolución constitucional"). Véase *El Diario de Caracas,* Caracas, 16 de mayo de 1992, p. 27.

27 Véase la posición contraria a este planteamiento en Carlos M. Escarrá Malavé, *Proceso Político y Constituyente. Papeles Constituyentes,* Maracaibo 1999, pp. 33 y ss.

Ahora bien, el triunfo electoral del Presidente Chávez en diciembre de 1998 y la falta de disposición del liderazgo mayoritario del Congreso electo en noviembre de 1998, en asumir el proceso de cambio constitucional[28], la convocatoria de la Asamblea Nacional Constituyente quedó en manos y bajo el liderazgo del Presidente electo, máxime cuando esa había sido su bandera electoral más destacada.

Con la toma de posesión del Presidente Chávez de la Presidencia de la República el 2 de enero de 1999, se inició entonces la batalla legal por encauzar el proceso constituyente dentro del marco de la constitucionalidad, de manera que la necesaria convocatoria de la Asamblea se hiciese sin la ruptura constitucional que había caracterizado las anteriores Asambleas Constituyentes en toda nuestra historia.

La pauta, aun cuando en una decisión bastante ambigua, la dio la Corte Suprema de Justicia en Sala Político Administrativa, en sentencias dictadas el 19 de enero de 1999 (*Casos: Referendo Consultivo I y II*), con motivo de resolver sendos recursos de interpretación que se le habían formulado, sobre (i) la posibilidad de convocar un referendo consultivo sobre la Asamblea Constituyente conforme al artículo 181 de la Ley Orgánica del Sufragio, y (ii) la posibilidad de la convocatoria de la misma, no estando dicha instancia política prevista en la Constitución de 1961, sin su reforma previa.[29]

Nuestra posición desde 1992, había sido la de la necesaria reforma puntual de la Constitución de 1961 para regular la Asamblea Nacional Constituyente como un instrumento político para la reforma constitucional, a los efectos de que pudiese ser convocada, ya que dicha institución no se encontraba dentro de los mecanismos de revisión de la Constitución. Esta no era la posición de Hugo Chávez, tal como lo expresó durante toda su campaña electoral.

Pero lamentablemente ello no lo resolvió expresamente la Corte Suprema de Justicia en sus sentencias, que en definitiva, guiado por la opinión pública y por el proceso político en curso,[30] condujeron a la estructuración de una tercera vía para reformar la Constitución de 1961, distinta a la Reforma General y la Enmienda previstas en sus artículos 245 y 246, como consecuencia de una consulta popular para

28 Véase lo expuesto en Allan R. Brewer-Carías, *Asamblea Constituyente y Ordenamiento... cit.* p. 78 y ss.

29 Véase el texto de las sentencias en Allan R. Brewer-Carías, *Poder Constituyente Originario y Asamblea Nacional Constituyente,* Editorial Jurídica Venezolana, Caracas 1999, pp. 25 a 53; y véanse los comentarios a dichas sentencias en ese mismo libro, pp. 55 a 114 y en Allan R. Brewer-Carías, *Asamblea Constituyente y Ordenamiento Constitucional, op. cit.* pp. 153 a 228.

30 Véase específicamente la referencia al papel que jugó la prensa en el detonante constituyente en Carlos García Soto, "La Asamblea Nacional Constituyente de 2017 en su contexto histórico," en Allan R. Brewer-Carías y Carlos García Soto (Compiladores), *Estudios sobre la Asamblea Nacional Constituyente y su inconstitucional convocatoria en 2017,* Editorial Jurídica Venezolana, Caracas 2017, pp. 87-92.

convocar una Asamblea Constituyente. La Corte, lamentablemente, en definitiva, lo que resolvió fue la primera pregunta que se le había formulado sobre constitucionalidad del referendo consultivo sobre la convocatoria de una Asamblea Constituyente, pero no resolvió expresamente la segunda pregunta sobre la constitucionalidad de su convocatoria sin que se estableciera previamente su régimen mediante una reforma constitucional.[31]

31 La Corte Suprema de Justicia, en definitiva, como lo dijo Claudia Nikken, validó, de entrada, la decisión de iniciativa presidencial del Presidente electo, en *La Cour Suprême de Justice et la Constitution vénézuélienne du 23 Janvier 1961*. Thése Docteur de l'Université Panthéon Assas, (Paris II), Paris 2001, *cit.*, p. 363

IV.
La "judicialización" del proceso constituyente de 1999

Como se indicó, y lo hemos analizado detenidamente en el pasado,[32] la Corte Suprema de Justicia, al dictar su nada precisa decisión del 19 de enero de 1999,[33] abrió la vía jurídico-judicial para la convocatoria de un referendo consultivo para que el pueblo se pronunciara sobre la convocatoria de una Asamblea Nacional Constituyente, sin que esta institución estuviese prevista en la Constitución de 1961, vigente en ese momento, como un mecanismo de revisión constitucional.

Con esta decisión, la Corte Suprema no sólo sentó las bases para el inicio del proceso constituyente venezolano de 1999, sino que dio comienzo al proceso que condujo al golpe de Estado y, casi un año después, a que los nuevos titulares del Poder Público decretaran su propia extinción.

Esa sentencia, en medio de su ambigüedad, a pesar de estar llena de citas de libros viejos y nuevos y consideraciones generales sobre el significado del poder constituyente originario y derivado, y sobre el derecho ciudadano a la participación política como inherente a la persona humana; como se dijo, no llegó a resolver lo esencial de la interpretación que le había sido requerida.

A la Corte se le había consultado mediante un recurso de interpretación en relación con las normas sobre referendos de la Ley Orgánica del Sufragio y de Participación Política, sobre si para convocar una Asamblea Constituyente era o no necesario reformar previamente la Constitución de 1961, para regularla en su texto. La Corte Suprema, sin embargo, sólo dijo que se podía consultar al pueblo, mediante referendo, sobre la convocatoria de una Asamblea Constituyente, lo que en realidad no debía tener discusión por tratarse de un asunto de interés nacional, pero nada dijo sobre si para convocarla debía o no previamente reformarse la Constitución de 1961 para regular dicha institución en la misma.

---

32 Véase Allan Brewer-Carías, *Poder Constituyente Originario y Asamblea Nacional Constituyente,* Caracas 1999.

33 Véase el texto íntegro de la sentencia en *ídem,* pp. 25 a 53

La ausencia de decisión de la Corte, sin embargo, en la práctica fue suplida por los titulares de primera página de los diarios nacionales de los días 20 de enero de 1999 y siguientes, los cuales fueron los que abrieron efectiva e insólitamente dicha vía hacia el proceso constituyente, al "informar" en grandes letras que supuestamente, la Corte Suprema de Justicia había decidido que se podía proceder a convocar una Asamblea Nacional Constituyente para revisar la Constitución, sin necesidad de reformar previamente la Constitución de 1961, que la regulara.[34]

En ese momento, la euforia de los que de ello derivaron un "triunfo" jurídico,[35] y la incredulidad y duda de otros, que no encontraban la "decisión" anunciada en el texto de la sentencia, impidieron precisar con exactitud el contenido de esta. La verdad es que, como lo advertimos en su momento,[36] eso no había sido lo que había decidido la Corte Suprema de Justicia en las sentencias de su Sala Político Administrativa del 19 de enero de 1999. La Corte, en efecto, como hemos dicho anteriormente, debía decidir un recurso de interpretación de las normas de la Ley Orgánica del Sufragio y Participación Política sobre referendos, en el cual se le habían formulado *dos preguntas* muy precisas: *primera,* si se podía convocar un referendo relativo a una consulta popular sobre la convocatoria de una Asamblea Nacional

---

34 El titular de primera página del diario *El Nacional* del 20 de enero de 1999 rezó así: "CSJ, considera procedente realizar un referéndum para convocar la Constituyente;" el titular del cuerpo de *Política* del mismo diario, del 21 de enero de 1999, rezó así: "No es necesario reformar la Constitución para convocar el referéndum" y el del día 22 de enero de 1999 rezó así: "La Corte Suprema no alberga dudas sobre la viabilidad de la Constituyente." Véase los comentarios coincidentes de Lolymar Hernández Camargo, *La Teoría del Poder Constituyente. Un caso de estudio: el proceso constituyente venezolano de 1999,* Universidad Católica del Táchira, San Cristóbal 2000, p. 63

35 Ello se deducía de la propia Exposición de Motivos del Decreto N° 3 del 2 de febrero de 1999 del Presidente de la República convocando al referendo consultivo sobre la Asamblea Nacional Constituyente en la se dijo que: "b) La Corte Suprema de Justicia, en sus decisiones del 19 de enero de 1999, ha establecido que para realizar el cambio que el país exige, es el Poder Constituyente, como poder soberano previo y total, el que puede, en todo momento, modificar y transformar el ordenamiento constitucional, de acuerdo con el principio de la soberanía popular consagrado en el artículo 4 de la Carta Fundamental; c)El referendo previsto en la Ley Orgánica del Sufragio y Participación Política, es un mecanismo democrático a través del cual se manifiesta el poder originario del pueblo para convocar una Asamblea Nacional Constituyente y un derecho inherente a la persona humana no enumerado, cuyo ejercicio se fundamenta en el artículo 50 del Texto Fundamental y que, ese derecho de participación, se aplica no sólo durante elecciones periódicas y de manera permanente a través del funcionamiento de las instituciones representativas, sino también en momentos de transformación institucional que marcan la vida de la Nación y la historia de la sociedad" (*Gaceta Oficial* N° 36.634 de 2 de febrero de 1999).

36 Véase Allan R. Brewer-Carías, *Poder Constituyente Originario y Asamblea Nacional Constituyente, cit.,* pp. 66 y ss.

Constituyente; y *segunda,* si se podía convocar dicha Asamblea para dictar una nueva Constitución, sin que se reformarse previamente la Constitución de 1961, la cual no preveía la existencia de dicha Asamblea.

La Corte, como ya lo hemos analizado anteriormente, resolvió claramente la primera pregunta, pero simplemente, *no se pronunció sobre la segunda.*

Esto lo confirmó *ex post facto* con claridad, la magistrado Hildegard Rondón de Sansó en su voto salvado a la sentencia de la Corte Plena de 14 de octubre de 1999 (*Caso: impugnación del Decreto de Regulación de las Funciones del Poder Legislativo*) al afirmar que en aquella sentencia de 19 de enero de 1999, la Sala:

> Únicamente se limitó a establecer la posibilidad de consulta al cuerpo electoral sobre la convocatoria a una Asamblea Nacional Constituyente sin reformar la Constitución.

Es decir, la sentencia se limitó a señalar que para realizar un referendo sobre el tema no era necesario reformar previamente la Constitución; pero la Sala no se pronunció sobre si luego de realizada la consulta refrendaria, para poder convocar efectivamente la Asamblea Nacional Constituyente que no estaba regulada en norma alguna, como mecanismo para la revisión constitucional, debía o no reformarse la Constitución de 1961 precisamente para regularla en ella como uno de dichos mecanismos.

Esta carencia, como se dijo, la suplió la "opinión pública" manifestada en los mencionados titulares de prensa antes indicados, que seguramente se redactaron con el ánimo de querer expresar lo que en criterio de los periodistas debió haber sido lo que debía haber decidido la sentencia, que no lo fue. En todo caso, la prensa interpretó así lo que podía considerarse que opinaba y esperaba la mayoría opinante del país, pues de lo contrario, quizás en ese momento el país se encaminaba a un conflicto abierto de orden constitucional: la convocatoria de una Asamblea Nacional Constituyente, como lo quería y había prometido el recién electo Presidente de la República y como luego lo formularía en su voluntarista Decreto N° 3 de 2 de febrero de 1999, sin que la Constitución vigente para el momento (la de 1961) previera tal Asamblea y permitiera tal convocatoria. Ello constituía, en sí mismo, el golpe de Estado.

Por tanto, a pesar de que la sentencia no resolvió el problema jurídico que se le planteó, al suplir esa falta la opinión pública, ninguna duda política quedó en la práctica, dejando entonces de tener mayor sentido todo planteamiento sobre la posibilidad constitucional o no, no sólo de la convocatoria al referendo consultivo sobre la Asamblea Nacional Constituyente, sino de su elección posterior para dictar una nueva Constitución en sustitución de la de 1961. La decisión de la Corte Suprema, sin decirlo, contribuyó a resolver fácticamente la controversia y así cesó del debate constitucional en tal sentido, pasando la controversia constitucional a otros terrenos.

Y así sucedió efectivamente encaminándose la discusión hacia otros dos aspectos. En *primer lugar*, sobre si debía o no garantizarse el derecho a la participación política en la formulación del "estatuto" de la Asamblea Nacional Constituyente (las llamadas bases comiciales), derecho constitucional que el Presidente de la República había querido confiscar, al pretender, con su Decreto del 2 de febrero de 1999, que el pueblo le "delegara," a él, en el referendo consultivo que convocaba, la potestad de formular, él solo, exclusivamente, dichas "bases." La Corte Suprema de Justicia en la misma Sala Político Administrativa, mediante la sentencia del 18 de marzo de 1999 rechazó tal pretensión presidencial, anulando la Resolución N° 990217-32 de 17 de febrero de 1999 del Consejo Supremo Electoral que reproducía las preguntas que el Presidente había formulado; o sea, consideró indirectamente que el Decreto del Presidente había sido inconstitucional como lo habíamos alegado y, en definitiva, ordenó que las mismas bases comiciales debían someterse a la consulta popular, y debían ser aprobadas por el pueblo.

En *segundo lugar*, resuelto el tema de la posibilidad de formular una consulta popular (referendo consultivo) que incluyera el texto íntegro de las bases comiciales contentivas del estatuto que aprobaría el pueblo para la convocatoria y la posterior elección de una Asamblea Nacional Constituyente, quedaba por resolver el carácter que podía tener dicha Asamblea.

Por supuesto que la Asamblea debía convocarse e integrarse para reformar y derogar la Constitución de 1961, pero mientras ello ocurriera, el tema de discusión era si podía adoptar "actos constitucionales," o actos constituyentes al margen de la Constitución de 1961 que era la que estaba en vigencia y que, conforme a la doctrina de la Corte Suprema, era la que había podido dar nacimiento a la Asamblea. En otras palabras, se trataba de determinar si la Asamblea tendría carácter de poder constituyente "originario" o si sería un órgano que sólo tendría la misión de elaborar una nueva Constitución como resultaba de las bases comiciales sometidas a aprobación popular el 25 de abril de 1999.

Debe señalarse que a pesar de lo poco precisa que fue la Sala Político Administrativa en su decisión de 19 de enero de 1999, algunos de los Magistrados que la adoptaron precisaron *ex post facto*, en sendos Votos Salvados a la sentencia de la Corte Suprema en Sala Plena de 14 de octubre de 1999 (*caso: Impugnación del Decreto de Regulación de las funciones del Poder Legislativo*) que en la mencionada sentencia y en otras posteriores, nada se había dicho sobre un pretendido carácter de poder constituyente originario de la Asamblea Constituyente cuya consulta refrendaria se había autorizado en la sentencia. El magistrado Hermes Harting señaló, en efecto, que las sentencias de 18 de marzo de 1999, 23 de marzo de 1999 y 13 de abril de 19999, las cuales, en su criterio, no contradecían la sentencia de 19 de enero de 1999, en relación con los poderes de la Asamblea:

> Patentizan la naturaleza de la Asamblea Nacional Constituyente como procedimiento o mecanismo extra-constitucional, *limitado exclusivamente*

a la redacción de una nueva Constitución, y cuya *derivación de la Constitución de 1961* lo vincula infragablemente al cumplimiento de los requerimientos del derecho constitucional democrático.

La magistrada Hildegard Rondón de Sansó, al calificar esta sentencia del 19 de enero de 1999, como "el punto de partida de todo el proceso constituyente" -y así había sido-, consideró que la sentencia reconoció que:

> El deseo de lo que se denominara "el soberano" de transformaciones básicas del sistema, podría canalizarse en una modalidad diferente a la prevista en la Constitución vigente, como lo es la manifestación mayoritaria de su voluntad de cambio, a través de un referendo.

Pero las más importantes precisiones sobre lo que había sido realmente lo decidido en esta materia en la sentencia del 19 de enero de 1999, (*Caso Referendo Consultivo I*), provinieron del magistrado ponente de la misma, Humberto J. La Roche, quien consideró que las citas y referencias a esa sentencia que se habían hecho en la sentencia de la Sala Plena del 14 de octubre de 1999 habían tergiversado el contenido de aquélla, pretendiendo utilizarla indebidamente como fundamento de este fallo. Señaló el magistrado La Roche que:

> La confusión reside esencialmente no sólo en considerarla en su verdadero contexto sino en atribuir a la Asamblea Nacional Constituyente el *poder soberano que reside en el pueblo y sólo en este*, el cual, aunque puede ejercerlo a través de representantes ordinarios como el Congreso de la República, o extraordinarios como la Asamblea Nacional Constituyente, *jamás se desprende de él* o, en otros términos, identificando las nociones de poder constituyente y Asamblea Constituyente....

El magistrado La Roche, en esta misma línea, insistió en lo siguiente:

> Conviene observar que precisamente, *siendo el pueblo el titular de la soberanía* en el marco del Estado democrático de derecho, *su poder -el constituyente- es el único verdaderamente originario*. En consecuencia, tanto *los poderes constituidos* ordinarios como incluso la propia Asamblea Constituyente -*poder constituido extraordinario*- está conformada por quienes también determine el soberano, *reflejo del Poder Público derivado o delegado*.

Estas precisiones que hizo el magistrado La Roche, en octubre de 1999, en realidad, eran las que necesitaba el texto mismo de la sentencia de 19 de enero de 1999. Si allí se hubiese expresado esta posición con claridad, por el propio magistrado La Roche quien fue su ponente el 19 de enero de 1999, el país se hubiera ahorrado múltiples controversias interpretativas y desviaciones sobre el proceso constituyente. Pero diez meses después ya era demasiado tarde, pues ya la Asamblea Nacional Constituyente había dado el golpe de Estado; y en todo caso, tan tarde que el magistrado La Roche tuvo que conformarse con salvar su voto a la sentencia citada de la Corte en Pleno de 14 e otubre de 1999, lamentablemente en relación al uso, con interpretaciones diferentes, que se habían hecho de la sentencia de la cual había sido ponente el 19 de enero de 1999, cuya imprecisión había sido la causa de la misma.

En su Voto Salvado, en efecto, el magistrado La Roche señaló lo siguiente en torno al criterio expuesto en la sentencia de 14 de octubre de 1999, que no compartía, sobre el pretendido carácter de poder constituyente originario de la Asamblea Nacional Constituyente:

> A los fines de concluir que la Asamblea Nacional Constituyente es un órgano superior al régimen constitucional vigente, dado su pretendido carácter originario, el fallo del que se disiente cita de manera reiterada la referida sentencia de la Sala Político Administrativa de fecha 19 de enero de 1999. No obstante las facultades y la naturaleza jurídica que en la nombrada decisión de la Sala se consideran inmanentes al poder constituyente, esto es, *al pueblo* como máximo soberano, la sentencia de la Corte en Pleno *las atribuye al órgano elegido* por ese soberano como su representante para ejercer el máximo poder de organización político-jurídica, lo cual es, a todas luces diferente.

Por supuesto que se trataba de asuntos diferentes, pero ello no había quedando claro del texto de la sentencia de 19 de enero de 1999; si ese poder constituyente originario correspondía únicamente al pueblo, y nunca a una Asamblea Constituyente integrada por representantes electos del pueblo, como lo expresó el magistrado La Roche en el 14 de octubre de 1999, hubiera quedado expreso en su Ponencia del 19 de enero de 1999, la discusión sobre el carácter de poder constituyente originario de la Asamblea Nacional Constituyente, jamás se hubiera planteado en los términos que dominaron la discusión en el país.

Pero no fue así; al contrario, desde que se dictó la sentencia del 19 de enero de 1999 de la Sala Político Administrativa, se abrió la discusión precisamente sobre ese supuesto carácter de poder constituyente originario y soberano de la propia Asamblea Nacional Constituyente que defendía con ardor desafiante el Presidente de la República, respecto de cuya creación la sentencia abría el camino, dando inicio al proceso constituyente, sin necesidad de reformar la Constitución.

V.
La propuesta de Hugo Chávez influida por lo que le vendieron unos nuevos "adelantados" españoles sobre el llamado "nuevo constitucionalismo" latinoamericano

Y para ello, el paso inicial para dilucidar la situación, con el cual se abrió materialmente el proceso constituyente, ante la pasmosa pasividad del Congreso electo en noviembre de 1999, lo dio el Presidente de la República, Hugo Chávez Frías, el día 2 de febrero de 1999, día de la toma de posesión de su cargo, lo que ocurrió sólo semanas después de la publicación de las sentencias comentadas de la Corte Suprema de Justicia, convocando una Asamblea Constituyente no regulada en la Constitución de 1961, entonces vigente.

Pero esa propuesta de Hugo Chávez, concebida durante su campaña electoral de 1998, de convocar una Asamblea Constituyente no prevista ni regulada en la Constitución, apelando sólo a alguna manifestación de la "soberanía popular" para sacrificar el principio de la supremacía constitucional, debe recordarse, tuvo su fuente de inspiración en algunas ideas que entonces comenzaron a fluir desde España hacia América Latina, concebidas por un grupo de profesores españoles, la mayoría agrupados en torno a la Fundación CEPS (Centro de Estudios Políticos y Sociales) de la Universidad de Valencia, de lo que luego se comenzó a denominar como "nuevo constitucionalismo" "insurgente" o "nuevo paradigma constitucional." La primera implementación de tales ideas tuvo lugar precisamente en Venezuela para justificar la forzada convocatoria de una Asamblea Constituyente "popular" no regulada en la Constitución y en contra de la misma, que había sido la única propuesta formulada por Hugo Chávez durante su campaña electoral de 1998; en un proceso en el cual, el país, de su mano, sirvió de especie "conejillo de indias."[37] Y que luego se propagó hacia Ecuador y Bolivia.[38]

---

37 Véanse los reportajes de Maye Primera, "Asesores constituyentes. Juristas y politólogos españoles colaboraron con el Ejecutivo bolivariano de Venezuela," en *El País*, Madrid 17 de junio de 2014, en https://elpais.com/politica/2014/06/18/actualidad/1403055722_556213.html?rel=mas; y de Ester Blanco, "La huella de Podemos en Venezuela. La relación de la formación morada en el gobierno chavista incluye cobros de dinero público e influencia política," en *ABCEspaña*, 21 de febrero de 2018, en https://www.abc.es/espana/abci-huella-podemos-venezuela-201608111345_noticia.html.

38 Véase, por ejemplo, lo que expresamos cuando se pretendió aplicar el mismo esquema en Honduras: Allan R. Brewer-Carías, *Reforma Constitucional, Asamblea Constitu-*

Sobre dicho proceso debe decirse que salvo algunos de sus ideólogos españoles como Roberto Viciano Pastor, Rubén Martínez Dalmau,[39] y Francisco Delgado Romeo,[40] en Venezuela muy pocos trataron de fundamentarlo, siendo una excepción lo que se expuso en una Tesis doctoral "secreta" defendida en 2011 en la Universidad de Zaragoza por una exmagistrada de la Sala Constitucional del Tribunal Supremo de Justicia, Gladys Gutiérrez Alvarado[41] (quien además, entre otros

---

yente, y control judicial: Honduras (2009), Ecuador (2007) y Venezuela (1999), Serie Derecho Administrativo N° 7, Universidad Externado de Colombia, Bogotá 2009, 144 pp.

39 Véase un resumen de sus planteamientos en Roberto Viciano Pastor y Rubén Martínez Dalmau, "Los procesos constituyentes latinoamericanos y el nuevo paradigma constitucional," en *Revista del Instituto de Ciencias Jurídicas de Puebla, IUS*, N° 25, Verano 2010, Puebla, pp. 8-29, y la bibliografía allí citada; Roberto Viciano Pastor y Rubén Martínez Dalmau, "Aspectos generales del nuevo constitucionalismo latinoamericano," en la publicación de la Corte Constitucional de Ecuador para el Período de Transición, *El Nuevo Constitucionalismo en América Latina*, Memorias del encuentro internacional El nuevo constitucionalismo: desafíos y retos para el siglo XXI, Quito 2010, pp. 9-44; y Francisco Palacios B., *Nuevo constitucionalismo participativo en Latinoamérica. Una propuesta frente a la crisis del Behemoth Occidental*, Thomson-Reuters-Aranzadi, Navarra 2012, pp. 255 pp. Roberto Viciano Pastor estuvo en Venezuela en 1998 y fue asesor "secreto" de la Asamblea Constituyente en 1999, a requerimiento de la cual, según informó, dirigió a la misma un "Dictamen sobre el Anteproyecto de Constitución" del cual que muchos Constituyentes nunca supimos. Véase lo que indicó en Roberto Viciano Pastor, "Presentación," en Asdrúbal Aguiar, *Revisión Crítica de la Constitución Bolivariana*, Libros El Nacional, Caracas 2000, p. 5.

40 Véase Francisco Palacios Romeo., *Nuevo constitucionalismo participativo en Latinoamérica. Una propuesta frente a la crisis del Behemoth Occidental*, Thomson-Reuters-Aranzadi, Navarra 2012, 255 pp.; y sus estudios: "La lucha por la Constitución: una dialéctica entre Agora y Fórum (con epítome sobre nuevo constitucionalismo latinoamericano)," en *Constitucionalismo crítico. Liber amicorum Carlos de Cabo Martín* (García Herrera, M., Asensi Sabater, J. y Balaguer Callejón, F., coordinadores.) 2ª edición, Tirant Lo Blanch, Valencia 2016, pp. 1315- 1366; "La reivindicación de la polis: crisis de la representación y nuevas estructuras constitucionales de deliberación y participación en Latinoamérica," en *Materiales sobre neoconstitucionalismo y nuevo constitucionalismo latinoamericano* (C. Storini y J. Alenza, directores), Thomson Reuters Aranzadi, Navarra 2012, pp. 147-241; "Quiebra del Estado social-aleatorio, constitucionalización material del Estado social y apertura de un nuevo sistema comunitario," en *Estudios sobre la Constitución de la República Bolivariana de Venezuela. X Aniversario* (F. Palacios y D. Velázquez, coordinadores), Procuraduría General de la República, Caracas 2009, pp. 87-138; y "La ruptura Constitucional del Estado precario: los derechos sociales en el nuevo constitucionalismo iberoamericano. La especificidad del modelo venezolano," en *Agora. Revista de Ciencias Sociales*, vol. 14 (monográfico), Fundación C.E.P.S., 2006, pp. 85-124.

41 Véase Gladys Gutiérrez Alvarado, "*El nuevo paradigma constitucional latinoamericano. Dogmática social extensa y nueva geometría del poder. Especial mención a la Constitución de Venezuela (1999)*," Tesis de doctorado, Universidad de Zaragoza, 2011. La Tesis fue elaborada bajo la dirección de Francisco Palacios Romero; y el Tribunal de la mis-

múltiples cargos, fue Presidenta del Tribunal entre 2013 y 2107, y como tal, corresponsable del afianzamiento del autoritarismo en el país, obra de un Juez Constitucional controlado y sometido);[42] Tesis de la cual fue Director, precisamente, el antes mencionado profesor Francisco Palacios Romeo.[43]

Dicha Tesis, al contrario de lo que debería ser una Tesis de doctorado en cualquier parte del mundo, en este caso resultó ser una Tesis que conforme a la ficha oficial del portal "Consulta de la Base de datos de Tesis Doctorales" de España (TESEO), aparecía como que: "*no autoriza la consulta*." Para consultarla tuve que agotar el procedimiento administrativo establecido en la Ley española de Transparencia y Acceso a la Información Pública, para obtener una resolución formal autorizando excepcionalmente la consulta, lo al fin pude hacer presencialmente en el Archivo de la Universidad de Zaragoza, el 28 de junio de 2018.[44]

---

ma estuvo conformado por los Sres. Manuel Ramírez Jiménez (Presidente), Andrés García Inda (Secretario), Juan Carlos Monedero Fernández-Gala (Vocal), José Asensi Sabater (Vocal) y José María Pérez Collados (Vocal).

42 Véase Allan R. Brewer-Carías, *La Justicia Constitucional, La demolición del Estado Democrático en Venezuela en nombre de un "nuevo constitucionalismo," y una Tesis "Secreta" de doctorado en la Universidad de Zaragoza,"* Ponencia preparada para las *Jornadas sobre "El papel de la Justicia Constitucional en los procesos de asentamiento del Estado democrático en Iberoamérica,"* Universidad Carlos III de Madrid, octubre de 2018, Editorial Jurídica venezolana International, 2018, 282 pp.

43 El profesor Francisco Palacios Romeo, antes de dirigir la Tesis de la magistrada Gutiérrez Alvarado, había trabajado en Venezuela como contratado por el gobierno de Venezuela, asesorado entre 2001 y 2008, tanto a la Presidencia de la República como a la Procuraduría General de la República, cuando la doctoranda fue Procuradora General (desde 2006 hasta 2010). Véase, la información en la "hoja de vida" del profesor Francisco Palacios Romeo publicada en: https://redestudioscomparadosdfshh.files.wordpress.com/2017/02/cv-francisco-palacios-romeo.pdf. Véase sobre algunas circunstancias que rodearon la presentación, defensa y aprobación de dicha Tesis, el reportaje de Rocío Galván y Mariza Recuero: "Profesores de Podemos doctoraron a la juez clave de Nicolás Maduro. La presidenta del Supremo venezolano no tenía el título de doctora para formar parte del Tribunal. Lo obtuvo en Zaragoza gracias a Monedero y a otros dos profesores que luego liderarían Podemos," en *El Mundo*, Madrid 23 de mayo de 2016, disponible enhttp://www.elmundo.es/espana/2016/05/23/574-2103422601d56508b4647.html; el reportaje: "El 'brazo judicial' de Maduro se doctoró en tres visitas a Zaragoza," en *El Español*, 29 de mayo de 2018, en https://www.elespanol.com/reportajes/201-60528/128237338_0.htmln; y el reportaje: "Miembros del partido español Podemos doctoraron a la presidenta del TSJ de Venezuela. Gladys Gutiérrez, presidenta del Supremo de Venezuela, ha estado vinculada al chavismo desde sus inicios. Su gestión como juez siempre ha estado rodeada de polémica, al ser considerada por la oposición como una persona poco objetiva," en *Diario Las Américas*, 23 de mayo de 2016, en https://www.diariolasamericas.com/miembros-del-partido-espanol-podemos-doctoraron-la-presidenta-del-tsj-venezuela-n3830174.

44 Véase sobre el bizarro procedimiento de consulta de la Tesis "secreta," en: Allan R. Brewer-Carías, *La Justicia Constitucional, la demolición del Estado Democrático en Vene-*

Las ideas centrales que se englobaron bajo el mote del "nuevo constitucionalismo latinoamericano" al cual se refiere dicha Tesis, y que esparcieron en América Latina los españoles que después de ser dependientes laborales de la doctoranda la tutorearon en la elaboración de la misma, y cuya aplicación en la práctica, en definitiva, terminó siendo una monumental destrucción de las bases de la democracia y del Estado de derecho, además de la antes mencionada idea sobre la convocatoria de "asambleas constituyentes populares" sin respaldo constitucional, fueron, tal como las resumió con toda precisión el profesor mexicano Pedro Salazar Ugarte, luego de escuchar a los mencionados promotores españoles de la propuesta del "nuevo constitucionalismo" en Caracas, en 2009:

> "el peso de la fuerza democrática sobre las instituciones elitistas de garantía (cortes constitucionales); la participación ciudadana constante; el referéndum como instrumento de consulta de todas las reformas a la constitución; la iniciativa popular; el poder constituyente recogido en la propia constitución."[45]

Sobre el papel de los "asesores" españoles, la periodista Maye Primera, en un reportaje sobre "Asesores constituyentes. Juristas y politólogos españoles colaboraron con el Ejecutivo bolivariano de Venezuela," publicado en *El País*, el 17 de junio de 2014, expresó entre otras cosas que:

> "Los juristas y politólogos españoles que desde hace casi tres lustros han asesorado a las Asambleas Constituyentes y a los Gobiernos de Venezuela, Ecuador y Bolivia *son ahora el músculo intelectual de Podemos* [...] "*en Venezuela, la idea original de llamar a una constituyente para refundar el Estado es de Chávez*. Y Viciano [Pastor] y Martínez Dalmau dieron cierto apoyo y mucha asesoría. Llegaron a Caracas en 1999, en pleno debate constituyente y no fueron los ideólogos del proceso, pero sí aportaron muchas ideas que fueron incluidas en la Constitución," afirma a *El País* un abogado venezolano que trabajó con ambos durante la Asamblea Nacional Constituyente. Una vez vencido el mandato constituyente, los catedráticos de la Universidad de Valencia se convirtieron en asesores de la bancada *chavista* que aún domina el poder legislativo venezolano y en 2007, aconsejaron a Hugo Chávez cuando

---

zuela en nombre de un "nuevo constitucionalismo," y una Tesis "secreta" de doctorado en la Universidad de Zaragoza," op, cit, 2018, 282 pp.

45 Véase el resumen del profesor Pedro Salazar Ugarte, elaborado con ocasión de haber asistido al *Congreso conmemorativo del X Aniversario de la* Constitución de Venezuela de 1999. Véase su escrito: "Chávez: "Los Tres Poderes soy yo" Notas de un constitucionalista perdido en Caracas," 1 de marzo de 2010, en *Nexos*, en https://www.nexos.com.mx/?p=13622

intentó llevar adelante un primer intento de reforma constitucional, que fue negada en un referéndum."[46]

Ello, en efecto, ocurrió en la propia Venezuela en 2007, con la propuesta de reforma constitucional para crear un Estado del Poder Popular o Estado Comunal que ese año presentó el mismo Hugo Chávez, y que fue afortunadamente rechazada por el pueblo. Como se explicó en un reportaje en el cual se entrevistó al profesor Francisco Palacios Romeo, el Director de la Tesis "secreta" de Zaragoza, en 2016, la Fundación Centro de Estudios Políticos y Sociales:

> "estaba compuesta por un nutrido grupo de profesores españoles de izquierdas -entre ellos los propios Monedero y Palacios-, a los que gobiernos latinoamericanos contrataban para que les asesoraran sobre todo en procesos constituyentes [...].
>
> "La idea era dinamizar los movimientos alternativos en Sudamérica, es decir, ayudarles a organizarse de forma seria para que pudieran pasar del activismo a lo institucional" cuenta Francisco Palacios. CEPS participó en el proceso constituyente de 1999, aunque Palacios no formó parte de ese grupo." [47]

Desde 2001 y luego, durante el segundo gobierno de Chávez, en 2007, Palacios, contratado por la Presidencia de la República y por la Procuraduría General de la República que entonces dirigía la autora de la Tesis "secreta" (Gladys Gutierrez), trabajó en la preparación del proyecto de la fallida Reforma Constitucional que pretendía transformar radicalmente al Estado democrático y social de derecho y convertirlo en un Estado Comunal del Poder Popular, en el cual desaparecía el

---

46 Véase en *El País*, el 17 de junio de 2014, en https://elpais.com/politica/2014/06/18/actualidad/1403055722_556213.html. Véase, además, el reportaje: "Profesores españoles diseñan en la sombra la Venezuela de Chávez," en *PeriodistaLatino*, 25 de noviembre de 2007, en http://blogs.periodistadigital.com/periodistalatino.php/2007/11/25/profesores-espanoles-disenan-en-la-sombr; y el reportaje de Javier Chicote: "Chávez pagaba 7.000 euros al mes por cada asesor de la fundación CEPS. La ONG de Iglesias, Errejón, Monedero, Bescansa y Alegre gastaba en Caracas el 25 por ciento de los fondos," en *ABC.España*, actualizado 17 de febrero de 2015, disponible en https://www.abc.es/espana/20150217/abci-chavez-dinero-asesor-podemos-201502162145.html

47 Véase Carlos Larroy y Pablo López Hurtado, "El 'brazo judicial' de Maduro se doctoró en tres visitas a Zaragoza. El tribunal que juzgó la tesis de Gladys Gutiérrez, presidenta del Tribunal Supremo de Venezuela, contaba con dos profesores de Podemos. El director de su doctorado defiende que fue un tribunal plural porque también había profesores de derechas," en *El Español*, 29 de mayo de 2016, en https://www.elespanol.com/reportajes/20160528/128237338_0.html

sufragio y por tanto la democracia representativa, eliminándose el principio de la alternabilidad republicana.[48]

En esos mismos años Juan Carlos Monedero también fue contratado por el gobierno de Chávez para asesorías en temas vinculados.[49] En relación con todo ello, el mismo profesor Palacios declaró a la prensa en 2016 que había asesorado a Hugo Chávez en su propuesta de reforma constitucional de 2007, en particular la propuesta de la reelección presidencial indefinida expresando que "no apoyar esta reforma hubiera sido dar paso a "una democracia tutelada." Esa iniciativa, calificada por Palacios como "un ejercicio de amplitud democrática,"[50] en definitiva se adoptó en 2009 mediante una Enmienda constitucional, eliminándose la limitación que imponía la Constitución a los mandatos presidenciales, permitiendo al presidente de turno que pudiera volver a presentarse a nuevas elecciones.

Estas asesorías, en definitiva sirvieron para que se cometiera un gran fraude constitucional desarrollado de la mano de Hugo Chávez Frías en Venezuela, de Rafael Correa en Ecuador y de Evo Morales en Bolivia, convenciendo a esos gobernantes, *primero*, que por la vía de la convocatoria al margen de las Constituciones de "asambleas constituyentes transformadoras, directamente activadas por el pueblo"[51]

---

48 Palacios formalizó su colaboración con sendos contratos celebrados con el "Despacho de la Presidencia de la República Bolivariana de Venezuela, por intermediación de la Fundación CEPS (Centro de Estudios Políticos y Sociales)" entre "1 enero de 2001-12 diciembre 2006," para "Asesoría general referente a elaboración, discusión y divulgación de materiales jurídicos relativos al bloque de constitucionalidad," y con la "Procuraduría General de la República de Venezuela," entre "1 diciembre 2007-12 diciembre 2008," para "Asesoría sobre materiales teóricos, redacción de articulado y participación en foros de discusión en el marco del Anteproyecto de Reforma Constitucional de 2007. Véase la información en la "hoja de vida" del profesor Francisco Palacios Romeo publicada en: https://redestudioscomparadosdfshh.files.wordpress.com/2017/02/cv-francisco-palacios-romeo.pdf

49 Véase en Maye Primera, "Asesores constituyentes. Juristas y politólogos españoles colaboraron con el Ejecutivo bolivariano de Venezuela," en *El País*, Madrid 17 de junio de 2014, en https://elpais.com/politica/2014/06/18/actualidad/1403055722_556213.html.. Por otra parte, como lo informó el diario *El Nacional* de Caracas, desde 2005 y hasta 2010 Monedero lo asesoró políticamente" [a Hugo Chávez]." Véase el reportaje: "Juan Carlos Monedero se aleja de la controversia," en *El Nacional*, Caracas 30 de abril de 2015, en http://www.el-nacional.com/noti-cias/mundo/juan-carlos-monedero-aleja-controversia_59081.

50 Véase en Mariza Recuero, "El 'profesor' de la juez de Nicolás Maduro asesoró la reelección de Hugo Chávez," en *El Mundo*, Madrid 25 de mayo de 2016, disponible en http://www.elmundo.es/espana/2016/05/25/5744b9aa46163f3d0b8b45b4.htm.

51 Véase, por ejemplo, Roberto Viciano Pastor y Rubén Martínez Dalmau, "Los procesos constituyentes latinoamericanos y el nuevo paradigma constitucional," en *Revista del Instituto de Ciencias Jurídicas de Puebla, IUS*, N° 25, Verano 2010, Puebla, pp. 8-29. Los autores, en su análisis – que la Sra. Gutiérrez en su Tesis de Zaragoza

era más fácil asaltar el poder impunemente - lo que por ejemplo Chávez no pudo hacer mediante un golpe de Estado militar en 1992 - , destruir el Estado de derecho, la separación de poderes y la democracia representativa que tanto les estorbaba; y *segundo*, que así podían introducir rápidamente los cambios políticos que estimaran necesarios con la engañosa propuesta de implantar una "democracia participativa," suplantando la democracia representativa, que en definitiva consistió en una "participación popular" controlada desde el centro del Poder, blandida en nombre de un llamado "Socialismo del Siglo XXI" montado sobre unos Consejos Comunales[52] sin autonomía política alguna, demoliendo toda forma de descentralización o distribución territorial del poder.

De eso se trató el "nuevo constitucionalismo" y el "Estado Comunal" que vendieron en América Latina, que por supuesto, nada tiene que ver con el contenido de los textos constitucionales sino con una práctica política basada en la mentira, diseñada para disfrazar regímenes autoritarios de "democracia participativa," todo lo cual en definitiva no pasó de ser pura charlatanería, de lo cual se nutrió la Tesis "secreta." Esas propuestas causaron una debacle en el constitucionalismo de Venezuela y del Ecuador -del cual éste último comenzó recientemente a recuperarse (2018) -, y que en Bolivia casi condujo a la instalación de una especie de "nueva monarquía."[53] En Venezuela, a lo que condujo fue a la instalación de una dictadura, la cual, incluso, a partir de 2017 y que duró hasta 2020 , pasó de

---

sigue muy de cerca, en muchos casos, casi textualmente - , me ubican en el "sector más conservador de la doctrina," por considerar, como en efecto considero que "las asambleas constituyentes no están legitimadas para actuar contra la Constitución dada, con la que conviven" (Nota 16, p 15). Véase, en todo caso, sobre ello el ultimo de mis trabajos: Allan R. Brewer-Carías, *Usurpación Constituyente 1999, 2017. La historia se repite: unas veces como comedia y otras como tragedia,* Editorial Jurídica Venezolana, Caracas 2018.

52 Véase, por ejemplo, Juan Carlos Monedero, "Hacia una filosofía política del socialismo en el Siglo XXI," en *Cuadernos del CENDES*, N° 68, Año 25, mayo-junio 2008, pp. 71-106; "La reinvención de la Venezuela revolucionaria y los fantasmas del pasado," en *Revista Comuna. Pensamiento Crítico en la Revolución*, núm. 1, Caracas, 2009; y "Socialismo y Consejos Comunales: La Filosofía Política del Socialismo en el Siglo XXI," en *Comuna. Pensamiento Crítico en la Revolución*, N° 4: Del Estado Heredado al Nuevo Estado, primer trimestre de 2011, pp. 97-142 en http://www.juancarlosmonedero.org/wp-content/uploads/2012/12/Socialismo-y-Consejos-Comunales-La-Filosof%C3%ADa-Pol%C3%ADtica-del-Socialismo-en-el-Siglo-XXI.pdf

53 Véase Allan R. Brewer-Carías, "Las nuevas "monarquías hereditarias" latinoamericanas, la democracia como disfraz y la reelección indefinida de los gobernantes. El caso de la sentencia 084 del Tribunal Constitucional Plurinacional de Bolivia de 28 de noviembre de 2017," 2 diciembre de 2017, en http://allanbrewer-carias.net/site/wp-content/uploads/2017/12/180.-Brewer.doc-Sentencia-No.-84-Bolivia-y-las-nuevas-monarquias.pdf

ser una "dictadura judicial" que comandó el Juez Constitucional,[54] a ser una "dictadura constituyente" comandada por una nueva Asamblea Constituyente instalada a partir de 2017 también avalada por el Juez Constitucional,[55] y en la cual éste pareció aun cuando brevemente haber pasado a ser nada más que material de desecho.

Cuán equivocado estaba Juan Carlos Monedero cuando al insistir que para implantar el "Socialismo del Siglo XXI," era necesaria "la figura del liderazgo fuerte [...] - no a un dictador, ni siquiera amable -" llegando a afirmar con toda ingenuidad que ello era algo "impensable en términos reales gracias a las actuales Constituciones vigentes." [56]

El problema no son las Constituciones y sus textos, sino la práctica política desarrollada desde el gobierno, y en cuanto a la Constitución de 1999, por lo demás, la misma contenía el germen del autoritarismo como lo denunciamos en ese mismo año al propugnar el voto "No" en el referendo aprobatorio de la Constitución.

La realidad demostró, además, que no era cierto lo afirmado por Monedero, en el sentido de que supuestamente:

> "la politización que ha vivido el pueblo venezolano en los últimos diez años permite inferir una evolución claramente democrática que, además, solvente los problemas de participación de las democracias parlamentarias de baja intensidad." [57]

---

54 Véase Allan R. Brewer-Carías, *La dictadura judicial y la perversión del Estado de derecho. El Juez Constitucional y la destrucción de la democracia en Venezuela* (Prólogo de Santiago Muñoz Machado), Ediciones El Cronista, Fundación Alfonso Martín Escudero, Editorial Iustel, Madrid 2017, 608 pp.; Carlos M. Ayala Corao a y Rafael J. Chavero Gazdik, *El libro negro del TSJ de Venezuela: Del secuestro de la democracia y la usurpación de la soberanía popular a la ruptura del orden constitucional (2015-2017)*, Editorial Jurídica Venezolana, Caracas 2017, 394 pp.; *Memorial de agravios 2016 del Poder Judicial. Una recopilación de más de 100 sentencias del TSJ*, 155 pp., investigación preparada por las ONGs: Acceso a la Justicia, Transparencia Venezuela, Sinergia, espacio público, Provea, IPSS, Invesp, en https://www.scribd.com/document/336-888955/Memorial-de-Agravios-del-Poder-Judicial-una-recopilacion-de-mas-de-100-sentencias-del-TSJ; y José Vicente Haro, "Las 111 decisiones inconstitucionales del TSJ ilegítimo desde el 6D-2015 contra la Asamblea Nacional, los partidos políticos, la soberanía popular y los DDHH," en *Buscando el Norte*, 10 de julio de 2017, en http://josevicenteharogarcia.blogspot.com/2016/10/las-33-decisiones-del-tsj.html

55 Véase Allan R. Brewer-Carías, *Usurpación Constituyente 1999, 2017. La historia se repite: unas veces como comedia y otras como tragedia*, Editorial Jurídica Venezolana, Caracas 2018.

56 Véase Juan Carlos Monedero, "Hacia una filosofía política del socialismo en el Siglo XXI," en *Cuadernos del CENDES*, N° 68, Año 25, mayo-junio 2008, pp. 84-86.

57 Ídem.

Nada de ello se logró, siendo nada más que una ingenuidad afirmar, como también lo hizo Monedero, que Chávez había "optado por crear un partido, no un movimiento que responda a su voluntad," cuando fue todo lo contrario; y que habría "apostado por el socialismo [pero no] por el "chavismo," cuando eso precisamente fue lo que ocurrió. Como el mismo Monedero lo constató en su trabajo, efectivamente, "la realidad es más compleja que la teoría," habiendo resultado de todo el "experimento" del "Socialismo del siglo XXI" que tanto apoyó, el desarrollo de una dictadura cleptocrática, con un partido oficial que de "socialismo" tiene solo el nombre; o como el propio Monedero lo reconoció, "de un sector cortesano que juega al autoritarismo mientras se enriquece con prácticas corruptas."[58]

Como lo resumió Asdrúbal Aguiar, exjuez de la Corte Interamericana de Derechos Humanos, en un artículo:

> "El daño vertebral que el Socialismo del siglo XXI le inflige a la democracia es judicializar la política. La experiencia la inauguran, a mediados del siglo XX, los cubanos. No por azar, todo disidente político es considerado criminal, sometido a la Justicia, llevado a la cárcel sin más.
>
> Alcanzado el siglo XXI, Hugo Chávez, coludido con profesores de Valencia, España, visitantes de la Universidad de La Habana y dentro de cuyo seno surge Podemos, afina la experiencia y la extiende a la Bolivia de Evo Morales y al Ecuador de Rafael Correa, instalando en la región, bajo inspiración del Foro de Sao Paolo, "regímenes de la mentira."
>
> Sobre el pecado original de la Constituyente venezolana de 1999, ésta trastoca sus límites y al efecto remueve, sin fórmula de juicio ni derecho a la defensa, los integrantes del Poder Judicial. Los jueces son transformados en provisorios, para sujetarlos, y a los magistrados de la antigua Corte Suprema de Justicia les cancela sus períodos de elección, los manda a casa, dado que, en lo adelante, nace el actual e inconstitucional Tribunal Supremo de Justicia revolucionario.
>
> Lo que sigue es bochornoso y se olvida. Los jueces provisorios del novísimo TSJ, como jueces en causa propia y en Sala Constitucional, deciden que no están sujetos al cumplimiento de los requisitos de la nueva Constitución para ejercer como tales. Allí se quedan, justamente, para judicializar la política.
>
> Morales y Correa no se quedan atrás con sus Constituyentes, una que escribe el texto fundamental del país dentro de un cuartel y finge debatirla

---

58 Ídem.

en la sede de la Lotería Nacional, y la otra desde Montecristi; todas subvirtiendo los procesos correspondientes y mirando el objetivo, controlar el poder para siempre.

El denominador común es la forja de amanuenses, de escribidores al servicio de las narco-logias que secuestran a dichos Estados, para que, en función de sus crímenes e ilegalidades desde el poder se encarguen de purificarlos; y, si fuese el caso, interpreten a conveniencia la Constitución para que diga lo que no dice, sin necesidad de enmiendas o reformas.

En el caso venezolano es voluminosa la memoria escrita por Allan R. Brewer Carías.

La mentira constitucional se hace moneda de curso corriente. La describe, premonitoriamente, el maestro italiano fallecido Piero Calamandrei, al dar cuenta del fascismo que lo persigue: "Es algo más complicado y turbio que la ilegalidad: es la simulación de la legalidad, el fraude, legalmente organizado, a la legalidad... La corrupción y degeneración... es el instrumento normal y fisiológico del gobierno [que se funda en la mentira legalizada]."

[...] El engendro de una justicia venal y arrodillada ha hecho posible el absurdo de la muerte de la democracia a fuerza de votos, en América Latina, un contrasentido. Ella desconoce la soberanía popular a conveniencia y afirma como soberanos los atentados a la constitución por los dictadores de nuevo cuño."[59]

Y como lo destacó el profesor Pedro Salazar Ugarte, director del Instituto de Investigaciones Jurídicas de la Universidad Nacional Autónoma de México, en la "Crónica" del viaje que hizo en diciembre de 2009 a Caracas, invitado por el Tribunal Supremo de Justicia para participar en el "*Congreso conmemorativo del X Aniversario de la Constitución de la República Bolivariana,*" en el cual participó junto con Roberto Viciano Pastor, y Francisco Palacios Romeo,[60] cuando al referirse a uno de ellos expresó:

"el colega español al que he hecho más de una mención y que ha jugado un papel importante en la confección de las constituciones venezolana, ecuatoriana y boliviana. Su ponencia me pareció sólida. Y me re-

---

59 Véase Asdrúbal Aguiar, "La judicialización de la Política, *El Nacional*, 7 de agosto de 2018, en http://www.el-nacional.com/noticias/columnista/judicializacion-politica_246719.

60 Véase la información sobre quienes participaron en el Congreso en "En el TSJ. Congreso sobre 10 años de la Constitución," en *CGR Revista,* Contraloría General de la república, No 160, 2010, en http://www.cgr.gob.ve/pdf/publicacion/cgrevista/cgr160.pdf; y en el CV de Francisco Palacios en https://redestudioscomparadosdfshh.files.wordpress.com/2017/02/cv-francisco-palacios-romeo.pdf

sultó particularmente interesante porque, al ser un promotor del "nuevo constitucionalismo latinoamericano," delineó algunas de sus tesis principales: la importancia de las asambleas constituyentes populares; el peso de la fuerza democrática sobre las instituciones elitistas de garantía (cortes constitucionales); la participación ciudadana constante; el referéndum como instrumento de consulta de todas las reformas a la constitución; la iniciativa popular; el poder constituyente recogido en la propia constitución, básicamente. Al escucharlo me acordé de los dilemas que ocuparon mis reflexiones cuando escribí mi tesis de doctorado, precisamente sobre las tensiones entre el constitucionalismo y la democracia. Y no pude dejar de sorprenderme ante lo mucho que nos cuesta entender que el poder, en las manos de quien sea, si no se limita, se vuelve tiránico [...].

Me pregunto si es este caos que se inclina al precipicio lo que emociona a algunos intelectuales europeos que celebran la revolución bolivariana, denuncian con aburrimiento el *impasse* y la mediocridad intelectual en el que —según dicen— está atrapada la sociedad europea y declaman su encanto por Latinoamérica (*pero suelen tener un boleto de avión —de regreso a casa— en el bolsillo*). Yo, definitivamente, no encuentro en lo que veo el germen de una sociedad moderna, libre e igualitaria. Y me niego a claudicar ante la idea de que ésta es la igualdad y libertad que nos toca a los latinoamericanos: una seudo-modernidad folklórica, *ad hoc* para los países del tercer mundo. La idea provinciana de que debemos encontrar nuestra identidad y destino sin mirar hacia otra parte siempre me ha parecido mediocre. Una cosa es aceptar la realidad y sentirse parte de ella y otra, muy distinta, conformarse con un estado de cosas en el que la marginalidad es destino."[61]

La verdad, en todo caso, fue que todas las ejecutorias basadas en las teorías "participativas" del "nuevo constitucionalismo" que en triste hora los asesores españoles hicieron "experimentar" en Venezuela, teniendo como mira la destrucción de la democracia representativa, fue un componente más, pero esencial, en la procura de imposición de un modelo de Estado basado en un supuesto "Socialismo del Siglo XXI," cuyo resultado ha sido no solo la destrucción de todo el aparato productivo nacional y el ahogamiento de la iniciativa privada, sino el haber causado, como se dijo y lo calificó el Secretario General de la Organización de Estados Americanos Luis Almagro, "el éxodo más grande que ha existido en la historia del hemisferio occidental."[62]

---

61 Véase Pedro Salazar Ugarte, "Chávez: "Los Tres Poderes soy yo" Notas de un constitucionalista perdido en Caracas," 1 de marzo de 2010, en *Nexos*, en https://www.nexos.com.mx/?p=13622

62 Véase el reportaje: "Almagro: Crisis migratoria venezolana es el éxodo más grande del hemisferio," en *Noticierodigital.com*, Santo Domingo, EFE, 29 de agosto de 2018, en

Y no precisamente porque se viva bien en el país donde se hicieron los experimentos.

En todo caso, la participación de los enviados españoles no cesó con el trabajo, entre otros de Viciano Pastor, Martínez Dalmau, Juan Carlos Monedero y Francisco Palacios Romeo entre 1998 y 2007, sino que, como lo observó Emilio Figueredo Planchart, se extendió indicando que:

> "asesores españoles que provienen de Podemos lo que están haciendo es experimento social en el que nosotros terminamos siendo los conejillos de India, eso sí, ellos están bien remunerados en Euros, alojados de lujo con chofer y guardaespaldas y pretenden construir nueva izquierda."[63]

Se refería al periodista Fernando Casado, quien en un acto en el cual estaba presente Nicolas Maduro en agosto de 2018, tomó el micrófono "espontáneamente" como parte de la "milicia" presente, y dijo entre otras cosas que en Venezuela no hay una dictadura:

> "Es una democracia de verdad, participativa y protagónica." "*¡no como las democracias representativas que tenemos en Europa, de ésas que nos hacen pasar hambre!*" "No es una de esas democracias representativas que no nos ha dado ninguna felicidad al pueblo, que nos echa a la calle, que nos deja en miseria y que nos hace pasar hambre. Gracias, presidente. *Es usted una inspiración para todos los pueblos del mundo*. Es usted una inspiración para España."
>
> "*Presidente (Maduro) es usted una inspiración para todos los pueblos del mundo, es usted una inspiración para España. Es usted un presidente líder que seguirá teniendo una gran cantidad de seguidores, porque la gente no es tonta señor presidente.*" "Son una inspiración. En España también las cosas están cambiando. En Portugal están cambiando. En Grecia están cambiando, pero todavía no nos han dejado. *El pueblo español seguramente tampoco está preparado* para dar el salto cualitativo que se ha dado en países como Venezuela, como Ecuador, como Bolivia. Pero ahí estamos."[64]

---

http://www.noticierodigi-tal.com/2018/08/almagro-proxima-semana-se-hara-reunion-abordar-la-crisis-migratoria-sufre-venezuela/

63 Véase Emilio Figueredo Planchart, @efigueredop, en *Tweet* del 16 de agosto de 2018,

64 Véase el Video íntegro en https://www.youtube.com/watch?v=GTzw-lmok88. Sobre Casado, *El Nuevo País* indicó, simplemente que "hace parte de esos pseudo-intelectuales importados sin razón académica alguna, pero con sobradas razones ideológicas: son torres repetidoras del poder al que sirven y por el cual son bien remunerados." Véase en *El Nuevo* País, 15 de agosto de 2018, en http://elnuevopais.net/2018/08/15/220061/.

Por supuesto, a los propugnadores de tal debacle, nada les importa que en Venezuela se hubiera originado, desde el punto de vista constitucional, como lo observó Piero Calamandrei sobre el régimen fascista un régimen "de la indisciplina autoritaria, de la legalidad adulterada, de la ilegalidad legalizada, del fraude constitucional."[65]

Pero, nada de eso importa; sino según las propias palabras del propio Francisco Palacios, lo que importaría fue, como lo afirmó en una entrevista en mayo de 2016, al colaborar en la concepción de las "nuevas" Constituciones de Venezuela, Ecuador y Bolivia, es que supuestamente "Nadie podrá negar que estas constituciones son protransparencia, prosociales y procontrol," así todo ello, en la práctica, no sea sino una gran mentira, concluyendo que "Otra cosa es la realidad, es decir, que se estén cumpliendo o no."[66]

Y esto último, por lo visto, para ese y los otros profesores españoles de derecho constitucional parecería que no tiene mayor importancia, sobre todo cuando se está bien lejos de la tragedia causada por el "nuevo constitucionalismo" que propugnaron tan vehementemente, así como de las ejecutorias del Estado fallido que resultó de los despojos de la destrucción del Estado democrático que tanto ayudó a ejecutar junto con sus otros colegas y con la ayuda de doctorandas como la Sra. Gutiérrez Alvarado, basándose en sus teorías "participativas" del "nuevo constitucionalismo;" y en cambio están sin sobresaltos, salvo los de la conciencia, como es el caso del profesor Palacios, a orillas del Ebro, en la magnífica y quieta ciudad que alguna vez fue la colonia inmune romana *Caesaraugusta*, fundada en el año 14 a. C. con ocasión de la reorganización de las provincias de *Hispania* por Cesar Augusto, sita en la provincia *Tarraconense*, sobre la antigua ciudad ibérica de *Salduie*.[67]

---

65 Véase Piero Calamandrei, *Il fascismo, come regime della menzogna*, Laterza, 2014. Véase sobre Venezuela, Allan R. Brewer-Carías, *La Mentira como política de Estado. Crónica de una crisis política permanente. Venezuela 1999-2015*, (Prólogo de Manuel Rachadell), Colección Estudios Políticos, No. 10, Editorial Jurídica Venezolana, Caracas, 2015. 478 pp.

66 Véase en Carlos Larroy y Pablo López Hurtado, "El 'brazo judicial' de Maduro se doctoró en tres visitas a Zaragoza. El tribunal que juzgó la tesis de Gladys Gutiérrez, presidenta del Tribunal Supremo de Venezuela, contaba con dos profesores de Podemos. El director de su doctorado defiende que fue un tribunal plural porque también había profesores de derechas," en *El Español*, 29 de mayo de 2016, en https://www.elespanol.com/reportajes/20160528/128237338_0.html

67 La ciudad de Zaragoza es de las que mejor conserva en la Península Ibérica, en su centro histórico, la traza de la retícula del *castro* romano, con su *Decumano* (calles Mayor, Espoz y Mina, y Manifestación), y *Cardo* (calle Don Jaime I). Véase sobre ello: en Allan R. Brewer-Carías, *La Ciudad Ordenada*, Thomson Aranzadi, Navarra, 2008, pp. 57 y 261.

Allí, ciertamente, que poco importa que las Constituciones allende el mar se estén cumpliendo o no, sobre todo cuando por las informaciones que se pueden leer en los medios, ha habido otros intereses de por medio.[68]

68 Particularmente, si el trabajo que se hizo entre 2001 y 2008, a través de la Fundación CEPS (Centro de Estudios Políticos y Sociales), mediante contratos firmados con el Estado venezolano, fue bien remunerado (Véase la información en: https://redestudioscomparadosdfshh.files.wordpress.com/2017/02/cv-francisco-palacios-romeo.pdf), propiciando, además, que a partir de 2008, el propio gobierno de Venezuela continuara financiando directamente a la misma Fundación CEPS (Centro de Estudios Políticos y Sociales) pero para sus actividades en España. Véase el reportaje de Javier Chicote, "Fundación CEPS, El Germen de Podemos. Chávez pagó 7 millones de euros para «crear en España fuerzas políticas bolivarianas." El «comandante» firmó la entrega de fondos a la fundación de Iglesias, Monedero y Errejón para propiciar en nuestro país «cambios políticos afines al Gobierno bolivariano»," en *ABCEspaña*, 17 de abril de 2016, en https://www.abc.es/espana/abci-chavez-pago-7-millones-euros-para-crear-espana-fuerzas-politicas-bolivarianas-201604050224_noticia.html; y el reportaje "Un socio de Iglesias le acusa de fundar Podemos con dinero de Venezuela e Irán. "Creo que los cinco europarlamentarios no serían posibles sin el dinero personal recibido del extranjero por Monedero e Iglesias," ha señalado Enrique Riobóo," en *ElConfidencial*, 13 de noviembre de 2017, en https://www.elconfidencial.com/espana/2017-11-13/un-socio-de-iglesias-le-acusa-de-fundar-podemos-con-dinero-de-venezuela-e-iran_1476597/?utm_campaign=BotoneraWebapp

VI.
El Decreto N° 3 de 2 de febrero de 1999 del Presidente de la República, su impugnación judicial y su ejecución

Ahora, volviendo al proceso venezolano en 1999, precisamente después de que, como se dijo, la Corte Suprema de Justicia en Sala Político Administrativa, mediante las comentadas sentencias *Casos Referendo Consultivo I y II* de 19 de enero de 1999,[69] abrió el camino para la reforma de la Constitución de 1961, distinta a los procedimientos previstos en la misma de Reforma General y la Enmienda, la iniciativa para ello la podía asumir no solo el Presidente de la República, sino el Congreso de la República, o ambos órganos del Poder Público, elaborando el conjunto de preguntas que fueran necesarias e indispensables para que, mediante un referendo consultivo, se pudiese conformar el régimen de la Asamblea Constituyente como resultado, precisamente, de la consulta popular.

La discusión política, en ese estadio, se trasladó entonces hacia otros aspectos, específicamente: primero, sobre quién debía tomar la iniciativa de convocar al referendo consultivo sobre la convocatoria de la Asamblea Constituyente: el Congreso o el Presidente de la República; y segundo, sobre cuál sería el texto de la consulta popular para que el régimen de funcionamiento de la Constituyente fuera el producto del poder constituyente originario, es decir, de la manifestación de voluntad del pueblo a través de la consulta popular.

Pronto estos aspectos de la discusión serían resueltos: el Presidente de la República, con la asesoría de quienes le vendieron las ideas del "nuevo constitucionalismo," el día 2 de febrero de 1999, el mismo día que tomó posesión de su cargo, dictó el Decreto N° 3 mediante el cual tomó la iniciativa de decretar "la realización de un referendo para que el pueblo se pronunciase sobre la convocatoria de una Asamblea Nacional Constituyente" (art. 1),[70] y así proceder a convocarla sin que la misma estuviese regulada en la Constitución. Lamentablemente, en ese estadio, el Congreso, ausente de lo que ocurría en el país, ni se tomó la molestia de discutir el tema.

---

69 Los textos de las sentencias pueden consultarse en Allan R. Brewer-Carías, *Poder Constituyente Originario y Asamblea Nacional Constituyente, cit.*, pp.25 y ss.

70 El Presidente, mediante dicho acto, publicado en *Gaceta Oficial* N° 36.634 de 2 de febrero de 1909.

Pero el segundo punto de la discusión no fue resuelto con el Decreto de convocatoria, pues conforme al criterio de las sentencias antes mencionadas de la Corte Suprema de Justicia de enero de 1999, el poder constituyente originario es decir el pueblo, para crear una Asamblea Constituyente con el objeto de reformar la Constitución, mediante un referendo consultivo, debía pronunciarse sobre los diversos aspectos que debían configurar el régimen (estatuto de funcionamiento) de la Asamblea Constituyente. Sin embargo, el Decreto N° 3 no satisfizo estas exigencias y, al contrario, omitió toda referencia al régimen de conformación y funcionamiento de la Constituyente, sustituyendo este aspecto por una pregunta que buscaba que al pueblo "delegara" en el propio Presidente de la República para regular, él sólo, en fraude a la voluntad popular, "las bases del proceso comicial" en el cual se elegirían los integrantes de la Asamblea Nacional Constituyente.

Pero en todo caso, después de las sentencias de la Corte Suprema, puede decirse que el carácter de la Asamblea Nacional Constituyente había quedado delineado en el sentido de que la Asamblea Constituyente debía actuar con sujeción a la Constitución de 1961, hasta que este texto fuese sustituido por uno nuevo, producto precisamente de la actividad de la Asamblea; y nada autorizaba a pensar que pudiera tener otras funciones que no fueran las de elaborar una nueva Constitución producto del pacto político-social-constitucional a que llegara la Asamblea, ni que pudiera suplantar los poderes constituidos del Estado o pudiera asumir las funciones que correspondían a los órganos de los Poderes Ejecutivo, Legislativo o Judicial.

Como lo expresó la Presidenta de la Corte Suprema de Justicia, Magistrada Cecilia Sosa Gómez: "hasta que no se promulgue una nueva Carta Magna, la Corte seguirá defendiendo el texto fundamental vigente;"[71] añadiendo: "Estamos viviendo bajo la Constitución de 1961. Tenemos que mantener el hilo constitucional hasta suplantarlo por otro. No podemos caer en un ámbito de inexistencia del Estado."[72]

Ahora bien, en contraste con lo anterior, tal como estaba formulada la primera pregunta del Artículo 3° del Decreto, la misma pretendía hacer que el pueblo convocara una Asamblea Nacional Constituyente: "con el propósito de transformar el Estado y crear un nuevo ordenamiento jurídico..." Es decir, se pretendía que mediante un referendo decisorio no previsto legalmente, se convocase una Asamblea Constituyente, no para reformar la Constitución, sino para que asumiera un poder total y pudiera incluso sustituir a los poderes constituidos aún antes de la aprobación de la reforma constitucional.

El Decreto N° 3, por tanto, propugnaba una doble concentración de poderes: primero, en cabeza de una sola persona, el Presidente de la República, en quien se pretendía delegar el poder soberano de decidir sobre las bases comiciales de la

71 Véase *El Nacional*, Caracas 12 de febrero de 1999, p. D-1.

72 Véase *El Nacional*, Caracas 24 de enero de 1999, p. D-1

Constituyente; y segundo, en cabeza de una Asamblea a la cual se pretendía asignar el poder total de transformar el Estado, lo que vulneraba los principios más elementales del Estado de derecho y era incompatible con los valores supremos de una sociedad democrática. Es decir, Asamblea Constituyente que podía tener funciones que permitían violar e, incluso, ignorar del todo la Constitución de 1961, lo que hacía inconstitucional el mismo Decreto N° 3, pues el Presidente de la República no tenía competencia para convocar un referendo tendiente a dar origen a un órgano con funciones contrarias a la propia Constitución.

Por último, el Decreto ignoraba del todo la existencia de principios constitucionales pétreos, que no estaban bajo el poder del Presidente ni de la Asamblea Constituyente que éste pudiera concebir, como los principios de la independencia de la Nación, de la integridad del territorio de la República, de la organización federal del Estado, del gobierno democrático, representativo, responsable, participativo y alternativo y del respeto y garantía nacional y universal de los derechos humanos y de su protección, de la separación los poderes Ejecutivo, Legislativo y Judicial y de la supremacía de la Constitución; que escapaban totalmente a la posibilidad de su eliminación o modificación.

En consecuencia, al pretender el Decreto N° 3, servir de medio para convocar una Asamblea Constituyente que tuviera por misión transformar el Estado y crear un nuevo ordenamiento jurídico para hacer efectiva una supuesta "democracia participativa," lo que podía implicar pretender eliminar el principio de la democracia representativa, el texto de la Primera pregunta del artículo 3° del mismo violaba las disposiciones de los artículos 3° y 4° de la Constitución de 1961, que eran y son consustanciales al constitucionalismo venezolano.

Por otra parte, la posibilidad constitucional que existía conforme se dedujo de la doctrina de la Corte Suprema de que una Asamblea Constitucional pudiera ser convocada sin que estuviese prevista en la Constitución, para reformar la Constitución, derivaba única y exclusivamente de la posibilidad, también constitucional, de *establecerla directamente mediante la manifestación de la voluntad del pueblo soberano* a través de un referendo consultivo, en ejecución del derecho constitucional a la participación ciudadana; consulta que debía contener todos los elementos o reglas que configurasen el régimen de la Asamblea, en preguntas concatenadas.

Es decir, la única forma de lograr que el pueblo, titular de la soberanía, se pronunciase sobre tales reglas -es decir, sobre la creación de la Asamblea Constituyente-, consistía en que ellas se incorporasen al texto mismo de la consulta que se le hiciera, para que el pueblo, al pronunciarse favorablemente sobre la convocatoria de la Asamblea Constituyente, aprobare también las reglas fundamentales pertinentes, que configuraban su régimen, en particular el cometido de la Asamblea Constituyente; la forma de elección de sus integrantes, y la duración del mandato.

En consecuencia, el régimen de la Constituyente en ningún caso podía ser establecido por el Ejecutivo Nacional, ni aun cuando así lo dispusiera el pueblo en un referendo, al pronunciarse favorablemente sobre la convocatoria de la Asamblea Constituyente, porque conforme a las normas constitucionales que estaban vigentes, la rama ejecutiva del Poder Público no tenía competencia para decidir por el titular de la soberanía, que era el pueblo, y porque los poderes constituyentes que son inherentes a la soberanía del pueblo son indelegables.

Por ello, el vicio de inconstitucionalidad afectaba la Pregunta Segunda del artículo 3° del Decreto N° 3 del 2 de febrero de 1999, al pretender que el pueblo *autorizase* al Presidente de la República para que mediante un "acto de gobierno" fuera el que fijase "las bases del proceso comicial en el cual se elegirán los integrantes de la Asamblea Nacional Constituyente," es decir, el estatuto de conformación y de funcionamiento de la Asamblea, incluyendo su estructura y carácter, el número de miembros que debían integrarla, condiciones de elegibilidad, la forma de postulación y las condiciones para la elección. Con ello se pretendía trasladar el poder constituyente al Presidente de la República lo cual era inconstitucional, por no tener competencia para ello.

Por tanto, constituía un fraude constitucional que una Asamblea Constituyente convocada en democracia, bajo la vigencia de una Constitución como la de 1961, que no perdía su vigencia hasta que fuera sustituida por otra que dictase la Asamblea y aprobase el pueblo, pudiera servir de cauce para la destrucción del sistema democrático como los "heraldos" del llamado "nuevo constitucionalismo" lo propugnaron para su aplicación en Venezuela.

Por ello, unas semanas después de publicado el Decreto presidencial el 23 de febrero de 1999 acudimos ante la Sala Político-Administrativa de la Corte Suprema de Justicia para solicitar que declarase la nulidad por ilegalidad e inconstitucionalidad del Decreto N° 3 de 2-2-99, por violar los artículos 3, 4, 50, 117 y 139 de la Constitución y el artículo 181 de la Ley Orgánica del Sufragio y Participación Política; por estar viciado de desviación de poder; ser ineficaz y de imposible ejecución, lo que lo hacía nulo conforme al Artículo 19, ordinal 3° de la Ley Orgánica de Procedimientos Administrativos; y, en definitiva, por configurarse, en sí mismo, en un instrumento que podía servir de fraude a la Constitución.[73] Otros recursos de nulidad contra el Decreto también fueron intentados con fundamentos relativamente similares.[74]

Las acciones de nulidad intentadas, sin embargo, fueron declaradas inadmisibles por el Juzgado de Sustanciación de la Sala, considerando que el Decreto impugnado *no era un acto administrativo recurrible* por ante la jurisdicción contencioso-administrativa, en virtud de que no producía "efectos externos," considerando

---

73 Véase el texto de la acción de nulidad en Allan R. Brewer-Carías, *Asamblea Constituyente y Ordenación Constitucional*, Academia de Ciencias Políticas y Sociales, Caracas 1999, pp. 255 a 321.

74 Véase la relación de todas las acciones de nulidad intentadas en Carlos M. Escarrá Malavé, *Proceso Político y Constituyente, cit.*, Anexo 4.

la Corte que supuestamente se trataba de una simple "solicitud" formulada por el Presidente ante el Consejo Nacional Electoral, órgano que era al que correspondía poner fin al procedimiento administrativo relativo a la convocatoria de los referendos.[75] La consecuencia de ello fue entonces la interposición de sendas nuevas acciones de nulidad (con los mismos argumentos de derecho) pero esta vez contra la Resolución N° 990217-32 del Consejo Nacional Electoral de 17 de febrero de 1999 dictada en conformidad con el mismo Decreto N° 3 del Presidente de la República, que a su vez había reproducido íntegramente su texto y había fijado la realización del referendo para el día 25 de abril de 1999.[76]

En todo caso, en virtud de todas las impugnaciones formuladas ante la jurisdicción contencioso administrativa, así como en virtud de las observaciones críticas que se formularon respecto de dicha Resolución, el Presidente de la República, Hugo Chávez Frías tuvo que emitir un nuevo "acto administrativo" fechado 10 de marzo de 1999[77] (que, sin la menor duda, era un Decreto, aún cuando sin número, en los términos de los artículos 14 y 15 de la Ley Orgánica de Procedimientos Administrativos), mediante el cual ordenó publicar en *Gaceta Oficial* una propuesta del Ejecutivo Nacional mediante la cual fijaba las bases de la convocatoria de la Asamblea Nacional Constituyente, para ser *sometida a la aprobación del pueblo en el referendo* convocado.

Con este Decreto, sin duda, el Presidente, sin decirlo expresamente, modificó el Decreto N° 3 de 2 de febrero de 1999, eliminando entonces la segunda pregunta que buscaba que se le delegara a él la fijación de las bases comiciales. Reconoció, así, el Presidente de la República el error constitucional que había cometido, como lo habíamos denunciado; y ello obligó, por tanto, al Consejo Nacional Electoral a modificar la Resolución N° 990217-32 del 17 de febrero de 1999, a los efectos de *incorporar a las preguntas del referendo* los elementos contenidos en las bases mencionadas que conformaban el régimen o estatuto de la Constituyente, y permitir así, al pueblo, ejercer su derecho a la participación.

El Presidente de la República, en esta forma, acogió las objeciones fundamentales que se le habían y que habíamos formulado respecto del Decreto N° 3 y de la

---

75 El primero de los autos del Juzgado de Sustanciación, en el sentido indicado, fue dictado el 2 de marzo de 1999.

76 En estas páginas seguimos lo expuesto en Allan R. Brewer-Carías, "Comentarios sobre la inconstitucional convocatoria a referendo sobre una Asamblea Nacional Constituyente efectuada por el Consejo Nacional Electoral en febrero de 1999," *Revista Política y Gobierno,* FUNEDA Vol. I, N° 1, Caracas, enero-junio 1999, pp. 29 a 92.

77 Véase el "Aviso Oficial" publicado en *Gaceta Oficial* N° 36.658 de 10-03-99, que contiene la "orden" de: *Publicación de la propuesta del Ejecutivo Nacional que fija las bases de la convocatoria de la Asamblea Nacional Constituyente, analizada en el Consejo de Ministros del 9 de marzo de 1999, la cual será sometida para la aprobación del pueblo en el referéndum convocado por el Consejo Nacional Electoral a celebrarse el 25 de abril de 1999.*

Resolución del Consejo Nacional Electoral en cuanto a la no inclusión en las preguntas contenidas en dichos actos administrativos, de las bases del régimen de la Constituyente. Correspondió después al Consejo Nacional Electoral, modificar la Resolución N° 990217-32 para que, con la autorización de la Sala Político Administrativa de la Corte Suprema de Justicia conforme al artículo 239 de la Ley Orgánica del Sufragio y Participación Política, se incorporase a las preguntas del referendo el régimen de la Constituyente, en la forma de consulta popular.

Sin embargo, antes de que el Consejo Nacional Electoral llegara a adoptar alguna decisión al respecto, la Sala Político Administrativa de la Corte Suprema de Justicia, dictó la de sentencia del 18 de marzo de 1999 (Ponente Magistrado Hermes Harting),[78] con motivo de la acción de nulidad ejercida por el abogado Gerardo Blyde contra la Resolución N° 990217-32 del Consejo Supremo Electoral de 17 de febrero de 1999. La Corte Suprema, en esa sentencia concluyó declarando *con lugar* dicho recurso contra la mencionada Resolución del Consejo Nacional Electoral y, en consecuencia, *anulando* la segunda pregunta destinada al *referendo* convocado, contenida en dicha Resolución.[79]

La Sala Político Administrativa consideró que si se formulaba una "pregunta sobre la conveniencia de instalar una Asamblea Nacional Constituyente," de acuerdo al derecho a la participación política que conforme a sus anteriores sentencias del 19 de enero de 1999, habían permitido que mediante un referendo consultivo se originase el mecanismo de la Asamblea Constituyente para reformar la Constitución; debía necesariamente procederse "A consultarse sobre aquellas reglas fundamentales que detallen su organización y régimen general." En consecuencia, al haber ignorado la pregunta segunda tales postulados, - dijo la Corte Suprema, y "al pretender delegar, en el Presidente de la República la fijación de las bases del proceso comicial por el que se elegirán los integrantes de la Asamblea Nacional Constituyente," ello era inconstitucional "por vulneración del derecho a la participación política implícito en el artículo 50 de la Constitución de la República, como derecho inherente a la persona humana."

La consecuencia de la sentencia de anulación parcial de su Resolución N° 990217-32 del Consejo Nacional Electoral, fue que dicho órgano dictó una nueva Resolución, N° 990323-70 de 23 de marzo de 1999, en la cual, sin embargo, materialmente reprodujo las bases fijadas por el Presidente de la República para la realización del referendo, tal como se habían publicado. En el ínterin, uno de los impugnantes en las acciones de nulidad acudió de nuevo a la Sala Político Administrativa solicitando la ejecución de la sentencia anulatoria del 18 de marzo de 1999 con fundamento, entre otros aspectos, en que la base comicial décima propuesta

78 Véase el texto de la sentencia en Allan R. Brewer-Carías, *Poder Constituyente Originario y Asamblea Nacional Constituyente, op.cit* 1999, pp. 169 a 185.

79 Véase el texto de la sentencia en Allan R. Brewer-Carías, *Poder Constituyente Originario y Asamblea Nacional Constituyente, op.cit* 1999, pp. 169 a 185.

por el Ejecutivo y reproducida por el Consejo Nacional Electoral, atribuía "carácter originario" a la futura Asamblea Nacional Constituyente.

La Sala Político Administrativa, en respuesta a este requerimiento, dictó la sentencia de 13 de abril de 1999 (Ponencia del Magistrado Hermes Harting),[80] en la cual observó que, ciertamente, el Consejo Nacional Electoral había omitido pronunciamiento expreso acerca del examen que debió haber efectuado, de acuerdo a la orden contenida en la citada sentencia, y que originó la Resolución N° 990323-70 del 23 de marzo de 1999, tanto de la mencionada base, como de la establecida en el literal undécimo, de la referida "propuesta" del Ejecutivo Nacional.

Y en cuanto a la mención que se hacía sobre que la Asamblea Nacional Constituyente era un "*poder originario que recoge la soberanía popular,*" la Corte indicó que en la sentencia dictada por esta Sala el 18 de marzo de 1999 se expresó "con *meridiana claridad*" que la Asamblea Constituyente a ser convocada, no significa, "la alteración de los principios fundamentales del Estado democrático de derecho" declarando que la base comicial incorporada en las resoluciones del Consejo Nacional Electoral-, y específicamente, en lo referente a calificar la Asamblea Nacional Constituyente "*como poder originario que recoge la soberanía popular,*" estaba en franca "contradicción con los principios y criterios" vertidos en la sentencia pronunciada por esta Sala el 18 de marzo de 1999, y su aclaratoria del 23 de marzo de 1999. En consecuencia, de lo anterior, la Sala Político-Administrativa concluyó su sentencia del 13 de abril de 1999, resolviendo, en ejecución de su precedente sentencia fechada 18 de marzo de 1999, la eliminación de la frase "*como poder originario que recoge la soberanía popular,*" y, por tanto, corrigiendo el texto de la base comicial octava.

Quedó en esta forma abierto el proceso constituyente en el país, con los intentos de la Corte Suprema de Justicia de enmarcarlo en el texto de la Constitución de 1961,[81] mediante la celebración del referendo consultivo que se efectuó el 25 de abril de 1999, en el cual se consultó al pueblo sobre la convocatoria de una Asamblea Nacional Constituyente con una misión y unos límites específicos fijados por el mismo pueblo al responder afirmativamente a las preguntas y las bases comiciales que conforman su estatuto. En dicho referendo, votaron 4.137.509 de los 11.022.936 electores registrados con una abstención electoral del 62.2%. La votación "*sí*" representó un 92,4% y la votación "no" un 7,6%.[82]

---

80 Véase el texto en Allan R. Brewer-Carías, *Poder Constituyente Originario y Asamblea Nacional Constituyente, op. cit.,* pp. 190 a 198.

81 Véase Allan R. Brewer-Carías, "La configuración judicial del proceso constituyente en Venezuela de 1999 o de cómo el guardián de la Constitución abrió el camino para su violación y para su propia extinción," en *Revista de Derecho Público,* N° 77-80, Editorial Jurídica Venezolana, Caracas 1999, pp. 453-514.

82 Véase José E. Molina V. y Carmen Pérez Baralt, "Procesos Electorales. Venezuela, abril, julio y diciembre de 1999" en *Boletín Electoral Latinoamericano,* CAPEL-IIDH, N° XXII, julio.dic. 1999, San José, 2000, pp. 61 y ss.

En esta forma, la Asamblea Nacional Constituyente, fue electa el 25 de julio de 1999 estando sometida a las normas supraconstitucionales que derivaban del *poder constituyente originario* que se había expresado en el referendo consultivo del 25 de abril de 1999. Durante su funcionamiento debió respetar la vigencia de la Constitución de 1961, la cual sólo debió perder dicha vigencia cuando el pueblo soberano, es decir, cuando el poder constituyente originario se pronunciará aprobando, mediante posterior referendo aprobatorio, la nueva Constitución que elaborase la Asamblea, tal como se precisó en la base comicial novena del referendo de 25 de abril de 1999.

Pero ello no ocurrió así: la Asamblea contra lo resuelto por la Corte Suprema se declaró a sí misma como poder constituyente originario y pasó a violar a mansalva la Constitución de 1961.

VII.
La asamblea nacional constituyente y las etapas en su funcionamiento (julio 1999-enero 2000)

Luego del referendo consultivo del 25 de abril de 1999, como se ha señalado, el día 25 de julio de 1999 se eligieron los 131 miembros de la Asamblea Nacional Constituyente. De acuerdo con la base comicial tercera del referendo del 25 de abril de 1999, 24 constituyentes fueron electos en la circunscripción nacional; 104 constituyentes fueron electos en 24 circunscripciones regionales coincidentes con la división político territorial del país (23 Estados y el Distrito Federal); y 3 constituyentes fueron designados en representación de las comunidades indígenas.

Del total de los 131 constituyentes que conformaron la Asamblea sólo 4 de los electos en la circunscripción nacional y 2 de los electos en las circunscripciones regionales recibieron el voto popular (22.1%) sin formar parte de las listas electorales que apoyó el Presidente de la República y los partidos políticos de la coalición de gobierno (Movimiento V República, Movimiento al Socialismo, Partido Patria para Todos y Partido Comunista), los cuales, en cambio, recibieron el respaldo del 65% de los electores, en una elección en la cual se produjo una abstención del 53.7%.[83] En consecuencia, la Asamblea resultó dominada por los 125 constituyentes que recibieron el apoyo del Presidente Chávez, quedando configurada la "oposición" con sólo 6 constituyentes (Allan R. Brewer-Carías, Alberto Franceschi, Claudio Fermín y Jorge Olavarría como Constituyentes Nacionales y Antonio Di'Giampaolo y Virgilio Avila Vivas como Constituyentes Regionales).

La Asamblea se instaló el 3 de agosto de 1999,[84] teniendo su primera sesión plenaria formal el día 7 de agosto de 1999, en la cual se inició la discusión de su Es-

---

83 José E. Molina y Carmen Pérez Baralt, "Procesos electorales. Venezuela, abril, julio y diciembre 1999," en CAPEL-IIDH, *Boletín Electoral Latinoamericano,* N° XXII, *cit.,* pp. 63 y ss.

84 En el acto de instalación, el discurso dado por quien venía de ser electo presidente de la Asamblea concluyó con estas frases "la Asamblea Nacional Constituyente es originaria y soberana," en *Gaceta Constituyente (Diario de Debates), Agosto-Septiembre 1999,* Sesión de 03-08-99, N° 1, p. 4.

tatuto de Funcionamiento, tal como lo exigía la base comicial octava del referendo del 25 de abril de 1999.[85]

En dicha primera sesión plenaria, por supuesto, se planteó de nuevo la discusión sobre el pretendido carácter de "poder originario" de la Asamblea. Expusimos nuestro criterio tanto en la intervención oral como por escrito[86] de acuerdo con la doctrina jurisprudencial de la Corte Suprema que había originado la propia Asamblea, en el sentido de que el único poder constituyente originario en este proceso constituyente era la manifestación popular del referendo del 25 de abril de 1999, por lo que la Asamblea tenía los límites contenidos en las bases comiciales del mismo, que eran los que tenían carácter supraconstitucional, a los cuales estaba sometida.

Sin embargo, prevaleció el criterio de la mayoría que quedó plasmada, contra toda la doctrina jurisprudencial de la Corte Suprema, en el artículo 1° del Estatuto, con el siguiente texto:

> *ARTÍCULO 1. NATURALEZA Y MISIÓN. La ASAMBLEA NACIONAL CONSTITUYENTE* es la depositaria de la voluntad popular y expresión de su Soberanía con las atribuciones del Poder Originario para reorganizar el Estado Venezolano y crear un nuevo ordenamiento jurídico democrático. La Asamblea, en uso de las atribuciones que le son inherentes, podrá limitar o decidir la cesación de las actividades de las autoridades que conforman el Poder Público.
>
> Su objetivo será transformar el Estado y crear un nuevo ordenamiento jurídico que garantice la existencia efectiva de la democracia social y participativa.
>
> *PARÁGRAFO PRIMERO*: Todos los organismos del Poder Público quedan subordinados a la Asamblea Nacional Constituyente, y están en la obligación de cumplir y hacer cumplir los actos jurídicos estatales que emita dicha Asamblea Nacional.
>
> *PARÁGRAFO SEGUNDO*: La Constitución de 1961 y el resto del ordenamiento jurídico imperante, mantendrán su vigencia en todo aquello que no colida o sea contradictorio con los actos jurídicos y demás decisiones de la Asamblea Nacional Constituyente.[87]

---

85 Véase *Gaceta Constituyente (Diario de Debates), Agosto-Septiembre 1999,* Sesión de 07-08-99, N° 4, p. 151.

86 Véase los textos en Allan R. Brewer-Carías, *Debate Constituyente, (Aportes a la Asamblea Nacional Constituyente)* Tomo I, *(8 agosto-8 septiembre 1999)*, Caracas 1999, pp. 15 a 39. Así mismo, en *Gaceta Constituyente (Diario de Debates), Agosto-Septiembre 1999,* Sesión de 07-08-99, N° 4, pp. 6 a 13.

87 Véase en *Gaceta Constituyente (Diario de Debates), Agosto-Septiembre 1999,* Sesión de 07-08-99, N° 4, p. 144. Véase el texto, además, en *Gaceta Oficial* N° 36.786 de 14-09-99,

En esta forma, la Asamblea se auto atribuyó carácter de "poder originario," asignándose a sí misma la atribución de poder "limitar o decidir la cesación de las actividades de las autoridades que conforman el Poder Público," desvinculando dichas decisiones de la elaboración del proyecto de Constitución. Como consecuencia de ello, resolvió que "todos los organismos del Poder Público quedaban subordinados a la Asamblea" y, en consecuencia, que estaban en la obligación de cumplir y hacer cumplir los "actos jurídicos estatales" que emitiera.

En esta forma, la Asamblea se auto atribuyó potestades públicas por encima de la Constitución de 1961 la cual, sin embargo, por disposición de la propia Asamblea, solo continuaba vigente durante su funcionamiento, en todo aquello que no colidiera o fuera contrario con los actos jurídicos y demás decisiones de la Asamblea Nacional Constituyente.[88] Con ello, comenzó el golpe de Estado constituyente perpetrado poa la Asamblea Constituyente "soberana" o "soberanísima" como impropiamente se la calificó con frecuencia..

Con este Estatuto, la labor de la Asamblea, cuyo mandato, de acuerdo con la base comicial novena del referendo del 25 de abril de 1999 era por 180 días, se realizó en cuatro etapas hasta el momento de la sanción de la nueva Constitución, ya que con posterioridad se abrió una quinta etapa de "régimen de transición del Poder Público" desvinculada, incluso, de lo dispuesto en las Disposiciones Transitorias de la propia Constitución de 1999, y totalmente ilegítima desde el punto de vista constitucional: En la *primera,* que abarcó el primer mes de funcionamiento (del 08 de agosto al 02 de septiembre de 1999), la Asamblea asumió la tarea de reorganizar los Poderes Públicos constituidos; en la *segunda,* que duró del 02 de septiembre al 18 de octubre, el trabajo se concentró en las Comisiones Permanentes y en la Comisión Constitucional, tendiente a la elaboración del proyecto de Constitución; en la *tercera,* que duró desde el 21 de octubre al 14 de noviembre, la Asamblea, en sesiones plenarias se dedicó a la discusión y aprobación del proyecto de Constitución; y la *cuarta,* desde el 15 de noviembre al 15 de diciembre, se dedicó a la difusión del texto del proyecto para el referendo aprobatorio que se efectuó el 15 de diciembre de 1999.[89]

---

88 Como ha señalado Lolymar Hernández Camargo, con la aprobación del Estatuto "quedó consumada la inobservancia a la voluntad popular que le había impuesto límites a la Asamblea Nacional Constituyente... Se auto proclamó como poder constituyente originario, absoluto e ilimitado, con lo cual el Estado perdió toda razón de ser, pues si se mancilló la voluntad popular y su manifestación normativa (la Constitución), no es posible calificar al Estado como de derecho ni menos aun democrático," en *La Teoría del Poder Constituyente, cit.*, p. 73.

89 Véase Allan R. Brewer-Carías, *La Constitución de 1999,* 3ª Edición, Caracas, 2001, pp. 30 y ss.

1. *Primera Etapa (agosto-septiembre 1999): la intervención de los órganos de los poderes públicos constituidos*

En la primera etapa, como se dijo, la Asamblea en fraude a la voluntad popular y a la Constitución entonces vigente de 1961, asumió el rol de "poder constituyente originario," reorganizando e interviniendo los Poderes Públicos, con lo cual materializó el golpe de Estado constituyente, lo que se produjo con los siguientes actos y actuaciones:

En *primer lugar,* el 09 de agosto de 1999, la Asamblea resolvió "ratificar" al Presidente de la República en su cargo "para el cual fue electo democráticamente el pasado 6 de diciembre de 1998," decretando recibir la juramentación del Presidente.[90] Me abstuve de votar dicha propuesta pues consideré que la legitimidad de la elección del Presidente estaba fuera de discusión, no teniendo la Asamblea nada que decidir respecto del gesto del Presidente de poner su cargo a la orden de la Asamblea.[91]

En *segundo lugar,* el 12 de agosto de 1999, la Asamblea decretó la reorganización de todos los órganos del Poder Público, decisión respecto de la cual argumenté oralmente sobre su improcedencia e inconstitucionalidad, y salvé mi voto, razonándolo negativamente.[92]

En *tercer lugar,* el 19 de agosto de 1999, la Asamblea decretó la reorganización del Poder Judicial, sobre lo aun cuando manifesté mi acuerdo con que la Asamblea debía motorizar las reformas inmediatas e indispensables en el Poder Judicial, argumenté oralmente y en voto negativo razonado, en contra de la forma de la intervención decretada que lesionaba la autonomía e independencia del Poder Judicial, con la creación de una Comisión de Emergencia Judicial que suplantaba los órganos regulares de la Justicia.[93] En general, sin embargo, a pesar del texto del Decreto de la Asamblea, las medidas respectivas conforme a las reformas legislativas en la materia que se habían aprobado en 1998, se adoptaron por los órganos del Consejo de la Judicatura con el impulso político de la Comisión.

---

90 Véase en *Gaceta Constituyente (Diario de Debates), Agosto-Septiembre 1999, cit.,* Sesión de 09-08-99, N° 5, p. 3.

91 Véase nuestra posición en Allan R. Brewer-Carías, *Debate Constituyente,* Tomo I, *op. cit.,* pp. 41 y 42; y en *Gaceta Constituyente (Diario de Debates), Agosto-Septiembre1999, cit.* Sesión de 09-08-99, N° 5, pp. 3 y 4.

92 Véase en Allan R. Brewer-Carías, *Debate Constituyente,* Tomo I, *op. cit.,* pp. 43 a 56; y en *Gaceta Constituyente (Diario de Debates), Agosto-Septiembre de 1999, cit.,* Sesión de 12 de agosto de 1999, N° 8, pp. 2 a 4. Véase el texto del Decreto en *Gaceta Oficial* N° 36.764 de 13 de agosto de 1999.

93 Véase en Allan R. Brewer-Carías, *Debate Constituyente,* Tomo I, *op. cit.,* p. 57 a 73; y en *Gaceta Constituyente (Diario de Debates), Agosto-Septiembre de 1999, cit,* Sesión de 18 de agosto de 1999, N° 10, pp. 17 a 22. Véase el texto del Decreto en *Gaceta Oficial* N° 36.782 de 8 de septiembre de 1999

En *cuarto lugar,* el 25 de agosto de 1999, la Asamblea dictó el Decreto de regulación de las funciones del Poder Legislativo, decisión mediante la cual materialmente se declaró la cesación de las Cámaras Legislativas (Senado y Cámara de Diputados), cuyos miembros habían sido electos en noviembre de 1998, atribuyéndose inconstitucionalmente la potestad legislativa a la Comisión Delegada del Congreso y a la propia Asamblea. Me opuse a este Decreto por considerarlo inconstitucional, por violar las bases comiciales del referendo del 25 de abril de 1999, tanto oralmente como en el voto salvado negativo que razoné por escrito.[94] Con posterioridad, sin embargo, y con la intermediación de la Iglesia Católica, el 9 de septiembre de 1999, la directiva de la Asamblea llegó a un "acuerdo" con la directiva del Congreso, con lo cual, de hecho, se dejó sin efecto el contenido del Decreto, siguiendo el Congreso funcionando conforme al régimen de la Constitución de 1961, pero totalmente de espaldas a l proceso constituyente y golpe de Estado que estaba en curso.[95]

En *quinto lugar,* el 26 de agosto de 1999, la Asamblea decretó la suspensión de las elecciones municipales que debían convocarse en el segundo semestre de 1999, a lo cual me opuse, no porque políticamente no debían suspenderse, con lo cual esaba de acuerdo, sino porque para ello era necesario reformar la Ley Orgánica del Sufragio, lo que sólo correspondía a las Cámaras Legislativas. Argumenté mi criterio oralmente y salvé por escrito mi voto negativo, razonándolo.[96]

En consecuencia, durante el primer mes de funcionamiento de la Asamblea, puede decirse que la primera etapa de esta fue dedicada a materializar el golpe de Estado constituyente contra los poderes constituidos, interviniéndolos, sin que en las plenarias de la Asamblea se hubiese prestado fundamental atención a la elaboración del proyecto de Constitución.

2. *Segunda Etapa (septiembre-octubre 1999): La elaboración de proyectos por las Comisiones*

En la segunda etapa de funcionamiento de la Asamblea, que duró del 2 de septiembre al 18 de octubre de 1999, no se realizaron sesiones plenarias de la Asamblea, habiéndose concentrado el trabajo en las veinte Comisiones Permanentes que se habían designado, las cuales elaboraron las partes correspondientes del

94 Véase en Allan R. Brewer-Carías, *Debate Constituyente,* Tomo I, *op. cit.,* pp. 75 a 113; y en *Gaceta Constituyente (Diario de Debates), Agosto-Septiembre 1999, cit.,* Sesión de 25-08-99, N° 13, pp. 12 a 13 y 27 a 30 y Sesión de 30 de agosto de 1999, N° 16, pp. 16 a 19. Véase el texto del Decreto en *Gaceta Oficial* N° 36.772 de 26 de agosto de 1999.

95 Véase el texto del Acuerdo en *El Nacional,* Caracas 10 de septiembre de 1999, p. D-4.

96 Véase en Allan R. Brewer-Carías, *Debate Constituyente,* Tomo I, *op. cit.,* pp. 115 a 122; y en *Gaceta Constituyente (Diario de Debates), Agosto-Septiembre 1999, cit.,* Sesión de 26 de agosto de 1999, N° 14, pp. 7 a 8, 11, 13 y 14. Véase el texto del Decreto en *Gaceta Oficial* N° 36.776 de 31 de agosto de 1999.

Proyecto de articulado. La Asamblea no partió para la redacción del texto constitucional de algún proyecto previamente elaborado por alguna comisión, sino que de ello se encargó a las veinte comisiones, que trabajaron aisladamente, las cuales remitieron sus proyectos a la Comisión Constitucional, la cual durante el período comprendido entre el 28 de septiembre y el 18 de octubre de 1999, pretendió realizar la labor de integración y armonización normativa necesaria para, de los veinte informes de las Comisiones que sumaban casi 950 artículos, elaborar un anteproyecto de Constitución.

Es decir, lamentablemente, desde el inicio, no se llegó a adoptar una metodología adecuada para elaborar un proyecto de Constitución, que como se dijo debió partir de un anteproyecto concebido como un todo orgánico, sobre el cual las diversas Comisiones debieron haber trabajado para la elaboración de las ponencias respectivas. No se siguió por ejemplo la experiencia de la Asamblea Constituyente de 1947, que partió de un Anteproyecto elaborado por una Comisión que había sido nombrada por la Junta Revolucionaria de Gobierno el 17 de noviembre de 1945 (Decreto N° 53) y que presidió Andrés Eloy Blanco, quien luego presidió la Asamblea Constituyente de 1946-1947.[97] Igual sucedió en 1958, cuando el Congreso, para la elaboración de la Constitución de 1961, adoptó como anteproyecto el texto de la Constitución de 1947.

En la Asamblea Nacional Constituyente lamentablemente ni siquiera se partió como anteproyecto para la discusión, del documento presentado por Hugo Chávez que habría sido elaborado por una Comisión Constituyente que había designado,[98] para que las Comisiones trabajasen, como incluso lo propuse a la Comisión de Coordinación.

Metodológicamente, por tanto, el trabajo de la Asamblea, se inició con la falla fundamental de carecer de un anteproyecto como punto de partida, por lo que la Comisión Constitucional, con la premura y presión que se le imprimió, no pudo realizar adecuadamente en los 15 días que sesionó, la tarea de elaborar un proyecto acabado de Constitución, totalmente integrado y coherente.

El 18 de octubre de 1999, en todo caso, la Comisión consignó ante la Asamblea el Proyecto de Constitución para la discusión en la plenaria, el cual, sin embargo, fue revisado y reformulado por otras Comisiones especiales, razón por la cual la discusión en las sesiones plenarias se iniciaron el 19 de octubre de 1999.[99]

---

97 Véase el texto en *Anteproyecto de Constitución de 1947. Elección directa de Gobernadores y eliminación de Asambleas Legislativas,* Papeles de Archivo, N° 8, Ediciones Centauro, Caracas 1987.

98 Hugo Chávez Frías, *Ideas Fundamentales para la Constitución Bolivariana de la V República,* Caracas agosto 1999.

99 Véase *Gaceta Constituyente (Diario de Debates), Octubre-Noviembre 1999,* Sesión de 19 de septiembre de 1999, N° 23.

3. *Tercera Etapa (octubre-noviembre 1999): La discusión del Proyecto de Constitución*

La tercera etapa del funcionamiento de la Asamblea Nacional Constituyente, en consecuencia, duró desde el 19 de octubre al 17 de noviembre de 1999; cuando se firmó el proyecto de Constitución, sesión ésta última a la cual deliberadamente no concurrí por estar en desacuerdo globalmente con el proyecto de Constitución.[100]

Durante esa etapa, la primera discusión del Proyecto, en una forma inusitadamente rápida y con celeridad casi irracional, se efectuó en 19 sesiones plenarias que se desarrollaron entre los días 20 de octubre y 09 de noviembre de 1999, y la segunda discusión se desarrolló en sólo tres sesiones plenarias, entre los días 12 al 14 de noviembre de 1999. En las discusiones desarrolladas en dichas sesiones intervine en todos los Títulos, Capítulos y Secciones del proyecto y en materialmente, en la discusión de todos los artículos del mismo.

Formulé 127 votos salvados por escrito en relación con la aprobación de 132 artículos del proyecto de Constitución, que formulé tanto en primera como en segunda discusión, que presenté sucesivamente, conforme al artículo 77 del Estatuto de Funcionamiento de la Asamblea, ante el Secretario de la misma.[101]

El país fue testigo del tiempo que le dediqué a los trabajos de la Asamblea, así como de las propuestas que formulé en diversas ocasiones para tratar de mejorar el texto constitucional. Hubiera querido que el mismo hubiese estado redactado en otra forma y lo más importante, hubiera querido que en el texto se hubiesen sentado, efectivamente, las bases para la transformación del sistema político venezolano.

Sin embargo, la Constitución que aprobó la Asamblea, lamentablemente en mi criterio, no aseguraba dicha transformación, de manera de garantizar el reemplazo del Estado centralizado de partidos, que estaba en crisis terminal, por uno descentralizado y participativo.[102]

Siempre pensé que el gran debate del momento constituyente que vivía y aún vive el país, era el relativo a la descentralización política y a la democracia participativa. Más democracia exigía y exige más descentralización, única forma de lograr

100 Véase nuestro razonamiento en Allan R. Brewer-Carías, *Debate Constituyente (Aportes a la Asamblea Nacional Constituyente)*, Tomo III *(18 octubre-30 noviembre 1999)*, Caracas 1999, pp. 311 a 314.

101 Véase el texto de los votos salvados en Allan R. Brewer-Carías, *Debate Constituyente,* Tomo III, *op. cit.* pp. 107 a 308.

102 Por ello no sólo no firmamos el Proyecto, sino que en el referendo consultivo del 15 de diciembre de 1999 votamos negativamente. Véase los argumentos para ello en Allan R. Brewer-Carías, *Debate Constituyente,* Tomo III, *op. cit.*, pp. 309 a 340. Sólo firmamos el texto constitucional en el acto de su proclamación, el 20 de diciembre de 1999, una vez que fue aprobado en el referendo del 15 de diciembre de 1999, en virtud de que ya había una decisión popular.

que sea más representativa y más participativa. Para ello debíamos construir un nuevo modelo de Estado descentralizado, con un nuevo sistema de democracia de participación, la cual no podía quedar sólo reducida a referendos y otros mecanismos de democracia directa, que eliminara el monopolio de la representatividad y de la participación que detentan los partidos políticos.

Lamentablemente, nada de ello se logró. La nueva Constitución, a pesar de que denomina al Estado como "Federal descentralizado" (art. 4), no pasó de consagrar el anhelo de siempre, no alcanzado. La verdad es que el texto aprobado no logró superar el esquema centralista de la Constitución de 1961, con Estados minimizados políticamente, sin recursos tributarios propios que se le quitaron en la segunda discusión y con entes legislativos regionales que no pasan de ser las Asambleas Legislativas tradicionales con otros nombres, pero ahora reguladas por el Poder Nacional.

El centralismo del Estado, en todo caso, el en texto aprobado apareció agravado con la eliminación del Senado, institución que podía permitir una representación igualitaria de los Estados para participar en la formulación de las políticas nacionales. Con una Asamblea Nacional unicameral, los Estados poco poblados quedaron aplastados por la representación popular de los cinco o seis Estados densamente poblados del país, que dominaron la Asamblea.

La descentralización política, como condición para el perfeccionamiento de la democracia, la verdad es que quedó pospuesta, defraudándose así al país en su conjunto.

Pero no sólo no se superó el centralismo del Estado, sino que la Asamblea no cambió nada en relación con la partidocracia, es decir, el sistema en el cual los partidos políticos habían ejercido el monopolio de la representación popular y de la participación política.

En esta forma, el gran cambio político por el cual se había venido luchando durante tantos años, no encontró cabida en la nueva Constitución, por lo que con ella difícilmente podrá superarse la crisis del Estado centralizado de partidos y llegar a perfeccionarse la democracia, lo que sólo puede lograrse con un sistema político descentralizado y participativo, que ha quedado ausente de la Constitución.

Y es que al centralismo y a la partidocracia en la nueva Constitución se agregó una concepción fuertemente estatista del sistema socio económico, contrario a toda idea de libertad y solidaridad social, en el cual el Estado sustituye a la propia sociedad y a las iniciativas particulares. El signo de la Constitución aprobada fue el paternalismo estatal que minimizó la educación privada, los servicios médicos particulares y la participación de los individuos, incluso los asegurados, en el manejo de la seguridad social. Los constituyentes no fuimos electos para formar parte de una Asamblea Constituyente para constitucionalizar los fracasos del Estado en el Seguro Social ni en los servicios públicos de salud, ni para reducir las iniciativas privadas en la educación.

Por supuesto, no me arrepiento de haber formado parte de la Asamblea, donde hice mi mejor esfuerzo por cumplir a cabalidad el mandato popular que me confiaron más de un millón doscientos mil electores. Pero no podía votar por una Constitución que abría la vía al autoritarismo y el militarismo y que, en definitiva, cambiaba un centralismo por otro; cambiaba una partidocracia de varios partidos por uno solo; que acentúa el estatismo y mezclaba el presidencialismo con el militarismo. Ese no es el cambio político por el cual había luchado y por el cual continué luchando,[103] incluso a costa del exilio.

4. *Cuarta Etapa (noviembre-diciembre 1999): La difusión del proyecto de Constitución sancionado por la Asamblea*

La *cuarta etapa* del funcionamiento de la Asamblea Nacional Constituyente tuvo por objeto la difusión del texto del proyecto de Constitución, lo que se hizo entre el 17 de noviembre y el 15 de diciembre de 2000, fecha, esta última, en la cual se realizó el referendo aprobatorio de la Constitución.

En el mismo, de los 10.860.789 votantes inscritos sólo votaron 4.819.786, de los cuales votaron "sí" 3.301.475 (71,78%) y votaron "no" 1.298.105 (28,22%). Hubo una abstención de 55,62% (6.044.003 electores); y de los votantes, aprobaron la Constitución sólo el 32% de los venezolanos con derecho al voto.[104]

---

103 Véase uno de nuestros primeros trabajos sobre este tema: Allan R. Brewer-Carías, *Cambio político y reforma del Estado en Venezuela*, Madrid 1975.

104 Véase Allan R. Brewer-Carías, *La Constitución de 1999, cit.*, p. 13.

VIII.
El golpe de estado y la violación de la constitución

1. *El derecho a la Constitución y su violación*

El principio más importante del constitucionalismo moderno, fundamento mismo del Estado de derecho, es la idea de Constitución, como orden jurídico supremo producto de la soberanía y voluntad popular, destinada a regular políticamente una sociedad determinada. Esta idea constituye el aporte más importante al constitucionalismo no sólo de la Revolución norteamericana de 1776 y de la Revolución francesa de 1789, sino de la Revolución hispanoamericana iniciada en 1810.[105]

A partir de estas revoluciones puede decirse que no ha existido en el mundo, ni existe Estado alguno como organización política de una sociedad dada, que no esté regido por una Constitución (escrita o no), entendida como norma suprema de carácter obligatorio para todos, tanto para las autoridades y funcionarios del Estado como para las personas, e inmodificable mediante los procedimientos ordinarios de la legislación. La Constitución es, en esta forma, el principal instrumento de ordenación normativa de una sociedad y la principal herramienta de la seguridad jurídica de sus integrantes.

La Constitución es, por otra parte, el primer objeto de los derechos constitucionales de los ciudadanos de un Estado. Siendo la Constitución el producto más importante de la voluntad del pueblo, los ciudadanos que lo conforman, ante todo, como ya lo hemos señalado, tienen un "derecho fundamental a la Constitución," es decir, el derecho a que ésta, como producto de la voluntad popular, sea respetada y no pueda ser modificada sino mediante los mecanismos de revisión establecidos por el mismo pueblo en el propio texto de la Constitución.

De ello deriva, por tanto, que, en el mundo moderno, los ciudadanos tienen derecho a la supremacía constitucional, en el sentido de que si la Constitución se concibe como la norma suprema que regula la organización del Estado, las relaciones del Estado con la sociedad y los derechos, deberes y garantías de los ciudada-

---

105 Allan R Brewer-Carías, *Aportes de la Revolución americana (1776) y de la Revolución francesa (1789) al constitucionalismo moderno*, Caracas, 1991.

nos, ese orden jurídico es obligatorio y debe respetarse por todos. Ninguna persona, institución o poder del Estado puede violar la Constitución; todos deben someterse a ella y todos los ciudadanos tienen el derecho de exigir la efectiva vigencia de esa supremacía, incluso mediante el ejercicio de las acciones que ponen en funcionamiento la justicia constitucional.

Pero además del derecho a la Constitución y a su supremacía, los ciudadanos también tienen derecho a la rigidez de la Constitución, es decir, a la inmodificabilidad de la misma salvo por los mecanismos dispuestos por el propio pueblo en su texto. Si la Constitución es producto de la soberanía popular, sólo el pueblo puede revisarla o disponer la forma de su revisión, sin que pueda órgano alguno del Estado o los individuos determinar otra forma distinta de revisión constitucional.

En 1999, sin embargo, como hemos dicho, la Constitución de 1961 que fue sistemáticamente violada por la Asamblea Nacional Constituyente que asumió poderes constituyentes originarios, contrariándola abiertamente. Posteriormente, una vez sancionada la nueva Constitución de 1999, después de ser aprobada por referendo del 15 de diciembre de 1999 y proclamada por la Asamblea Nacional Constituyente el 20 de diciembre de1999, también fue sistemáticamente violada por la propia Asamblea Nacional Constituyente hasta que esta puso término sus funciones el 30 de enero de 2000. Con posterioridad, también fue impunemente violada por diversos órganos del Estado, con fundamento en un supuesto "régimen constitucional transitorio" que fue ilegítimamente establecido por la propia Asamblea Nacional Constituyente el 22 de diciembre de 1999, al margen tanto de la Constitución de 1961 como de la nueva Constitución de 1999, y que no fue aprobado mediante referendo como lo exigían las bases comiciales del referendo del 25 de abril de 1999, que había dado origen a la propia Asamblea Nacional Constituyente.

De toda esta experiencia constitucional que Venezuela vivió, que en su momento advertimos y criticamos públicamente como un atropello a la Constitución, se produjeron varias situaciones jurídico constitucionales en el país, violatorias del orden constitucional. En primer lugar, la Constitución fue violada mediante los diversos actos constituyentes dictados por la Asamblea Nacional Constituyente en la segunda mitad del año 1999, con los cuales se violó sistemáticamente lo que estaba dispuesto en la Constitución de 1961, la cual, supuestamente estuvo vigente hasta que la nueva Constitución de 1999 fue publicada en la *Gaceta Oficial* de 30-12-99.[106]

En segundo lugar, una vez sancionada la nueva Constitución la misma fue burlada mediante un régimen transitorio ilegítimamente adoptado e impuesto a los venezolanos, no aprobado por el pueblo mediante referendo y que atentó

---

106 Véase la *Gaceta Oficial* N° 36.860 de 30-12-99. Véanse los comentarios a la Constitución en Allan R. Brewer-Carías, *La Constitución de 1999,* 3ª Edición, Caracas 2001.

contra la vigencia de la propia Constitución de 1999. A pesar de que el texto de esta sí fue aprobado por referendo el 15 de diciembre de 1999, sin embargo, no adquirió la vigencia inmediata que su supremacía implicaba, quedando tal vigencia a la merced de los diversos órganos del Estado controlados por el nuevo poder, precisamente con la manipulación de la "transitoriedad" inventada, conforme a lo que fueron interpretando o queriendo, caso a caso, sobre el supuesto "régimen transitorio."

Con motivo de estas situaciones político-constitucionales puede decirse que la Constitución en Venezuela fue secuestrada; se la despojó de imperatividad, y los factores del poder se la llevaron, abusando y burlándose de ella y del pueblo que la aprobó.

A partir de su publicación, puede decirse que los venezolanos perdimos la Constitución. En 1999, cuando funcionó la Asamblea Nacional Constituyente, texto vigente que era el de la Constitución de 1961 no fue considerado como norma suprema y rígida; pero tampoco la Constitución de 1999 fue considerada como norma suprema y rígida, violándosela también abierta y sistemáticamente a partir de 2000. La Constitución, en definitiva, fue secuestrada, violada y burlada, por los mismos actores que entronizados en la Asamblea y en los órganos del Poder Público, además, fueron los que la diseñaron como castrada, con cláusulas contradictorias que, en la práctica político-constitucional, originaron resultados diametralmente distintos de los que supuestamente se buscaba.

2 *El golpe de Estado perpetrado por la Asamblea Nacional Constituyente*

Como antes se ha analizado, el proceso constituyente de 1999 fue conducido por la Asamblea Nacional Constituyente que fue electa el 25 de julio de 1999 de acuerdo con lo prescrito en el estatuto o bases comiciales que habían sido aprobadas por el pueblo en el referendo consultivo realizado el 25 de abril de 1999. El pueblo había manifestado su voluntad en dicho referendo y como consecuencia de esta, la Asamblea Nacional Constituyente fue electa.

Esta Asamblea Nacional Constituyente, conforme a dicho referendo, tenía por misión elaborar una nueva Constitución cuyo texto, una vez sancionado, debía ser sometido a la aprobación del pueblo mediante otro referendo, texto que debía estar destinado a "transformar el Estado y crear un nuevo orden jurídico que permita el funcionamiento efectivo de una democracia social y participativa." El pueblo, en el referendo del 25 de abril de 1999, por tanto, no le había delegado ningún poder constituyente originario a la Asamblea Nacional Constituyente, la cual no podía poner en vigencia la nueva Constitución que elaborara y sancionara; reservándose, el pueblo, su aprobación mediante referendo posterior.

El proceso constituyente de 1999, sin embargo, conforme a ese mandato popular no se concretó en la sola elaboración de una nueva Constitución. Después de un escaso mes de discusión, ciertamente, la nueva Constitución fue sancionada y efectivamente aprobada por el pueblo mediante referendo aprobatorio realizado el 15 de diciembre de 1999 habiendo sido publicada en la *Gaceta Oficial* del 30 de diciembre de 1999. A partir de esa fecha, y no antes, fue que la Constitución del 23 de enero de 1961 quedó derogada.

No obstante, paralelamente a la elaboración de la nueva Constitución, la Asamblea adoptó una serie de decisiones contenidas en Decretos, mediante los cuales dictó una serie de actos constituyentes, que contrariaron abiertamente lo que disponía la Constitución de 1961, que aún estaba vigente, y a los cuales, sin embargo, *a posteriori* el máximo órgano judicial del país le otorgó carácter, naturaleza y rango constitucional.

Dichos actos fueron dictados por la Asamblea Nacional Constituyente, como se ha dicho, al margen del orden constitucional establecido en la Constitución de 1961, el cual fue impunemente desconocido. Incluso, después de que la Constitución de 1961 fue derogada con la publicación de la nueva Constitución de 30 de diciembre de 1999, los actos constituyentes que dictó la Asamblea Nacional Constituyente en enero de 2000 también violaron la nueva Constitución que incluso había sido objeto de aprobación por el pueblo.

La emisión de estos actos constituyentes desconociendo el orden constitucional, constituyó un golpe de Estado perpetrado por la Asamblea Nacional Constituyente; el cual fue posteriormente legitimado por el supremo órgano judicial de la República, el cual, al contrario, era el que tenía la obligación de considerarlos y declararlos como contrarios a la Constitución. Así, ni la antigua Corte Suprema de Justicia, en su momento, ni el nuevo Tribunal Supremo de Justicia creado por acto constituyente el 22 de diciembre de 1999 (antes de la entrada en vigencia de la Constitución el 30 de diciembre de 1999), cumplieron con su deber constitucional, convirtiéndose en cómplices sobrevenidos del golpe de Estado.

Un golpe de estado ocurre, como lo ha señalado Diego Valadés, cuando se produce "el desconocimiento de la Constitución por parte de un órgano constitucionalmente electo;" agregando, incluso, como ejemplo que "un presidente elegido conforme a la Constitución no puede invocar una votación, así sea abrumadoramente mayoritaria, para desconocer el orden constitucional. Si lo hace habrá dado un golpe de Estado."[107]

Esto fue lo que sucedió en Venezuela en 1999. La Asamblea Nacional Constituyente, sin duda, fue electa por el pueblo, habiendo quedado integrada con una mayoría abrumadora de representantes que fueron electos de listas escogidas por el nuevo Presidente de la República que había sido electo en diciembre de 1998, y

---

107 Diego Valadés, *Constitución y democracia*, UNAM, México 2000, p. 35; y "La Constitución y el Poder" en Diego Valadés y Miguel Carbonell (Coordinadores), *Constitucionalismo Iberoamericano del siglo XXI*, Cámara de Diputados, UNAM, México 2000, p.145.

además con su pleno respaldo electoral; pero ello no legitimaba a la Asamblea para desconocer el orden constitucional que estaba vigente. El Presidente de la República, a pesar de haber sido también electo por una abrumadora mayoría, tampoco podía alentar a la Asamblea, invocando esa mayoría, para vulnerar impunemente el orden constitucional.

La afirmación de la Corte Suprema de Justicia en Sala Político Administrativa, contenida en la sentencia de 21 de julio de 1999 dictada días antes de que hubiese comenzado la actuación de la Asamblea Nacional Constituyente, hasta ese momento todavía podría considerarse válida, al indicar que:

> "Lo novedoso y por ello extraordinario del proceso constituyente venezolano actual es que el mismo no surgió como consecuencia de un suceso fáctico (guerra civil, golpe de Estado, revolución, etc), sino que, por el contrario, fue concebido como un proceso constituyente de *iure*, esto es, dentro del actual sistema jurídico venezolano."

Hasta ese momento, en efecto, el proceso constituyente era un proceso de derecho, cuyo origen habían sido derivado de unas sentencias de la Corte Suprema de Justicia (19 de enero de 1999) las cuales habían abierto el camino a la convocatoria de una Asamblea Nacional Constituyente con fundamento en el derecho a la participación política que derivaba de la Constitución de 1961, y que en sentencias posteriores (18 de marzo de 1999; 23 de marzo de 1999; 13 de abril de 1999; 17 de junio de 1999) que hemos comentado, la Corte había considerado como enmarcado en la Constitución de 1961, avalando el referendo consultivo del 25 de abril de 1999 sobre la convocatoria a la Asamblea Nacional Constituyente, en virtud de que la misma no tendría poder constituyente originario alguno, sino la misión de elaborar una Constitución (poder constituyente instituido) que para entrar en vigencia tenía que ser aprobada por el pueblo mediante referendo (el que finalmente se realizó el 15 de diciembre de 1999).

El golpe de Estado, en realidad, como se ha dicho, lo dio la Asamblea Nacional Constituyente dos semanas después de esa sentencia, al auto-atribuirse un poder constituyente originario y proceder a la intervención de los órganos de los Poderes Públicos constituidos del Estado, para lo cual no tenía autoridad alguna en el mandato popular derivado del referendo del 25 de abril de 1999, que le había dado nacimiento.

A partir de entonces, el proceso constituyente venezolano comenzó a dejar de ser un "proceso de *iure*" como lo había visualizado quizás ingenuamente la Corte Suprema de Justicia, y comenzó a ser un proceso constituyente fáctico, producto de un golpe de Estado que se desarrolló violando "el sistema jurídico venezolano," el cual, precisamente, tenía en su cúspide a la Constitución de 1961. La Asamblea no tenía autoridad alguna para violar ni para derogar dicha Constitución teniendo precisada su misión, conforme a la voluntad popular expresada en el referendo del

25 de abril de 1999, en elaborar una nueva Constitución, de manera que la vieja fuera sustituida por la nueva, cuando ésta fuera aprobada popularmente, también por referendo.

En todo caso, el proceso constituyente venezolano de 1999 no sólo condujo a la sustitución de una Constitución (la de 1961) por otra (la de 1999), sino a la violación de ambas mediante la emisión, antes de que se aprobara la nueva Constitución, de una serie de actos estatales con supuesto rango constitucional (actos constituyentes), los cuales fueron seguidos de otros dictados aún después de sancionada y aprobada por referendo la nueva Constitución e, incluso, después de que fuera publicada.

3. *Los intentos del Presidente de la República de otorgar a la Asamblea Nacional Constituyente algún poder constituyente de carácter originario*

En todo caso, como antes se comentó, y luego de la decisión de la Corte Suprema del 18 de marzo de 1999 tratando de precisar la misión y límites de la Asamblea Constituyente, el Consejo Supremo Electoral, mediante Resolución N° 990323-71 de 23 de marzo de 1999,[108] en cumplimiento de dicha sentencia resolvió establecer las "bases comiciales para el referendo consultivo sobre la convocatoria de la Asamblea Nacional Constituyente a Celebrarse el 25 de abril de 1999," las cuales, en definitiva eran el "estatuto" de la Asamblea que debía someterse a la votación en el referendo. Por ello, el Consejo, sumiso ya desde entonces a la voluntad presidencial, copió las "bases" que el Presidente había publicado días antes,[109] entre las cuales se establecía el carácter de la Asamblea Nacional Constituyente, *como poder originario que recoge la soberanía popular*."

Con esta propuesta de "base comicial" que, como se dijo, recogía en su totalidad lo que el Presidente de la República había propuesto y publicado, se volvió a plantear la discusión sobre el "tema pendiente" del carácter de poder constituyente originario o derivado de la Asamblea Nacional Constituyente que se iba a elegir.

La referida "base comicial" que pretendía atribuir a la Asamblea Nacional Constituyente carácter de "poder constituyente originario" fue cuestionada ante la Corte Suprema de Justicia, Sala Político-Administrativa, y este alto Tribunal, mediante sentencia de fecha 13 de abril de 1999 declaró inconstitucional la frase "como poder originario que recoge la soberanía popular" ordenando su eliminación de las "bases" con fundamento en los siguientes argumentos:

> Resulta incontestable que el contenido de la base comicial identificada bajo el literal octavo -reproducida en la Resolución N° 990323-71 del 23

---

108 *Gaceta Oficial* N° 36.669 de 25 de marzo de 1999.

109 "Propuestas del Ejecutivo Nacional," *Gaceta Oficial* N° 36.660 de 12 de marzo de 1999.

de marzo de 1999, e incorporada posteriormente a la segunda pregunta del Referendo Consultivo, por remisión ordenada en la Resolución N° 990324-72 del 24 de marzo de 1999, ambas dictadas por el Consejo Nacional Electoral-, y específicamente en lo referente a calificar la Asamblea Nacional Constituyente *como poder originario que recoge la soberanía popular, está en franca contradicción con los principios y criterios vertidos en la sentencia pronunciada por esta Sala el 18 de marzo de 1999, y su aclaratoria del 23 de marzo de 1999*, citados anteriormente, induciendo a error al electorado y a los propios integrantes de la Asamblea Nacional Constituyente, si el soberano se manifestase afirmativamente acerca de su celebración, en lo atinente en su alcance y límites.

La Corte Suprema de Justicia advirtió, así, que una frase de ese tipo no sólo podía inducir a error a los electores, quienes podían pensar que votando afirmativamente en el referendo podían estar atribuyéndole a la Asamblea Nacional Constituyente el poder soberano que sólo puede tener el propio pueblo, no siendo la soberanía delegable; sino que también podía inducir a error a los propios miembros de la Asamblea Nacional Constituyente que resultasen electos si el referendo aprobaba las bases comiciales, quienes podían llegar a pensar que la Asamblea podía ser detentadora de un poder constituyente originario, sin sujeción a norma alguna, lo cual no era correcto constitucionalmente hablando. Precisamente para evitar que se produjera tal error, la Corte Suprema ordenó que se quitara de la "base comicial octava" impugnada la expresión cuestionada de que supuestamente la Asamblea podía considerarse "como poder originario que recoge la soberanía popular."

No podía entonces haber duda alguna sobre el tema, el cual había sido resuelto expresamente por la Corte Suprema en dicha sentencia, la cual, además había sido dictada en ejecución de la sentencia de fecha 18 de marzo de 1999. La Sala Político-Administrativa determinó con precisión el carácter *no originario* de la Asamblea eliminando la referida frase, teniendo como base para ello los postulados señalados en esta última decisión, en la cual precisó, además, la misión y finalidad de la Asamblea Nacional Constituyente, y determinó la necesaria vigencia de la Constitución de 1961 durante la actuación de la misma. Sobre esto, tampoco podía haber duda alguna, quedando expresado por la Corte, en la citada decisión del 18 de marzo de 1999, como ya hemos indicado, lo siguiente:

> La circunstancia de la posibilidad, por vía de ese mecanismo, de celebración de una Asamblea Nacional Constituyente, no significa, en modo alguno, por estar precisamente vinculada su estructuración al propio espíritu de la *Constitución vigente,* bajo cuyos términos se producirá su celebración, la alteración de los principios fundamentales del Estado democrático de derecho.

> Así mismo, la Sala señaló que:

Es la *Constitución vigente la que permite* la preservación del Estado de derecho y *la actuación de la Asamblea Nacional Constituyente*, en caso de que la voluntad popular sea expresada en tal sentido en la respectiva consulta.

Por tanto, la Asamblea Nacional Constituyente se debía configurar como un instrumento de revisión constitucional y nada más, cuyo producto (la nueva Constitución), incluso, sólo podía entrar en vigencia cuando posteriormente fuera aprobada por el pueblo en referendo. La Asamblea, por tanto, ni siquiera tenía potestad para poner en vigencia la nueva Constitución, precisamente porque no tenía carácter de poder constituyente originario, quedando sujeta a la Constitución de 1961, por lo cual no podía afectar el funcionamiento de los órganos constitucionales constituidos del Poder Público.

Como consecuencia de la decisión de fecha 13 de abril de 1999, la Corte Suprema de Justicia ordenó al Consejo Supremo Electoral, la publicación del nuevo contenido de la "base comicial octava," el cual, con la corrección impuesta por la Corte se publicó mediante Aviso Oficial; sólo cuatro días antes de la fecha del referendo,[110] por lo que en realidad pcos electores se percataron de ello.

En el referendo del 25 de abril de 1999, por tanto, sin embargo, resultó aprobado el texto de la "base comicial octava," *con la corrección anotada*, en la siguiente forma:

> *Octava:* Una vez instalada la Asamblea Nacional Constituyente, ésta deberá dictar sus propios estatutos de funcionamiento, teniendo como límites los valores y principios de nuestra historia republicana, así como el cumplimiento de los tratados internacionales, acuerdos y compromisos válidamente suscritos por la República, el carácter progresivo de los derechos fundamentales del hombre y las garantías democráticas dentro del más absoluto respeto de los compromisos asumidos."

Conforme a lo decidido por la Corte Suprema de Justicia, en Sala Político Administrativa, en otra sentencia posterior, la N° 639 de 3 de junio de 1999 dictada con motivo de la impugnación de la "base comicial tercera" indicada en la Resolución N° 990323-70 de 23 de marzo de 1999 del Consejo Supremo Electoral; una vez aprobadas en referendo, las bases comiciales pasaron a ser "una decisión del cuerpo electoral que aprobó convocar a una Asamblea Nacional Constituyente."

Conforme a este criterio, las bases comiciales debían considerarse como una manifestación del pueblo, al aprobarlas en el referendo, en ejercicio de su soberanía. Se trataba de una materia que había sido objeto de una consulta popular y que había

---

110 *Gaceta Oficial* N° 36.684 de 21 de abril de 1999.

sido aprobada por el pueblo. Como tal decisión del pueblo, la Corte, en esta sentencia, consideró inadmisible la acción de nulidad que había sido intentada contra la mencionada "base comicial," por considerar que "la misma ha sido asumida como una decisión propia del cuerpo electoral, en ejercicio del poder constituyente." Esa "expresión popular" a juicio de la Corte, se había traducido "en una decisión de obligatorio e inmediato cumplimiento," pues poseía "validez suprema," situándose el ejercicio del poder constituyente originario sólo en el pueblo, al aprobar en el referendo las referidas bases comiciales.

En efecto, la Corte estimó que el pueblo, como "cuerpo electoral," al expresarse en el referendo, había actuado como "poder constituyente," por supuesto de carácter originario, capaz de adoptar decisiones con "validez suprema."

Estas bases comiciales, por tanto, se podían considerar como de rango constitucional, al haber emanado directamente de la voluntad del pueblo expresada mediante referendo. Por ello, la Corte Suprema de Justicia en Sala Plena, en sentencia del 14 de octubre de 1999, dictada con motivo de la impugnación del Decreto de la Asamblea Nacional Constituyente de Regulación de las Funciones del Poder Legislativo, al analizar los mecanismos de reforma constitucional previstos en la Constitución de 1961 (arts. 245 y 246) e invocar lo que la propia Corte ya había resuelto en Sala Político Administrativa, en la sentencia de 19 de enero de 1999, con motivo de la interpretación del artículo 181 de la Ley Orgánica del Sufragio y Participación Política, sobre el referendo consultivo sobre la Asamblea Constituyente, dijo que la Corte Suprema:

> Arribó a la conclusión de que, en ejercicio del derecho de participación a través de referendo, *se podía consultar al pueblo sobre la convocatoria a la Asamblea Nacional Constituyente*. Según se desprende de las citadas sentencias existe un *tercer mecanismo constitucional para modificar la Constitución*. Tal mecanismo no es otro que el de la convocatoria, por parte del pueblo -quien detenta la soberanía y no la pierde por el hecho de delegarla- a una Asamblea Nacional Constituyente. La Asamblea Nacional Constituyente electa el 25 de junio de 1999, tiene definido su régimen fundamental en las preguntas y bases comiciales consultadas en el referendo del 25 de abril de 1999. Esas bases por haber sido aprobadas en ejercicio de la soberanía popular son de *similar rango y naturaleza que la Constitución*.

En esta forma, la Corte Suprema reconoció rango constitucional similar al de la Constitución de 1961, al contenido de las bases comiciales que se aprobaron por referendo el 25 de abril de 1999, donde se regulaba una Asamblea Nacional Constituyente expresamente *sin carácter de poder constituyente originario*, la cual ni siquiera podía poner en vigencia la nueva Constitución que sancionara, sino que ésta debía ser aprobada por el propio pueblo mediante referendo, quien se había reservado ese poder originario.

Ahora bien, conforme a dichas bases comiciales con validez suprema, el Consejo Supremo Electoral dictó las "Normas para la Elección de Representantes a la Asamblea Nacional Constituyente"[111] mediante Resolución N° 990519-154 de 19 de mayo de 1999, en la cual partió del *falso supuesto* de:

> Que las bases comiciales contenidas en la Resolución N° 990323-71 de fecha 23 de marzo de 1999 y publicada en *Gaceta Oficial de la República de Venezuela* N° 36.669 de fecha 25 de marzo de 1999, contenidas en la segunda pregunta del Referendo Consultivo Nacional, celebrado el 25 de abril de 1999, *quedaron aprobadas por el soberano.*

Esta afirmación era completamente falsa. El Consejo Supremo Electoral, con esta Resolución, le mintió al país, pues en el referendo consultivo no se aprobaron las bases comiciales tal como aparecieron publicadas en la *Gaceta Oficial* de 25 de marzo de 1999, ya que la Corte Suprema de Justicia en Sala Político Administrativa, en su sentencia de fecha 13 de abril de 1999, antes comentada, había introducido la corrección de anular y eliminar una frase de la base comicial octava, precisamente la que rezaba "como poder originario que recoge la soberanía popular."

Como consecuencia de ello, las bases comiciales que se habían aprobado en el referendo del 25 de abril de 1999 habían sido las "corregidas," publicadas en la *Gaceta Oficial* N° 36.684 del 21 de abril de 1999, cuatro días antes de su realización, y no las publicadas en la *Gaceta Oficial* N° 36.669 del 25 e marzo de 1999, como con toda falsedad, rayana en la mala fe, lo afirmó el Consejo Nacional Electoral en su Resolución comentada del 19 de mayo de 1999.

En todo caso, tan no se concebía a la Asamblea Nacional Constituyente como un poder constituyente originario que sólo puede corresponder al pueblo, que en la base comicial novena, como se dijo, se indicó expresamente que la Constitución que elaborara la Asamblea Nacional Constituyente, para entrar en vigencia, también debía ser aprobada por el pueblo mediante referendo aprobatorio. Es decir, fue voluntad del pueblo, manifestada expresamente en el referendo de 25 de abril de 1999, como poder constituyente originario, conservar este poder constituyente originario y disponer que sólo el pueblo podía poner en vigencia la nueva Constitución, no otorgándole tal potestad a la Asamblea, la cual, en consecuencia, sólo quedó como poder constituyente derivado extraordinario, con la sola misión de elaborar un texto constitucional en el cual se plasmara la transformación del Estado y se creara un nuevo ordenamiento jurídico que permitiera el funcionamiento efectivo de una democracia social y participativa, como lo señalaba la pregunta primera del referendo del 25 de abril de 1999, que luego de sancionado por la Asamblea, para que entrara en vigencia, debía ser aprobado por el pueblo mediante referendo.

---

111 *Gaceta Oficial* N° 36.707 de 24 de mayo de 1999.

4.. *La violación de la Constitución de 1961 perpetrada por la Asamblea Nacional Constituyente al asumir el "poder constituyente originario" en su Estatuto de Funcionamiento (8 de agosto de 1999)*

La Asamblea Nacional Constituyente se instaló el día 3 de agosto de 1999;[112] y con ocasión de la discusión y aprobación de su Estatuto de Funcionamiento, precisamente al cual aludía la "base comicial octava" antes mencionada, y a pesar de que había quedado claro y definitivamente juzgado por la Corte Suprema de Justicia que la Asamblea Nacional Constituyente electa no podía asumir ningún "poder constituyente originario;" después de un largo debate,[113] la Asamblea Nacional Constituyente se declaró a si misma en el primer artículo de su Estatuto, como *"la depositaria de la voluntad popular y expresión de su soberanía con las atribuciones del poder originario para reorganizar el Estado venezolano y crear un nuevo ordenamiento jurídico democrático."*

Además, la Asamblea dispuso, que ella misma, *"en uso de las atribuciones que le son inherentes, podrá limitar o decidir la cesación de las actividades de las autoridades que conforman el Poder Público;"* agregando que *"Todos los organismos del Poder Público quedan subordinados a la Asamblea Nacional Constituyente, y están en la obligación de cumplir y hacer cumplir los actos jurídicos estatales que emita dicha Asamblea."* En consecuencia, la propia Asamblea dispuso que *"La Constitución de 1961 y el resto del ordenamiento jurídico imperante, mantendrán su vigencia en todo aquello que no colida o sea contradictorio con los actos jurídicos y demás decisiones de la Asamblea Nacional Constituyente."*

De esta norma resultó no sólo el desconocimiento más abierto de lo que había sido una decisión del Supremo Tribunal, que menospreció y retó la Asamblea, sino la asunción por la Asamblea de un supuesto poder originario que la autorizaba sin límites a "limitar o decidir la cesación de las actividades de las autoridades que conformaban el Poder Público;" es decir, incluso, para sustituirse en ellos a su voluntad y, por tanto, para "suspender" la vigencia de la Constitución que los regulaba, que era la de 1961.

Con la asunción de este poder la Asamblea había consumado el golpe de Estado, pues se daba a sí misma una carta blanca para violar una Constitución que estaba vigente, y sometía a todos los órganos del Poder Público constituido a que estuviesen "subordinados" a la Asamblea, imponiéndoles la obligación de cumplir sus "actos jurídicos estatales."

---

112 El Presidente de la Asamblea, electo en el día de su instalación había concluido su discurso inaugural diciendo: "Terminó estas palabras con las que quería dejar inaugurada esta Asamblea Nacional Constituyente, con esas dos promesas solemnes: primero, La Asamblea Nacional Constituyente es originaria y soberana...". Véase en *Gaceta Constituyente (Diario de Debates), Agosto-Septiembre 1999,* Sesión de 3 de agosto de 1999, N° 1, p. 4

113 *Gaceta Constituyente (Diario de Debates) Agosto-Septiembre 1999, cit,* Sesión de 7 de agosto de 1999, N° 4, pp. 6 y ss.

Como la Asamblea había decidido asumir este poder constituyente originario que nadie le había cedido, resolvió decidir que la Constitución de 1961 sólo permanecería vigente durante su funcionamiento en aquello que la Asamblea no la modificara, suspendiera o derogara.

En la Comisión Redactora del Estatuto de Funcionamiento de la Asamblea, de la cual formé parte, al no estar de acuerdo con la pretensión de los proyectistas, que luego fue la votada, había propuesto que el artículo 1° tuviera otra redacción, acorde con lo aprobado en las bases comiciales del referendo del 25 de abril de 1999.[114]

Mi propuesta no fue acogida por la Comisión, por lo cual exigí que el Informe de esta estuviese acompañado del texto de mis consideraciones sobre el artículo 1°.[115] Además, en el debate que precedió a la aprobación del artículo 1° del Estatuto, adicionalmente expuse mi opinión contraria, en la siguiente forma:

> La Asamblea Nacional Constituyente, teniendo como límites los que le impuso el pueblo soberano en las preguntas y bases comiciales que fueron sometidas a consulta popular en el referendo consultivo del 25 de abril de 1999, no puede asumir "carácter originario" alguno, pues ello significaría, al contrario de lo dispuesto por la voluntad popular, *suspender la Constitución de 1961* y pretender actuar fuera de los límites supra constitucionales que deben guiar su actuación.
>
> Por ello, no es posible que la Asamblea Nacional Constituyente pueda disponer, durante su funcionamiento que está limitado a un lapso de 6 meses, la disolución del Congreso o de la Corte Suprema de Justicia, o de cualesquiera de los poderes constituidos, que, si bien no pueden limitar la actuación de la Asamblea, continúan rigiéndose por lo dispuesto en la Constitución de 1961 hasta tanto sea sustituida por la nueva Constitución.[116]

Además, en relación con la aprobación del artículo 1° del Estatuto, aprobado definitivamente el 7 de agosto de 1999,[117] salvé mi voto, como voto negativo, con el

---

114 Propusimos el siguiente texto: *Artículo* 1°. La Asamblea Nacional Constituyente es producto de la voluntad y soberanía popular expresada en las preguntas y bases comiciales del Referendo consultivo celebrado el 25 de abril de 1999. / Su propósito es transformar el Estado y crear un nuevo ordenamiento jurídico que permita el funcionamiento efectivo de una democracia social y participativa, el cual debe materializar en una Constitución que someterá a referendo aprobatorio dentro de los treinta días siguientes continuos a su sanción.

115 Véase Allan R. Brewer-Carías *Debate Constituyente (Aportes a la Asamblea Nacional Constituyente)*, Tomo I *(8 agosto-8 septiembre), cit,* p. 20

116 *Gaceta Constituyente (Diario de Debates), Agosto-Septiembre 1999, cit,* Sesión de 7 de agosto de 1999, N° 4, p. 33.

117 *Gaceta Oficial* N° 36.786 de 14 de septiembre de 1999

texto de la comunicación que había querido acompañara el Informe de la Comisión Redactora.[118]

En todo caso, violando abiertamente tanto la Constitución de 1961, que la Corte Suprema había considerado que continuaba vigente y que debía ser respetada por la Asamblea Nacional Constituyente (sentencia del 18 de marzo de 1999); como el contenido de la sentencia de la propia Corte Suprema que consideró que la Asamblea no podía tener carácter "originario" (sentencia del 13 de abril de 1999); así como la voluntad popular expresada como efectivo y único poder constituyente originario en el referendo consultivo del 25 de abril de 1999, según el criterio de la misma Corte Suprema; la Asamblea Nacional Constituyente se declaró a sí misma como "poder constituyente originario" y con potestad para apartarse de la Constitución de 1961 vigente en ese momento (derogarla, suspenderla, violarla) y para intervenir todos los Poderes constituidos pudiendo cesar el mandato popular de los mismos.

A partir de ese momento comenzó en el país un sistemático proceso de ruptura del orden constitucional, mediante la emisión de actos constituyentes, que lamentablemente luego fueron reconocidos como de rango constitucional, primero, por la propia antigua Corte Suprema de Justicia hasta que fue cesada, víctima de su propia actuación y, luego, por el Tribunal Supremo de Justicia creado y dominado por el nuevo poder.

Todos los actos constituyentes o constitucionales dictados por la Asamblea Nacional Constituyente, por supuesto, tuvieron como fundamento su propio Estatuto, dictado por ella misma, en el cual la Asamblea, ilegítimamente se había auto-atribuido el carácter de poder constituyente originario; y nunca las bases comiciales aprobadas popularmente, que eran las únicas que podían tener rango constitucional e, incluso, supraconstitucional.

En primer lugar, fue la antigua Corte Suprema de Justicia, en una confusa sentencia del 14 de octubre de 1999 (*Caso: Impugnación del Decreto de Regulación de las Funciones del Poder Legislativo*), la que cambiando el criterio sustentado en la sentencia de la Sala Político Administrativa de 18 de marzo de 1999, desligó a la Asamblea de las previsiones de la Constitución de 1961, permitiendo que aquélla pudiera desconocerla, con lo que ilegítimamente "legitimó" el golpe de Estado que la Asamblea había dado al desconocer la Constitución de 1961.

Posteriormente, fue el Tribunal Supremo de Justicia creado el 22 de diciembre de 1999 por la propia Asamblea Nacional Constituyente e integrado por Magistrados afectos al nuevo poder, el que convalidó las actuaciones de la Asamblea Nacional Constituyente adoptadas al margen y desconociendo la Constitución de 1961, admitiendo una supuesta "supremacía de la Asamblea Nacional Constituyente como poder constituyente."

---

118 Véase Allan R. Brewer-Carías, *Debate Constituyente (Aportes a la Asamblea Nacional Constituyente)*; Tomo I, *(8 agosto-8 septiembre)*, *cit.* pp. 17 y ss.

En la sentencia N° 4 de 26 de enero de 2000 (*caso: Impugnación del Decreto de Régimen de Transición del Poder Público*), en esta forma, la Sala Constitucional del nuevo Tribunal Supremo de Justicia declaró improcedente el recurso intentado, señalando expresamente que:

> Dado el *carácter originario del poder* conferido por el pueblo de Venezuela a la Asamblea Nacional Constituyente, mediante la pregunta N° 1 y la base comicial octava del referido referendo consultivo nacional, aprobado el 25 de abril de 1999, y por tanto, *la no sujeción de este poder al texto constitucional* vigente para la época...

Posteriormente, el mismo Tribunal Supremo de Justicia en la misma Sala Constitucional consideró los actos de la Asamblea Nacional Constituyente como de naturaleza "supraconstitucional." Así lo señaló en la sentencia de 21 de enero de 2000 con motivo de otra impugnación del Decreto sobre "Régimen de Transición del Poder Público;" y de nuevo en otra sentencia con el mismo objeto de 20 de junio de 2000 (*caso: Mario Pesci Feltri*), en la cual la Sala Constitucional señaló que:

> Las normas sancionadas por la Asamblea Nacional Constituyente tienen un fundamento supraconstitucional respecto de la Constitución de 1961 y constitucional respecto de la de 1999.

Hasta ese momento, lo que se había considerado como de carácter supraconstitucional era únicamente la voluntad popular expresada en el referendo del 25 de abril de 1999; ahora, el Tribunal Supremo "equiparaba" los actos de la Asamblea, que era un órgano representativo del pueblo, a los del propio pueblo y reconociéndole tal igual carácter, se derivaba, entonces, que la Asamblea podía modificar la propia voluntad popular, lo cual era una aberración constitucional.

La misma Sala Constitucional, posteriormente, agregó lo siguiente al considerar la denuncia de violación por el "Decreto de Régimen de Transición del Poder Público" de la Asamblea, del artículo 262 de la Constitución de 1999:

> Esta Sala una vez más sostiene que la Asamblea Nacional Constituyente, como órgano del poder originario y en ejercicio de la competencia que es inherente a la organicidad de ese poder originario, podía dentro de la segunda etapa de transitoriedad antes referida -además de dictar, abrogar, derogar o modificar normas-, disponer la integración provisional de las nuevas estructuras políticas creadas por el nuevo Texto Fundamental, en aquello no definido de manera expresa por dicho cuerpo de normas.

Posteriormente, la misma Sala Constitucional del Tribunal Supremo consolidó el carácter de "poder constituyente originario" de la Asamblea Nacional al dictar la sentencia N° 180 de 23 de marzo de 2000 (*Caso: Allan R. Brewer-Carías y otros, impugnación del Estatuto Electoral del Poder Público*), en el cual señaló entre otros aspectos, bajo la ponencia del magistrado Jesús Eduardo Cabrera, lo siguiente:

> Desde el 25 de abril de 1999, comenzó un régimen transitorio cuya finalidad no sólo era discutir y aprobar una nueva Constitución, por medio de la Asamblea Nacional Constituyente sino que según la pregunta 1° del Referendo Consultivo, la Asamblea se convirtió en un órgano con potestad para transformar el Estado y crear un nuevo ordenamiento jurídico que permitiera el funcionamiento efectivo de una democracia social y participativa. Ese régimen transitorio finalizó con la aprobación de la Constitución de la República Bolivariana de Venezuela, pero dentro de este devenir, la Asamblea Nacional Constituyente decretó, el 12 de agosto de 1999 (publicado en la Gaceta Oficial de la República de Venezuela N° 36.764, del 13 de agosto de 1999) la reorganización de todos los Poderes Públicos y reformó las funciones del Poder Legislativo.
>
> Durante este régimen transitorio, estuvo vigente la Constitución de la República de Venezuela de 1961, en lo que no colidiese con el régimen jurídico que creaba la Asamblea, ya que ésta ejercía en forma originaria el poder constituyente, por ser emanación del pueblo soberano, y por tanto, no existía norma superior preestablecido por encima de sus determinaciones, lo cual fue reconocido por sentencia de fecha 14 de octubre de 1999, emanada de la Sala Plena de la extinta Corte Suprema de Justicia. Así, las normas sancionadas por la Asamblea Nacional Constituyente tuvieron un fundamento supraconstitucional con respecto a la Constitución de la República de Venezuela de 1961, y conforman un sistema de rango equivalente a la Constitución, pero de vigencia determinada, con respecto a la Constitución que elaboraba. Tal sistema, nacido de un poder constituyente e indivisible, situado por encima de las ramas del Poder Público, está destinado a regir toda la transitoriedad, hasta el momento en que los Poderes Públicos sean electos e inicien el ejercicio de sus competencias; es decir, que su teleología, consiste en "*la implantación efectiva de la organización y funcionamiento de las instituciones previstas en la Constitución aprobada*" (artículo 3 del decreto que creó el Régimen de Transición del Poder Público, publicado con anterioridad a la entrada en vigencia de la Constitución de 1999).

Con fundamento, entonces, en este pretendido carácter de "poder constituyente originario" que la Asamblea Nacional Constituyente había asumido, en su propio Estatuto, sin fundamento en las bases comiciales del referendo del 25 de abril de 1999 que le había dado origen; y que luego, el Tribunal Supremo de Justicia en su Sala Constitucional se había encargado de otorgarle, olvidándose de sus funciones de juez constitucional; la Asamblea irrumpió contra el orden constitucional mediante diversos actos constituyentes que consolidaron el golpe de Estado contra la Constitución de 1961, que estaba vigente; y todo con la anuencia del nuevo Tribunal Supremo de Justicia.

Todo ello, por lo demás, lo denuncié hace veinte años en las Palabras que di el 25 de enero de 2002 en el acto de presentación del libro *Golpe de Estado y Proceso Constituyente en Venezuela,* publicado por la Universidad Nacional Autónoma de México (UNAM 2002), en el Ateneo de Caracas, donde expresé:

> "Un golpe de Estado no sólo se produce cuando un grupo de personas, sin autoridad legítima alguna asume el poder, irrumpiendo por la fuerza contra la Constitución. También ocurre cuando su desconocimiento se realiza por parte de órganos constitucionalmente electos, aún cuando haya sido por una abrumadora mayoría la cual, en ningún caso, puede invocarse para desconocer la Constitución.
>
> Por ello, técnica y políticamente hablando puede decirse que en Venezuela, en 1999, ocurrió un golpe de Estado, que fue perpetrado por la Asamblea Nacional Constituyente contra la Constitución de 1961, pero cuyos efectos, tres años después, no han cesado.
>
> Recordemos ahora que entre enero y junio de 1999, la antigua Corte Suprema de Justicia con diversas interpretaciones constitucionales, evitó que el entonces recién electo Presidente de la República, Hugo Chávez Frías, fuera quien diera el golpe de Estado contra la Constitución de 1961, con la convocatoria, a su manera, de la Asamblea Nacional Constituyente.
>
> La verdad es que fue ésta, una vez electa, la que irrumpió contra la Constitución interviniendo todos los poderes constituidos; y fue aquella Corte Suprema de Justicia la que, sometiéndose a los designios de la Asamblea, terminó por consolidar el golpe, pagando como precio su propia existencia.
>
> Pero el golpe de Estado y el proceso constituyente no concluyeron con la aprobación de la Constitución por el referendo del 15 de diciembre de 1999. Al contrario, continuaron, pero esta vez, con la violación sistemática de la nueva Constitución.
>
> Recordemos también que una semana después del referendo aprobatorio constitucional, fue la propia Asamblea Nacional Constituyente la que, a pesar de haber cesado en su tarea, diseñó el plan para la violación sucesiva de la nueva Constitución. Ello lo hizo dictando un régimen transitorio del Poder Público, cesando los titulares de los órganos del Estado y nombrando para ello, a dedo, a quienes quiso la mayoría; régimen que, a pesar de su pretendido rango constitucional, no fue aprobado popularmente.
>
> En esta forma, a partir de 1999, los venezolanos simplemente hemos tenido dos Constituciones: una aprobada por el pueblo, la cual por lo

demás ha sido modificada al antojo de quienes la han publicado sucesivamente, al punto de que hoy nadie sabe todavía, a ciencia cierta, cuál es el texto definitivo de la misma; y otra, proteica y maleable, que no fue aprobada por el pueblo pero que al haber regulado una supuesta transitoriedad constitucional, con la complicidad del Tribunal Supremo de Justicia, ha servido para violar sistemáticamente la Constitución.

En el diseño de este desaguisado constitucional, por supuesto, y además han colaborado conspicuamente con el Presidente de la República, los otros titulares de los órganos del Estado producto de la transitoriedad, con un rol preeminente a cargo de la Asamblea Nacional, del Consejo Nacional Electoral, del Fiscal General de la República y del Defensor del Pueblo. Incluso, el Tribunal Supremo de Justicia ha llegado al extremo de decidir como juez en su propia causa, asumiendo el ilegítimo rol de juez y parte, y sin recato, incluso, resolver que la propia Constitución no se les aplicaba a los propios Magistrados que estaban decidiendo.

Por tanto, desde que se dictó la Constitución, la misma ha sido abierta y recurrentemente violada. En definitiva, ha sido secuestrada y burlada por los mismos actores que se entronizaron en la Asamblea Nacional Constituyente, y luego, en los diversos órganos del Estado. Este ha sido asaltado por funcionarios que han resultado lo más parecido a aquéllos "concejales hambrientos" de los cuales nos hablan los viejos textos castellanos, de Castilla, que llegaban a los cargos concejiles para robar impunemente, saciarse personalmente y así, asegurarse un patrimonio mal habido para cuando fueran desalojados del poder.

Para refrescar cómo la Constitución de 1999, ha sido violada progresivamente, ante los ojos atónitos de los venezolanos, basta recordar los siguientes hechos.

A comienzos de 2000 actuó en el país una Comisión Legislativa Nacional, el célebre "Congresillo", que no tenía existencia constitucional pero que se dedicó a legislar, usurpando la función legislativa. Lo mismo hicieron en los Estados, sendas Comisiones Legislativas estadales.

El régimen electoral que se estableció especialmente para las elecciones de la llamada "relegitimación" de los poderes públicos, en la fracasada megaelección de 2000, fue burdamente distinto al que regulaba la propia Constitución.

La libertad sindical, constitucionalmente garantizada, fue menoscabada al intervenirse las elecciones sindicales, lo que terminó con el penoso fracaso del referendo sindical, que ha sido la votación a la cual han concurrido menos venezolanos en toda la historia del país, con un 76% de abstención.

La democracia participativa, por otra parte, ha sido pura retórica oficial, de manera que, por ejemplo, el derecho a la participación política de la sociedad civil en la designación de los titulares de los órganos del Poder Público, fue secuestrado con la inconstitucional Ley de la Asamblea Nacional que se abstuvo de regular los Comités de Postulaciones que exigía la Constitución, y que debían estar integrados exclusivamente por representantes de la sociedad civil. La designación que se hizo fue, por supuesto, a final de cuentas, a dedo.

La obligación constitucional de consulta popular de los proyectos de ley antes de su sanción como garantía de participación ciudadana, también ha sido burlada, particularmente por el Presidente de la República al haber dictado las 48 leyes habilitadas de 2001, sin la consulta obligatoria, lo que las ha viciado a todas de inconstitucionalidad.

La Asamblea Nacional, además, ha usurpado la autonomía de los Estados al regular materias que sólo estos pueden normar, como la relativa al nombramiento de los contralores estadales.

El Presidente de la República, por su parte, ha violado descaradamente la Constitución, entre otras cosas, al estar al servicio de una parcialidad política. Recuérdese que el Presidente, quien es a la vez Jefe de Estado, Jefe del Ejecutivo Nacional y Comandante en Jefe de la Fuerza Armada, es Presidente del partido de gobierno, algunos de cuyos órganos incluso funcionan en el Palacio presidencial. Nunca antes en la historia de Venezuela, habíamos tenido un Presidente de la República que actuara cotidianamente como presidente de un partido político, al punto de que ha sido en este último rol que lo hemos visto actuar constantemente todos los venezolanos. Sin duda, ello es lo que han resentido, precisamente, los militares que se han pronunciado en estos últimos días; no sólo los que han pedido la baja o han sido sometidos a Consejo de Investigación por sus pronunciamientos públicos, sino todo el Alto Mando Militar que hace escasos días, en realidad, antes que respaldar al gobierno como lo quiso ver el Presidente, lo que hizo fue reclamarle públicamente a él mismo la necesidad de unión y armonía y, por tanto, el rechazo a su empeño de dividir al país y a la partidización de la Fuerza Armada. Ésta, constitucionalmente, no puede estar al servicio de parcialidad política alguna, como el Presidente de la República y algunos generales han querido al proclamar que supuestamente está al servicio de un pretendido "proceso," que nadie sabe qué es o de una inexistente "revolución."

En fin, las sucesivas violaciones constitucionales cometidas por el Poder han conducido a este repetido golpe de Estado que hemos padecido los venezolanos, resultando de ello la instalación de un régimen que no responde a los principios, valores y garantías democráticas establecidos en la Constitución.

La democracia representativa, en todo caso, se ha deformado por el control del poder en manos de un solo partido, cuyo jefe es el Presidente de la República quien, además, a la vez, es jefe de su fracción parlamentaria, la cual se mueve conforme a sus designios. Por ello recordemos cómo en enero de este año, cuando el 6 partido de gobierno sintió que podía perder la mayoría en la Asamblea, sus voceros, sin ningún rubor, advirtieron que si ello ocurría eso era el fin de la vía democrática de "el proceso." Quedó así disipada la ilusión de algunos diputados del propio partido de gobierno, de querer votar conforme a su conciencia y no conforme a los dictados del Presidente de la República.

Una democracia representativa que sólo se conciba para representar un solo partido, es una caricatura de democracia; y mas aún cuando se ha puesto al Estado y a sus funcionarios al servicio de dicho partido, contra la propia Constitución, produciéndose un escandaloso y continuado delito de peculado de uso, que el Contralor General de la República se niega a ver.

La concentración del poder y la ausencia de control y contrapesos entre los poderes públicos, además, ha sido una puerta abierta para la violación de los derechos humanos, al punto de que nunca antes como ahora, los organismos internacionales de protección de los mismos han recibido tantas denuncias de violación. No olvidemos las violaciones respecto de la libertad sindical; de la libertad de expresión del pensamiento; de la seguridad personal con los grupos de exterminio; de la privacidad de las comunicaciones; y del derecho de manifestación pública bloqueado por bandas fascistas aupadas por el gobierno. Pero es que también la institución de la cosa juzgada, pieza esencial del debido proceso, ha sido quebrantada por una Sala Constitucional que revisa juicios ya concluidos de acuerdo con los criterios particulares de algunos Magistrados, que por lo visto se olvidaron que habían dejado de ser abogados litigantes y que no pueden poner la justicia al servicio de sus antiguos clientes.

La separación de los poderes y su autonomía, piedra angular de todo régimen democrático, materialmente ha desaparecido. Todos los Poderes del Estado dependen del Ejecutivo y actúan a su antojo, y el Estado se ha centralizado aún más. Por ello, tenemos un Presidente que ha llegado al colmo de decir públicamente: "El Estado soy yo. La Ley soy yo," lo que no se le había oído a ningún Jefe de Estado en el mundo moderno desde los tiempos de Luis XIV, hace casi 400 años.

El pluralismo político, por otra parte, casi ha desaparecido por la ingerencia e inconveniente presencia del Estado en la sociedad civil, lo que ha llevado al propio Presidente de la República a tratar de controlar tanto a la Confederación de Trabajadores de Venezuela como a Fedecámaras; a provocar la división de partidos políticos; y a atacar a la Iglesia Católica e, incluso, tratar de dividirla.

Todo ello, incluso, ha comenzado a dar origen a justas manifestaciones de desobediencia civil como la que ocurrió en la elección de la directiva de la Confederación de Trabajadores de Venezuela y de los Jueces de

Paz en Chacao. La sociedad civil ha comenzado a rebelarse contra el esquema intervencionista que regula la Constitución, y ello será cada vez más acentuado. La sociedad civil se niega a estar reglamentada y las asociaciones de profesionales como las de profesores universitarios, deberían incluso desconocer el llamado que acaba de hacerles el Consejo Nacional Electoral para organizar sus elecciones internas.

La Contraloría General de la República, como antes dije, parece que no existiera, y ni siquiera se ha enterado de las confesiones públicas hechas por funcionarios y generales sobre la comisión del delito de peculado de uso y malversación, que dejarían como juegos infantiles los hechos de corrupción contra los cuales se reaccionó en 1998.

En este estado del llamado "proceso," lo que sí está claro es que la democracia venezolana está al margen de la Carta Democrática Interamericana, y que nada de lo que en el país se quería cambiar en 1998, se ha logrado. Mas bien, se han agravado los males que hacían inevitable los cambios entonces queridos, pues tenemos más centralismo y más y peor partidismo, a lo que se agrega, más presidencialismo, más estatismo, más paternalismo y más militarismo. La Constitución de 1999, lamentablemente, al consagrar este esquema, abrió la vía al autoritarismo y nada positivo aportó al constitucionalismo venezolano.

En esta situación, en todo caso, en el futuro próximo, los venezolanos colectivamente vamos a terminar teniendo sólo dos vías alternativas para enfrentar el autoritarismo: por una parte, la desobediencia civil que regula el artículo 350 de la Constitución de 1999, es decir, el ejercicio del deber-poder de desconocer todo régimen o autoridad, como el actual, que contraríe los valores, principios y garantías democráticas, o que vulnere los derechos humanos; o por la otra, conforme al artículo 250 de la Constitución de 1961, el desconocimiento puro y simple, del texto constitucional de 1999, por haber sido producto de un golpe de Estado, por lo que aquélla Constitución de 1961 no habría nunca perdido vigencia por haber sido derogada por un procedimiento distinto al que ella regulaba.

Ese es uno de los tantos dilemas que los venezolanos tenemos planteado en el momento constitucional actual, producto de la crisis política que seguimos teniendo, y que exige de todos que reflexionemos sobre las salidas para asegurar la gobernabilidad democrática futura."[119]

119 Véase Exposición sobre *El Golpe de Estado continuado en Venezuela*, en el Acto de presentación del libro *Golpe de Estado y Proceso Constituyente en Venezuela, Foro Crisis política y gobernabilidad democrática*, Ateneo de Caracas, Caracas, 25 de enero de 2002. Disponible en: http://allanbrewercarias.net/Content/449725d9-f1cb-474b-8ab2-41ef-b849fea2/Content/I,%201,%20849.%20Discurso%20presentacion%20libro%20golpe%20de%20estado.pdf

IX.
La intervención "constituyente" de todos los poderes públicos constituidos

1. *La reorganización de los poderes constituidos*

Como antes se dijo, el primero de los actos constituyentes dictados por la Asamblea en violación de la Constitución de 1961, fue el contenido en el "Decreto mediante el cual se declara la reorganización de todos los órganos del Poder Público" de fecha 12 de agosto de 1999.[120]

Para dictar el Decreto, la Asamblea invocó que ejercía "el poder constituyente otorgado por este mediante referendo...;" es decir, que ejercía un "poder constituyente" que supuestamente le había otorgado el "poder constituyente" (pueblo) en el "referendo", lo que, si era así, se configuraba como un poder constituyente derivado. Sin embargo, la Asamblea se fundamentó, para aprobar el Decreto, en "lo dispuesto en el artículo primero del Estatuto de esta Asamblea," en el cual la Asamblea se auto confirió, a sí misma, el supuesto carácter de poder constituyente originario.

A pesar de la contradicción, la Asamblea declaró "la reorganización de todos los órganos del Poder Público," autorizándose a sí misma para "decretar las medidas necesarias para enfrentar situaciones específicas de la reorganización," auto atribuyéndose además la potestad de disponer "la intervención, modificación o suspensión de los órganos del Poder Público que así considere..." Con esta decisión, sin duda, la Asamblea había materializado, técnicamente, el golpe de Estado, abriendo la vía para violar la Constitución vigente para ese momento (la de 1961) y colocándose por encima de la propia Constitución.

En el debate respecto de este Decreto, el cual, al principio había sido proyectado como "Decreto de Declaratoria de Emergencia Nacional," expresé mi opinión contraria y señalé que:

> Si la Asamblea Nacional Constituyente no tiene poder alguno derivado de la voluntad popular para poner en vigencia la nueva Constitución en la cual refleje la transformación del Estado que diseñe y el nuevo orde-

120 *Gaceta Oficial* N° 36.764 de 13 de agosto de 1999.

namiento jurídico que elabore; menos aún tiene competencia alguna derivada del referendo consultivo del 25-04-99, para durante su funcionamiento, en estos seis meses, suspender, revocar, derogar o modificar, así sea temporalmente la actual Constitución de 1961, cuyo texto estará vigente hasta que se apruebe, mediante referendo, la nueva Constitución.

En consecuencia, no es posible derivar del referendo consultivo de 25-04-99, fundamento alguno para que la Asamblea pueda, durante su funcionamiento, arrogarse el poder de intervenir, modificar o suspender los órganos del Poder Público antes de que la nueva Constitución entre en vigencia al ser aprobada por referendo, pues ello implicaría una modificación o suspensión de la Constitución vigente.[121]

A pesar esta objeción, el mencionado decreto fue aprobado con mi voto negativo.

2. *La intervención del Poder Legislativo con la eliminación del Congreso y de las Asambleas Legislativas de los Estados y la limitación de la función legislativa de los órganos del Poder Público*

Luego de dictado el "Decreto mediante el cual se declaró la reorganización de todos los órganos del Poder Público" la Asamblea procedió a intervenir y a regular a casi todos los órganos constituidos del Poder Público, comenzando por los órganos que ejercían el Poder Legislativo.

A tal efecto, el 25 de agosto de 1999, la Asamblea dictó el "Decreto mediante el cual se regulan las funciones del Poder Legislativo"[122] el cual reformó cinco días después, el 30 de agosto de 1999.[123]

Este Decreto, sin embargo, tuvo una fundamentación distinta al anterior. La "timidez" expresada en el "Decreto de reorganización general de los órganos del Poder Público" puede considerarse que fue superada en este Decreto, pues la Asamblea no se limitó a invocar el ejercicio de un poder constituyente (derivado) que le había otorgado el poder constituyente (originario) que era el pueblo mediante el referendo consultivo de 25 de abril de 1999; sino que se arrogó directa y abiertamente un "poder constituyente originario" que nadie le había otorgado, sino ella misma en su propio Estatuto de funcionamiento.

En efecto, en el encabezamiento del Decreto se afirmó que la Asamblea actuaba:

> En nombre y representación del pueblo soberano de Venezuela, *en ejercicio del poder constituyente originario otorgado por éste* mediante referendo aprobado democráticamente el 25 de abril de 1999...

---

121 Véase Allan R. Brewer-Carías *Debate Constituyente* Tomo I, *op. cit.* pp. 51 y 52.

122 *Gaceta Oficial* N° 36.772 de 25 de agosto de 1999.

123 *Gaceta Oficial* N° 36.776 de 31 de agosto de 1999.

En este acto constituyente por tanto, la Asamblea partió del falso supuesto de que el poder constituyente originario (el pueblo), expresado en el referendo del 25 de abril de 1999, le habría otorgado a la Asamblea un "poder constituyente originario," lo que no sólo era un contrasentido, sino que expresamente no fue así, en virtud de la sentencia comentada de la Corte Suprema de Justicia del 18 de marzo de 1999 que había ordenado eliminar de la base comicial octava toda referencia a "poder constituyente originario" alguno, que pudiera pretender ejercer la Asamblea, precisamente para evitar toda confusión.

Se destaca, además, que la fundamentación normativa de este Decreto, como ocurrió en todos los otros actos constituyentes posteriores, fue el artículo 1° del Estatuto de Funcionamiento de la Asamblea y el artículo único del Decreto que declaró la reorganización de todos los órganos del Poder Público. En ausencia de manifestación popular alguna derivada del referendo de 25 de abril de 1999 y de fundamentación normativa alguna para poder dictar actos constituyentes, la Asamblea, de hecho y en aproximaciones sucesivas, fue "construyendo" su propio carácter de "poder constituyente originario" que nadie le había asignado. De hecho, la Asamblea sumió el Poder Público y se arrogó la potestad de disponer sobre el Poder Público constituido conforme a la Constitución de 1961, que violó abiertamente.

Sobre el Decreto mediante el cual se regularon las funciones del Poder Legislativo, en el debate en la Asamblea, expresé que su contenido violaba:

> La voluntad popular y soberana expresada en el referendo el 25-04-99, en el sentido de que *primero*, viola las garantías democráticas que la Asamblea Nacional Constituyente debe respetar; *segundo*, viola los principios del republicanismo, entre ellos, el de la separación de poderes, al modificar la Constitución de 1961 en cuanto la organización y funciones del Poder Legislativo Nacional y concentrar los Poderes del Estado en la Asamblea; *tercero*, viola compromisos internacionales de la República relativos al régimen democrático y a los derechos fundamentales; *cuarto*, viola el carácter progresivo de los derechos fundamentales del hombre, y *quinto*, viola el régimen autonómico de los Estados de la República.[124]

El Decreto finalmente, y a pesar de mis objeciones, fue aprobado, razón por la cual dejé constancia de mi voto salvado negativo en el cual expresé que la Asamblea Nacional Constituyente, al aprobar este Decreto:

> En mi criterio, ha actuado al margen de los límites que le impuso la voluntad popular, lo que ya hizo, también, al aprobar su Estatuto, particularmente el contenido de su artículo 1°; al aprobar el Decreto de

124 Véase Allan R. Brewer-Carías, *Debate Constituyente*, Tomo I, *op. cit.* p. 76.

Reorganización de los Poderes Públicos y al aprobar el Decreto de Reorganización del Poder Judicial.[125]

En todo caso, en resumen, mediante este Decreto, la Asamblea Nacional Constituyente, en violación abierta de lo previsto en la Constitución de 1961, reguló y limitó las funciones del Congreso de la República cuyos miembros habían sido electos unos meses antes, en diciembre de 1998. Para ello, el Decreto comenzó eliminando el Congreso, al disponer que éste sólo actuaría "por órgano de la Comisión Delegada" (art. 2); y en cuanto a la función legislativa del Congreso (que quedaba eliminado y que ejercía la Comisión Delegada) quedó confinada a un conjunto específico de materias, indicado como *numerus clausus* (art. 1).

La Asamblea dispuso, además, cuáles de las Comisiones Legislativas podían funcionar (Finanzas y Contraloría y dos especiales) y suspendió las sesiones del Congreso (que había reducido a ser una Comisión Delegada) en cualquier materia distinta a las indicadas, y de las otras Comisiones Legislativas que existían, distintas a las enumeradas como funcionables.

Debe señalarse en relación con el ejercicio de la potestad legislativa nacional, que la Asamblea Nacional Constituyente, incluso después de publicada la nueva Constitución (30 de diciembre de 1999), en fecha 18 de enero de 2000, emitió un Decreto mediante el cual decidió "asumir la competencia prevista en el artículo 187, numeral 6° de la (nueva) Constitución" de 1999 relativa a la discusión y aprobación el proyecto de Ley especial que autorizó al Ejecutivo Nacional para la contratación y ejecución de operaciones de crédito público[126] y, en efecto, dictó la "Ley Especial que autoriza al Ejecutivo Nacional para la Contratación y Ejecución de operaciones de Crédito Público destinadas a financiar programas, proyectos y gastos extraordinarios para atender la situación de calamidad pública, consecuencia de las precipitaciones de proporciones inusuales."[127]

Este Decreto, totalmente contrario a la nueva Constitución, la cual no preveía esta facultad de "asunción" de competencias atribuidas al órgano legislativo por la Asamblea Nacional Constituyente, se fundamentó en "el ejercicio del *poder soberano constituyente originario*, otorgado por este mediante referendo aprobado democráticamente el 25 de abril de 1999," lo cual, como se señaló, no fue así.

Además, cabe señalar que conforme a la interpretación dada por el Tribunal Supremo de Justicia, en Sala Constitucional, en su sentencia N° 6 de fecha 27 de enero de 2000, *"los actos dictados por la Asamblea Nacional Constituyente con posterioridad a la publicación de la nueva Constitución estarían sujetos a ésta,"* y la única excepción transitoria constitucional expresa que autorizó a la Asamblea Nacional Constitu-

---

125 Véase Allan R. Brewer-Carías, *Debate Constituyente,* Tomo I, *op. cit.* p. 95.

126 *Gaceta Oficial* N° 36.881 de 31de enero de 2000.

127 *Gaceta Oficial* N° 36.883 de 2 de febrero de 2000.

yente para dictar alguna ley, fue la prevista en la Disposición Transitoria Primera de la Constitución de 1999, en relación con la Ley Especial del Distrito Metropolitano de Caracas. Por tanto, la Asamblea Nacional Constituyente, después de publicada la nueva Constitución, no podía asumir competencias de legislador ni, por tanto, violar la Constitución. No obstante, lo hizo sin rubor alguno.

Volviendo al "Decreto de regulación de las funciones del Poder Legislativo," la función legislativa limitada que se atribuyó a la Comisión Delegada, convirtió al órgano (Congreso) del Poder Legislativo que era bicameral (Cámara de Diputados y Senado) conforme a la Constitución de 1961, en un órgano unicameral, regulándose, en consecuencia, un nuevo procedimiento constitucional de formación de las leyes distinto al que establecía la Constitución de 1961, con sólo dos discusiones en la Comisión Delegada (art. 3).

La Asamblea Nacional Constituyente, en su carrera de inconstitucionalidades y para concluir la intervención del Congreso, se arrogó, a sí misma, el carácter de órgano del Poder Legislativo creando una Comisión Legislativa (art. 4) para legislar en todas *las otras* materias no asignadas específicamente en el artículo 1° del Decreto a la Comisión Delegada del eliminado Congreso.

La Asamblea, además, creó una Comisión de Investigación sobre las gestiones administrativas del Congreso, con lo cual intervino la administración del mismo (arts. 6 a 10).

En todo caso, mediante el antes mencionado Decreto de regulación del Poder Legislativo, la Asamblea también intervino y eliminó las Asambleas Legislativas de los Estados de la Federación, por supuesto también violando la Constitución, al vulnerar la autonomía de los Estados y su potestad constitucional de organizar sus poderes públicos que expresamente les garantizaba la Constitución de 1961 (art. 17), que estaba vigente en ese momento. La Asamblea dispuso, además, que las funciones de las Asambleas Legislativas de los Estados se ejercerían por unas Comisiones Delegadas de cada una, regulando la forma de su integración (art. 11), y en la reforma posterior del Decreto, garantizó la integración de los siete miembros de cada Asamblea, conforme al principio de la representación proporcional (art. 11).

La consecuencia de la eliminación de las Asambleas Legislativas fue, también, la suspensión de las actividades de todas la Comisiones que pudieran existir en todas las Asambleas (art. 11) de los Estados y, en consecuencia, la revocatoria del mandato de los Diputados de las Asambleas que no integrasen las Comisiones delegadas respectivas (art. 12). Esta norma, sin embargo, fue suprimida en la reforma del Decreto (art. 3), lo que ocurrió cinco días después, con lo cual "revivió" el mandato de los Diputados de las Asambleas Legislativas, en otro disparate constitucional improvisado.

En cuanto a los Concejos Municipales de los Municipios del país, si bien no se los eliminó, se les prohibió realizar operación alguna con los ejidos municipales, y aprobar o modificar los Planes de Desarrollo Urbano Local (art. 14), lo que se configuraba en una lesión a la autonomía municipal que garantizaba la Constitución de 1961 (art.30), la cual, de nuevo, resultó violada.

Posteriormente, en esta materia, la Asamblea Nacional Constituyente dictó otros dos actos constituyentes en ejercicio del "poder soberano constituyente originario" que se había arrogado a sí misma: el Decreto de 25 de enero de 2000 que autorizó a los Municipios la enajenación de ejidos para planes de viviendas destinadas a los damnificados por las lluvias;[128] y el Decreto sobre el Régimen sobre autorización de operaciones de enajenación, disposición y afectación de terrenos ejidos de 30 de enero de 2000,[129] mediante el cual se asignó a las Comisiones Legislativas Estadales otorgar las autorizaciones, y se derogó el art. 13 del Decreto de Regulación de las funciones del Poder Legislativo.

El Decreto de Regulación de las Funciones del Poder Legislativo, además, dispuso la evaluación por la Asamblea Nacional Constituyente, de los Contralores Generales de los Estados y de los Municipios, que eran órganos con autonomía funcional garantizada por la Constitución, arrogándose la Asamblea la facultad de ratificarlos o destituirlos "de acuerdo al resultado de la evaluación" (art. 13), violando el nuevo texto fundamental.

Este "Decreto de Regulación de las Funciones del Poder Legislativo," evidentemente contrario a lo que regulaba la Constitución de 1961 (eliminaba el Congreso, eliminaba las Asambleas Legislativas, cambiaba la estructura del Parlamento de bicameral a unicameral, e intervenía la autonomía e independencia de los órganos del Poder Público que regulaba la Constitución) fue impugnado ante la Corte Suprema de Justicia por el Presidente de la Cámara de Diputados. La Corte Suprema de Justicia en (Sala Plena), y con ponencia del Magistrado Iván Rincón Urdaneta, mediante sentencia de fecha 14 de octubre de 1999 (*caso*: *Decreto de Reorganización del Poder Legislativo)* resolvió el recurso declarando "improcedente la acción de nulidad intentada." La Corte, con esta sentencia, se plegó al nuevo poder, avaló los desaguisados constitucionales de la Asamblea y, con ello firmó su sentencia de muerte y la remoción de sus integrantes con excepción, por supuesto, del magistrado Urdaneta, Presidente ponente, quien luego siguió de presidente del nuevo Tribunal Supremo de Justicia designado por la Asamblea Constituyente en diciembre de 2000.

En todo caso, luego de unas confusas argumentaciones basadas en citas bibliográficas que, por supuesto, incluyeron al Abate Sièyes, sobre el poder constituyente en la teoría y práctica políticas de la historia universal; y sobre la distinción entre el poder constituyente y los poderes constituidos, la Corte Suprema, en esta sentencia, concluyó observando que:

128 *Gaceta Oficial* N° 36.878 de 26 de enero de 2000.

129 *Gaceta Oficial* N° 36.902 de 29 de febrero de 2000.

> El poder constituyente no puede ejercerlo por sí mismo el pueblo, por lo que la elaboración de la Constitución recae en un cuerpo integrado por sus representantes, que se denomina Asamblea Constituyente, cuyos títulos de legitimidad derivan de la relación directa que exista entre ella y el pueblo.

Con este "descubrimiento" la Corte lo que hizo fue observar que la Asamblea Nacional Constituyente electa el 25 de julio de 1999 tenía como límites las bases comiciales aprobadas por el poder constituyente originario (el pueblo) mediante referendo, bases a las cuales la Corte, en la misma sentencia, le había reconocido "similar rango y naturaleza que la Constitución," y en las cuales se encomendó a la Asamblea "la elaboración de la Constitución," mas no su adopción o puesta en vigencia, que se reservó el pueblo como poder constituyente originario mediante referendo aprobatorio en la base comicial novena.

Sin embargo, en la misma sentencia, la Corte Suprema pasó de reconocerle a las bases comiciales "similar rango y naturaleza que la Constitución" (de 1961), a otorgarle rango "supraconstitucional." La Corte, en efecto, en la sentencia, luego de constatar las denuncias de inconstitucionalidad del Decreto impugnado, señaló:

> Como puede observarse, la pregunta N° 1 del referendo consultivo nacional aprobado el 25 de abril de 1999 y la base comicial octava del mismo referendo, *consagra la supraconstitucionalidad de sus prescripciones*, ya que en ningún momento remite a la Constitución de 1961 sino a la tradición de la cultura...

Por supuesto, en esta línea de razonamiento, la Corte Suprema se encontraba con el escollo de la sentencia del 13 de abril de 1999, de la Sala Político Administrativa de la propia Corte Suprema, que había ordenado eliminar de la base comicial octava, para evitar toda confusión, toda referencia al pretendido carácter originario del poder constituyente que ejercía la Asamblea, pero dijo lo siguiente:

> Si bien la sentencia de la Corte Suprema de Justicia en Sala Político Administrativa de fecha 13 de abril de 1999, excluyó de la base comicial octava "como poder constituyente originario que recoge la soberanía popular," es claro que la Asamblea Nacional Constituyente, no es un poder derivado, pues su función de sancionar una nueva Constitución implica el ejercicio del poder constituyente, el cual no puede estar sujeto a los límites del orden jurídico establecido, incluyendo la Constitución vigente.

De lo anterior resulta una contradicción abierta de criterios. La Corte reconocía que la sentencia de 13 de abril había dejado claro que la Asamblea Nacional Constituyente *no era un poder constituyente originario* (que sólo el pueblo lo es), lo que conducía entonces a considerarla como un poder constituyente "derivado," regulado por el pueblo en las bases comiciales a las cuales le reconoció rango "supraconstitucional." La Corte dijo, en definitiva, que la Asamblea no era ni poder constituyente originario ni poder constituyente derivado. Entonces, ¿de qué se trataba? Si toda la bibliografía citada en la sentencia establecía esta dicotomía, debía ser una cosa o la otra, pero lo que no podía era no ser alguna de las dos.

La inconsistencia de la sentencia, en todo caso, condujo a la Corte Suprema, luego de citar párrafos sueltos de la antigua sentencia del 19 de enero de 1999, a cambiar su propio criterio establecido en la sentencia del 13 de abril de 1999 sobre la ausencia del carácter originario del poder constituyente otorgado a la Asamblea.

Debe señalarse que es cierto que la Asamblea no tenía más límites que los establecidos en las bases comiciales para sancionar una nueva Constitución; pero sólo para eso es que ello implicaba el ejercicio del poder constituyente: para elaborar el texto de una nueva Constitución la cual no se podía poner en vigencia con la sola voluntad de la Asamblea, porque ésta no tenía poder constituyente para ello. Por eso, las comparaciones que hizo la Corte, en su sentencia, con el proceso de la Asamblea Constituyente de Colombia de 1991, fueron totalmente impertinentes, pues en ese país, al contrario de lo que sucedió en Venezuela, la Constitución sí fue puesta en vigencia por la Asamblea Constituyente, sin aprobación popular. En Venezuela, al contrario, el pueblo, como poder constituyente originario, en las bases comiciales mencionadas, se reservó la potestad de aprobar la Constitución mediante referendo aprobatorio posterior.

Sin embargo, incluso contrariando sus propias palabras (que la función de la Asamblea era "sancionar una nueva Constitución") la Corte Suprema en la sentencia, le atribuyó otras tareas (indefinidas) a la Asamblea así:

> El cambio constitucional dirigido a la supresión de la Constitución *vigente* es un proceso que, como tal, no se limita a la sanción de la nueva Constitución, sino al interregno durante el cual, la Asamblea Nacional Constituyente actúa dentro del contexto jurídico donde rige, transitoriamente, la Constitución anterior...

Es decir, la Corte contradictoriamente reconoció en la sentencia la "vigencia" de la Constitución de 1961, así fuera "transitoriamente" hasta que se aprobara la nueva Constitución mediante referendo, y agregó luego, sin embargo, que:

> El hecho de que la supresión de la Constitución actual se produce sólo cuando es refrendada y sancionada por el pueblo la Constitución nueva, el tiempo de vigencia de la primera no puede impedir ni obstaculizar el cumplimiento de la función de la Asamblea Nacional Constituyente que es la creación de un nuevo ordenamiento jurídico a que se refiere la pre-

gunta N° 1 del referendo consultivo nacional del 25 de abril de 1999. Si el cambio constitucional es un proceso, que se inicia con dicho referendo y si este proceso implica forzosamente la coexistencia de poderes (del poder constituido y la Asamblea Nacional Constituyente), los Estatutos de Funcionamiento de ésta, basados, como se ha dicho, en normas presupuestas o supraconstitucionales, deben definir el modo de esta coexistencia, siendo la Constitución de 1961, el límite del poder constituido, pero no el criterio de solución de las controversias que puedan ocurrir entre ambos poderes.

Es decir, la Corte Suprema cambió el criterio que había sentado en la sentencia del 18 de marzo de 1999, según el cual la Constitución de 1961 era un marco límite de la Asamblea cuya elección debía aprobarse por el referendo del 25 de abril de 1999; y pasó a señalar, ya en medio del proceso constituyente, que esa misma Constitución de 1961 sólo era un límite a la actuación "de los poderes constituidos," pero no de la propia Asamblea Nacional Constituyente, cuya actuación pasaba a estar regulada por su Estatuto de Funcionamiento, que ella misma se había dictado, auto atribuyéndose "poder constituyente originario."

Como conclusión de estas contradicciones, sin más, la Corte Suprema, en su sentencia del 14 de octubre de 1999, afirmó que la pretensión de nulidad del "Decreto de Regulación de las Funciones del Poder Legislativo," al violar la Constitución de 1961, era "improcedente":

> Pues el fundamento del acto impugnado no puede ser la Constitución vigente, desde que la soberanía popular se convierte, a través de la Asamblea Nacional Constituyente, en supremacía de la Constitución, por razón del carácter representativo del poder constituyente, es decir, como mecanismo jurídico de producción originaria del nuevo régimen constitucional de la República, así se declara.

Con esta confusa declaración, de la que podía deducirse cualquier cosa por quien quiera que la lea, la Corte Suprema cambió los criterios que dieron origen al mismo proceso constituyente sentados por la misma Corte y, en definitiva, decretó su futura extinción. Sólo pasaron algo más de dos meses para que fuera cerrada y extinguida por la propia Asamblea Nacional Constituyente, precisamente en ejercicio de los "poderes" que la misma Corte le atribuyó a partir de esta sentencia.

Esta sentencia de la Corte en Pleno, en todo caso, fue objeto de severas críticas por parte de los siguientes Magistrados que salvaron su voto: Hermes Harting, quien había sido ponente de las sentencias de 18 de marzo de 1999, 23 de marzo de 1999 y 13 de abril de 1999 de la Sala Político Administrativa; Hildegard Rondón de Sansó; Belén Ramírez Landaeta; Héctor Grisanti Luciani, y Humberto J. La Roche, quien había sido el ponente de la sentencia inicial del proceso constituyente de 19-01-99.

El magistrado Harting insistió en la tesis de que la Asamblea Nacional Constituyente se había originado "en función de la Constitución de 1961, fuente de su nacimiento," por lo que estaba sujeta a la Constitución, lo que implicaba:

> El no poder ejercer la Asamblea Nacional Constituyente potestades correspondientes a los Poderes del Estado, ni realizar actuaciones atribuidas específicamente a estos por la Constitución y las Leyes, ni siquiera invocando circunstancias excepcionales.

Sobre este mismo tema, la magistrada Hildegard Rondón de Sansó también fue precisa al afirmar que la Asamblea Nacional Constituyente

> Está -ante todo- sujeta al sistema de la Constitución de 1961, al orden vigente y a las bases comiciales en el ejercicio y límites de su competencia.

Por ello, la magistrada Sansó consideró que la sentencia de 14 de octubre de 1999 había tergiversado la base comicial octava al considerar que la Asamblea estaba exonerada del bloque normativo de la Constitución de 1961; afirmando que:

> La posición supraconstitucional de la Asamblea Nacional Constituyente radica en la facultad de erigir instituciones futuras, diferentes del texto constitucional vigente: no en la facultad de violar las normas que rigen el sistema dentro del cual opera.

La magistrada Sansó también denunció el "flagrante desconocimiento" que evidenció la sentencia de un Acuerdo que había adoptado la Corte en Pleno, días antes, el 23 de agosto de 1999, en el cual la Corte declaró que:

> Se mantiene firme en su convicción de que dicha Asamblea no nació de un gobierno de facto, sino que surgió en un sistema de iure mediante un procedimiento al cual ella misma ha dado su respaldo.

Ahora bien, la acción de nulidad del Decreto que reguló la reorganización del Poder Legislativo se había fundamentado, entre otros aspectos, en la violación de la base comicial octava que la sentencia consideró como de rango y naturaleza constitucional e, incluso, supraconstitucional. Al declarar improcedente la acción sólo indicando que el Decreto no estaba sometido a la Constitución de 1961, pero sin confrontar su texto con la base comicial octava, la Corte en Pleno incurrió en denegación de justicia o quizás en absolución de la instancia, lo que fue destacado por los magistrados Humberto J. La Roche e Hildegard Rondón de Sansó en sus votos salvados.

La sentencia, en todo caso, fue dictada con un apresuramiento inconcebible; como lo destacó en su voto salvado la magistrada Belén Ramírez Landaeta:

La sentencia fue reformada y a menos de media hora de su distribución -violando el Reglamento de Reuniones de la Corte Suprema de Justicia en Pleno dictado por la Corte Suprema de Justicia en fecha 26 de noviembre de 1996- fue votada sin derecho a examinar, con la cordura requerida, el contenido de esta.

Ello condujo, conforme al criterio de la magistrada Ramírez, a un "fallo lleno de errores, tanto formales como conceptuales" en cuya emisión, la Corte no ejerció "la virtud de la prudencia" ni tomó en cuenta la trascendencia que la decisión tenía "para el país y para la historia."

El apresuramiento por complacer al nuevo poder hizo a la Corte incurrir en los desafortunados desaguisados que sus propios Magistrados denunciaron en los votos salvados.

Por último, los magistrados Héctor Grisanti Luciani, Humberto J. La Roche y Belén Ramírez Landaeta, quienes también salvaron su voto, destacaron la omisión del fallo en considerar el contenido del Acuerdo que había sido firmado entre representantes del Congreso y de la Asamblea Nacional Constituyente el 9 de septiembre de 1999, mediante el cual materialmente se había dejado sin efecto la médula del Decreto impugnado, estableciéndose un sistema de cohabitación o coexistencia pacífica de las dos instituciones.

En todo caso, con el "Decreto de Regulación de las funciones del Poder Legislativo" se materializó jurídicamente el golpe de Estado dado por la Asamblea Nacional Constituyente, al violar la Constitución de 1961, extinguir un órgano constitucional constituido y electo como era el Congreso, intervenir sus funciones legislativas, limitar la autonomía de los Estados y Municipios y lesionar la autonomía de las Contralorías. La Asamblea Nacional Constituyente, como lo destacó la magistrada Rondón de Sansó en su voto salvado a la sentencia de la Corte en Pleno del 14 de octubre de 1999, ciertamente había nacido a raíz de la sentencia de 19 de enero de 1999 como una Asamblea sometida a un "régimen de *iure*." Por ello, al usurpar la autoridad del Congreso y violar la Constitución, la Asamblea Nacional Constituyente se constituyó a sí misma en un órgano bajo *régimen de facto*, actuando como una *Asamblea de facto*, al margen de la Constitución.

En esta forma, a partir de ese momento en adelante, se sucedieron diversos actos constituyentes que significaron la violación sistemática de la Constitución de 1961 y luego, de la propia Constitución de 1999.

3. *La intervención del Poder Judicial*

A. *El Decreto de reorganización del Poder Judicial*

En fecha 19 de agosto de 1999, le tocó su turno al Poder Judicial, incluida la propia Corte Suprema de Justicia, para lo cual la Asamblea Nacional Constituyente resolvió declarar "al Poder Judicial en emergencia" (art. 1°), creando una Comisión de Emergencia Judicial, que asumió el proceso de intervención.[130]

Este Decreto tuvo la misma fundamentación que los anteriores: el ejercicio del poder constituyente originario supuestamente otorgado por éste a la Asamblea mediante referendo; el artículo 1° del Estatuto de Funcionamiento de la propia Asamblea y el artículo único del Decreto de la Asamblea que declaró la reorganización de todos los Poderes Públicos constituidos. Es decir, el fundamento del Decreto fue el que la propia Asamblea Constituyente se había construido a la medida, sin vínculo alguno con las normas supraconstitucionales como eran las bases comiciales aprobadas en el referendo consultivo del 25 de abril de 1999.

En el debate ante la Asamblea, expuse mi opinión y las objeciones a la forma como se procedía a la intervención de la justicia, señalando que:

> Si bien la Asamblea Nacional Constituyente debe ser la instancia política para motorizar las reformas inmediatas al Poder Judicial, y para propender a la renovación de la Judicatura, ello no lo puede hacer directamente sustituyendo los órganos con competencia legal para ello, sino instruyendo, vigilando y haciendo el seguimiento de sus propuestas. De lo contrario, corremos el grave riesgo de desencadenar iniciativas indeseadas por violación de los Tratados Internacionales que obligan al Estado Venezolano a proteger la independencia judicial, la cual lejos de salvaguardarse, se lesiona abiertamente con el Proyecto de Decreto.[131]

En todo caso, el Decreto de Reorganización del Poder Judicial fue aprobado, atribuyendo a la Comisión de Emergencia Judicial amplias facultades de intervención del Poder Judicial, las cuales pueden resumirse así:

1. La proposición a la Asamblea de las medidas necesarias para la reorganización del Poder Judicial y "la ejecución de las aprobadas por la Asamblea de conformidad con su Estatuto de Funcionamiento" (art. 3,1).
2. La evaluación del desempeño de la Corte Suprema de Justicia (arts. 3,3 y 4).
3. La instrucción al Consejo de la Judicatura para la ejecución de sus decisiones (art. 3,4). Tanto el Consejo de la Judicatura como el Inspector General de Tribunales estaban obligados a acatar las instrucciones de la Comisión (art. 5), y la Comisión tenía la facultad de proponer a la Asamblea la sustitución de los Consejeros y del Inspector General de Tribunales (art. 5).
4. La destitución de cualquier funcionario judicial que obstaculizare su actividad o incumpliera sus instrucciones (art. 5).

---

130 *Gaceta Oficial* N° 36.772 de 25 de agosto de 1999 reimpreso en *Gaceta Oficial* N° 36.782 de 8 de septiembre de 1999.

131 Véase Allan R. Brewer-Carías, *Debate Constituyente,* Tomo I, *op. cit.* p. 73.

5. La suspensión en forma inmediata a los funcionarios judiciales que tuvieran procedimientos iniciados por causas de corrupción (art. 6) y la destitución, también en forma inmediata, de jueces y funcionarios judiciales en caso de retardo judicial, de revocación de sus sentencias, de incumplimiento grave de sus obligaciones o que poseyeran signos de riqueza de procedencia no demostrada (art. 7).

6. La designación, a criterio de la Comisión, de suplentes o conjueces para sustituir a los jueces destituidos o suspendidos (art. 8).

El Decreto estableció que los jueces destituidos o suspendidos por la Comisión podían "apelar" de la decisión ante la Asamblea Nacional Constituyente (art. 9), con lo cual se pretendía convertir a la Asamblea en un órgano de alzada en el procedimiento administrativo.

Además, el Decreto destinó un conjunto de normas para regular la selección de jueces mediante evaluaciones y concursos públicos que, por supuesto, no se realizaron (art. 10 a 24).

En todo caso, la declaratoria de Emergencia Judicial tendría vigencia hasta que se sancionara la nueva Constitución (art. 32), sin embargo, fue prorrogada de hecho por más de un año, por la falta del Tribunal Supremo de Justicia en asumir el gobierno judicial conforme a la competencia que le asignó la nueva Constitución de 1999 (art. 267). El Tribunal Supremo de Justicia, a partir de enero de 2000, fue así complaciente con la forma irregular de intervención del Poder Judicial, y se abstuvo deliberadamente de asumir sus propias funciones.

Con posterioridad a la aprobación del Decreto de Reorganización del Poder Judicial, se emitió por la Junta Directiva de la Asamblea otro Decreto complementario de la intervención del Poder Judicial denominado "Decreto de Medidas Cautelares Urgentes de Protección al Sistema Judicial." El mismo ni siquiera fue aprobado por la Asamblea, ni publicado en *Gaceta Oficial,* sino que fue dictado por la "Junta Directiva de la Asamblea Nacional Constituyente y la Comisión de Emergencia Judicial autorizadas por la Asamblea en una sesión extraordinaria del 7 de octubre de 1999." O sea, la Asamblea se permitió, incluso, "delegar" en su Junta Directiva el supuesto poder constituyente originario que había asumido, hecho clandestino del cual no tuvieron conocimiento ni siquiera los mismos constituyentes. En todo caso, lo insólito de esta "delegación" fue que la fecha de emisión del Decreto fue el mismo día 7 de octubre de 1999, y ese mismo día fue reformado,[132] razón por la cual no se entiende el porqué de tal delegación ni el porqué no fue sometido a la consideración de la plenaria de la Asamblea para su adopción por ella.

En este Decreto, en todo caso, se ordenó la inmediata suspensión de jueces contra quienes pesaran siete denuncias o más, o que tuvieran averiguaciones pe-

132 *Gaceta Oficial* N° 36.825 de 9 de noviembre de 1999.

nales abiertas (art. 1), siendo el objeto inmediato de la suspensión, como medida cautelar, la separación del cargo de los jueces y su sometimiento a procedimientos disciplinarios (art. 3). El Decreto ordenaba, además, la incorporación de los suplentes de los jueces suspendidos (art. 2). Por otra parte, el Decreto ordenó la suspensión de los Inspectores de Tribunales por conductas omisivas (art. 4) y facultó a la Inspectoría General de Tribunales para la designación de inspectores interinos (art. 5). Por último, el Decreto facultó a la Comisión de Emergencia Judicial -el mismo órgano que participó en su adopción- para extender las medidas dictadas a otras situaciones graves (art. 9). Este Decreto de medidas cautelares, sin embargo, reguló un recurso contra las medidas ante la Sala Plena de la Corte Suprema de Justicia (art. 10), buscando garantizar de alguna manera el derecho a la defensa que había sido olvidado en el Decreto anterior.

Contra las medidas que al efecto dictaron los órganos comisionados para ello, se recurrió ante la Sala Político Administrativa del Tribunal Supremo de Justicia, la cual en fecha 24 de marzo de 2000, dictó la sentencia N° 659, (*caso: Rosario Nouel*), en la cual declaró que:

> La Comisión de Emergencia Judicial, la Sala Administrativa del extinto Consejo de la Judicatura, así como la Inspectoría General de Tribunales ejercieron una competencia que les fue atribuida por la Asamblea Nacional Constituyente, y en consecuencia su competencia emanó de una *voluntad soberana.*

Esta vez fue la Sala Político Administrativa del nuevo y renovado Tribunal Supremo, que había sido creado el 22 de diciembre de 1999 por la propia Asamblea Nacional Constituyente en el Decreto sobre el "Régimen de Transición de los Poderes Públicos," la que en esta sentencia le atribuyó a las decisiones de la Asamblea, carácter de "voluntad soberana," es decir, directamente reconoció a la Asamblea la supuesta titularidad de la soberanía, lo que no tenía sentido, pues la única "voluntad soberana" que podía haber en el régimen constitucional era la que emanaba del pueblo, único titular de la soberanía, mediante el sufragio (elecciones) o votaciones (referenda).

En todo caso, con fundamento en estos Decretos se produjo la intervención del Poder Judicial, se destituyeron y suspendieron jueces, con precaria garantía al derecho a la defensa, se designaron suplentes e interinos sin sistema alguno de selección que no fuera la voluntad del designante, con lo cual, el Poder Judicial quedó signado por la provisionalidad, con su secuela de dependencia respecto del nuevo Poder, sin que se hubiera realizado concurso alguno para la selección de jueces.[133]

---

133 Casi dos años después, en agosto de 2001, Magistrados del Tribunal Supremo de Justicia admitían que más del 90% de los jueces de la República eran provisionales. Véase *El Universal*, Caracas 15 de agosto de 2001, p. 1-4. En mayo de 2001 otros

El Decreto de Medidas Cautelares de Protección al Sistema Judicial fue impugnado por inconstitucionalidad ante la Corte Suprema de Justicia el 19 de noviembre de 1999, habiéndose decidido la causa por el Tribunal Supremo de Justicia, en Sala Constitucional, mediante sentencia del 2 de noviembre de 2000 N° 1320 (*Caso: Gisela Aranda Hermida*), en la cual, al declarar la inadmisibilidad de la acción, consideró que el Decreto era:

> Un producto del proceso constituyente recientemente vivido en Venezuela y que se encuentra dentro de los denominados actos constituyentes, respecto de los cuales esta misma Sala ha dejado sentado en anteriores oportunidades con fundamento en algunas sentencias pronunciadas por al entonces Corte Suprema de Justicia en Pleno- que, al tener "(...) su régimen fundamental en las preguntas y Bases Comiciales consultadas en el Referendo del 25 de abril de 1999," tales actos "(...) son para el ordenamiento que rige el proceso constituyente, 'de similar rango y naturaleza que la Constitución' como la cúspide de las normas del Proceso Constituyente," concluyendo así que, "(...) habiendo sido asimilado el rango de las Bases Comiciales con el más alto escalafón de la jerarquía normativa en el proceso constituyente, es esta Sala Constitucional el Tribunal competente para decidir las acciones intentadas contra los actos de ejecución de dichas Bases...

Se destaca de esta sentencia la insólita decisión de atribuir carácter de "acto constituyente" de igual rango y naturaleza que la Constitución, no ya a una decisión de la Asamblea Nacional Constituyente, sino de su Junta Directiva y de una Comisión creada por la Asamblea. La complacencia al nuevo poder no encontró límites.

Por último, también como parte de la intervención del Poder Judicial, la Asamblea Nacional Constituyente, esta vez "en uso a la atribución a que se contrae el artículo 1° del Estatuto de Funcionamiento de la Asamblea y en conformidad con el artículo 1° del Decreto de Reorganización del Poder Judicial del 25 de agosto de 1999," dictó otro Decreto que confirió facultades a la Comisión de Emergencia Judicial "hasta el 16 de diciembre del presente año" (1999) para reglamentar el plan de evaluación de los jueces, determinar la permanencia o sustitución de los mismos y el régimen de selección y concursos (art. único).[134]

El resultado de toda esta intervención del Poder Judicial fue la designación indiscriminada de "nuevos" jueces sin concursos, muchos de los cuales quedaron dependientes del nuevo Poder que los había designado.

Magistrados del Tribunal Supremo reconocían el fracaso de la llamada "emergencia judicial". Véase *El Universal*, Caracas 30 de mayo de 2001, p. 1-4.

134 *Gaceta Oficial* N° 36.832 de 18 de noviembre de 1999

B. *El Acuerdo de la Corte Suprema de Justicia de 23 de agosto de 1999 y su "autodisolución"*

La Corte Suprema de Justicia, por su parte, en fecha 23 de agosto de 1999, y con motivo de la decisión de la Asamblea de intervenir el Poder Judicial, adoptó un desafortunado Acuerdo,[135] elaborado con ponencia de la magistrada Hildegard Rondón de Sansó, en el cual fijó posición ante el Decreto de Reorganización del Poder Judicial dictado por la Asamblea Nacional Constituyente; y sobre la designación de uno de sus propios magistrados (Alirio Abreu Burelli) como integrante de la ilegítima Comisión de Emergencia Judicial; con lo cual, como lo expresó la magistrada Cecilia Sosa Gómez, quien hasta ese momento presidía la Corte Suprema, al salvar su voto: "Estimo que al acatar el Decreto de la Asamblea Nacional Constituyente, la Corte Suprema de Justicia se autodisuelve."

Y así ocurrió, de hecho, tres meses después.

En efecto, en el Acuerdo, la Corte, sin duda ingenuamente y en un último intento de detener la avalancha inconstitucional que había provocado con sus imprecisiones, ratificó su "convicción" sobre el hecho de que la Asamblea Nacional Constituyente no había nacido "de un gobierno de *facto*, sino que surgió en un sistema de *iure* mediante un procedimiento al cual ella ha dado su respaldo;" y procedió a evaluar el Decreto "independientemente de los vicios que puedan afectarlo," lo cual resultaba a todas luces extraño, por sólo decir lo menos. ¿A quién se le puede ocurrir que el Tribunal Supremo pueda evaluar un acto estatal que sospecha viciado, independientemente de sus vicios? ¿Puede un Tribunal Supremo desdoblarse así, acomodaticiamente?

En todo caso, de esa escéptica evaluación, la Corte Suprema captó el compromiso de la Asamblea Nacional Constituyente de proceder de inmediato, a través de la citada Comisión, a la revisión de los expedientes de los jueces y a su evaluación. Consideró, además, la Corte, que la ejecución del proceso de reorganización judicial debía respetar los principios fundamentales del derecho a la defensa, de la racionalidad y proporcionalidad de las decisiones y de la independencia y autonomía del Poder Judicial, lo cual precisamente no se había hecho ni se garantizaba en el Decreto que evaluaba, ofreciendo sin embargo, "su contribución para el objetivo fundamental perseguido por el Decreto," para lo cual, aunque parezca mentira, autorizó al magistrado Abreu Burelli para integrar la Comisión, lo cual también, en forma increíble, fue aceptado por éste.

De nuevo, el lenguaje impreciso y ambiguo utilizado en el Acuerdo, condujo a que varios Magistrados salvaran su voto. El magistrado Héctor Paradisi León estimó que el pronunciamiento de la Corte no respondía al ejercicio de sus atribu-

135 Véanse nuestros comentarios sobre el Acuerdo en Allan R. Brewer-Carías, *Debate Constituyente*, Tomo I, *op. cit.*, pp. 141 ss. Véanse, además, los comentarios de Lolymar Hernández Camargo, *La Teoría del Poder Constituyente, cit*, pp. 75 ss.

ciones, dada las "motivaciones altamente políticas" del Decreto. El magistrado Hermes Harting consideró contradictorio el Acuerdo, pues el Decreto de la Asamblea "transgrede derechos como el ser juzgado por sus jueces naturales y la garantía del debido proceso" al atribuir a la Comisión de Reorganización Judicial, en desmedro de las atribuidas a la Corte Suprema de Justicia y al Consejo de la Judicatura. Similares contradicciones identificó el magistrado Héctor Grisanti Luciani. Finalmente, la magistrada Cecilia Sosa Gómez denunció la incoherencia del Acuerdo, al estimar que "Pretende convalidar el Decreto de la Asamblea dirigido directamente a desconocer el Estado de Derecho en el cual ha nacido."

Denunció, además, la Magistrada Sosa la contradicción del Acuerdo, pues al:

> Respaldar el contenido del Decreto de Emergencia Judicial dictado por la Asamblea, (la Corte) desconoce rotundamente no sólo el contenido de sus sentencias sino los límites demarcados en las bases comiciales que gobiernan el funcionamiento de la Asamblea y el ordenamiento constitucional y legal, enteramente vigente y cuya garantía ha sido confiada a este Alto Tribunal.

Consideró, además, que la Corte, con el Acuerdo:

> Reniega su propia jurisprudencia, que fijó la competencia de la Asamblea Nacional Constituyente, y, consecuentemente, ha mostrado su fragilidad y debilidad ante el Poder Político y, deberá su precaria permanencia al Presidente de la República, que magnánimamente no ha ordenado su disolución.

La magistrado Sosa, sin duda, tenía claro el panorama futuro de la Corte, cuyos magistrados fueron removidos tres meses después por la propia Asamblea Nacional Constituyente. Por ello, denunció, además, que con el Acuerdo, la Corte había permitido que la Asamblea enervara las facultades que el pueblo soberano:

> Donde reside el único y verdadero poder originario," confirió a la Asamblea, pues a la Asamblea no se la había autorizado "para intervenir o sustituir los poderes constituidos, erigiéndose en una suerte de "superpoder" donde se concentran todas las potestades públicas.

Consideró que ello lo había logrado la Asamblea "con el respaldo del Acuerdo" cuyo contenido deploró.

Advirtió la magistrada Sosa que la Corte, "mediante un artilugio jurídico," se había sometido "a los designios de la Asamblea, aceptando que ella pueda sustituirse a la Corte Suprema de Justicia y al Poder Judicial, a través de una falsa colaboración." La Asamblea "no está por encima de la Constitución que le permitió existir" -dijo-, por lo que la Magistrado disidente denunció que, con el Decreto, la Asamblea:

> Se arrogó atribuciones del poder constituido, y olvidó que debe responder sólo a lo que el pueblo soberano le autorizó...; ...ha violentado con esta actuación -validada por la Corte- esa Constitución, desconociendo abierta y flagrantemente sus postulados. Y, sin una Constitución simplemente no hay Democracia... con ese Decreto la Asamblea Nacional Constituyente rompió el equilibrio de esa Democracia.

La verdad es que ya lo había roto con anterioridad al haber perpetrado el golpe de Estado de lo cual este Decreto era una manifestación más, pero no la única. Finalmente, la magistrada Sosa denunció que más que "sumisión al Estado de Derecho," la Corte con el Acuerdo, había declarado su "sumisión a la Asamblea Nacional Constituyente;" y con ello, en definitiva, su disolución, como en efecto ocurrió tres meses después. Por último, la magistrada Sosa hizo esta definitiva afirmación, que patentizó la actuación de la Corte:

> El miedo a desaparecer como Magistrados y el ansia de colaborar con una mayoría que se ha arrogado todos los poderes fue más grande que la dignidad y la defensa de los valores fundamentales que el Derecho y la Democracia imponen a la Corte Suprema de Justicia.

Basta glosar este voto salvado, tremendamente crítico, para entender la naturaleza del acto de sumisión de la Corte Suprema de Justicia a la Asamblea Nacional Constituyente. La magistrada Sosa, el mismo día del Acuerdo, tuvo el valor de renunciar a su condición de Magistrada; y poco tiempo después, como se dijo, la mayoría de los otros Magistrados fueron sacados inmisericordemente de sus cargos, por el nuevo poder que ellos apuntalaron, y del cual fueron sus primeras víctimas.

X.
La suspensión de las elecciones municipales

Entre los actos constituyentes violatorios de la Constitución de 1961 también se destaca el de suspensión de las elecciones municipales.

En efecto, el Congreso, al sancionar la reforma de la Ley Orgánica del Sufragio y Participación Política de fecha 28 de mayo de 1998,[136] en el artículo 278 de las Disposiciones Transitorias había resuelto que no se realizaran las elecciones para autoridades municipales y locales previstas para finales de ese año 1998, y las fijó para el 28 de noviembre de 1999, por lo que prorrogó así el mandato de los alcaldes, concejales y miembros de las Juntas Parroquiales.

Dada la inminencia de dichas elecciones, que debían realizarse durante el funcionamiento de la Asamblea Nacional Constituyente, ésta el 26 de agosto de 1999, dictó un "Decreto mediante el cual se suspende la convocatoria de los comicios para elegir Alcaldes, Concejales y Miembro de las Juntas Parroquiales hasta la fecha que considere la Asamblea Nacional Constituyente o determine el nuevo Texto Constitucional."[137] El Decreto, además, resolvió que:

> Los actuales alcaldes, concejales y miembros de juntas parroquiales continuarán ejerciendo su mandato hasta que haya una decisión en contrario o se realicen las elecciones respectivas.

En el debate sobre este Decreto, expuse mi criterio sobre la inconstitucionalidad del mismo, ya que consideré que el Decreto no sólo prorrogaba el mandato a los concejales o a unos alcaldes, sino que afectaba:

> Un derecho político de los venezolanos, que es el derecho al voto, que regula el artículo 110 de la Constitución, que corresponde a todos los venezolanos y que, además, como bien sabemos, en materia municipal, precisamente también corresponde a los extranjeros, con las condiciones de residencia que establezca la Ley, y la Ley Orgánica

---

136 *Gaceta Oficial Extraordinaria* N° 5.233 de 28 de mayo de 1998.

137 *Gaceta Oficial* N° 36.776 de 31 de agosto de 1999.

> del Sufragio, precisamente, le atribuye también el derecho a elegir a nivel municipal a los extranjeros con residencia en el país por más de 10 años...[138]

Por ello, en el debate sobre el Decreto llamé la atención de la Asamblea sobre el hecho de que, con ese Decreto, la Asamblea estaba "legislando; dictando una Ley sin procedimiento alguno" de reforma del artículo 278 de la Ley Orgánica del Sufragio.

El Decreto, en todo caso, se fundamentó no sólo en que la Asamblea actuaba "en ejercicio del *poder constituyente originario* otorgado por este mediante referendo" como decía el "Decreto de Regulación de las Funciones del Poder Legislativo" dictado cinco días antes (25 de agosto de 1999); sino que esta vez, la Asamblea fue aún más allá al calificar el poder que se había otorgado a sí misma, como "*soberano.*" El Decreto, en efecto, lo dictó la Asamblea, como lo señala su encabezamiento:

> En nombre y representación del pueblo soberano de Venezuela, en ejercicio del *poder soberano constituyente originario* otorgado por este mediante referendo...

Además, para dictar el Decreto, la Asamblea hizo referencia al artículo 1° de su Estatuto de Funcionamiento y al Decreto de reorganización de todos los órganos del Poder Público, antes mencionados.

La Asamblea, así, fue tejiendo su propia competencia fáctica, auto atribuyéndose poderes para violar la Constitución que estaba vigente de 1961. En cuanto a la Corte Suprema, a medida que fue avalando los desafueros constitucionales de la Asamblea, en esa misma medida se fue reduciendo el término del mandato de sus Magistrados, la mayoría de los cuales terminaron removidos.

En todo caso, mediante un proceso de aproximaciones sucesivas, como hemos destacado, la Asamblea Nacional Constituyente fue asumiendo el poder constituyente originario y fue sustituyendo al pueblo, asumiendo incluso la "soberanía" como propia. Por ello, al aprobarse este Decreto de suspensión de las elecciones, salvé mi voto, como voto negativo, insistiendo en que el mismo:

> Ni más ni menos, pretende tener el rango de ley, sin seguirse el procedimiento de formación de las leyes previsto en la Constitución, ni procedimiento alguno, ya que no está previsto en parte alguna que la Asamblea dicte leyes.
>
> Ello, sin duda, viola la garantía constitucional de la reserva legal que las *Bases comiciales del Referendo* del 25 de abril exigen respetar.

---

138 Véase Allan R. Brewer-Carías, *Debate Constituyente*, Tomo I, *op. cit.* p. 115 y ss.

En todo caso, si la Asamblea está consciente de que con la aprobación de este acuerdo está modificando la Ley Orgánica del Sufragio y Participación política, lo menos que podría hacerse en beneficio de la seguridad jurídica es indicarlo expresamente en el texto que se apruebe.[139]

139 Véase Allan R. Brewer-Carías, *Debate Constituyente,* Tomo I, *op. cit.* p. 115 y ss.

XI.
La violación sistemática de la Constitución de 1961

Como resulta de todo lo anteriormente expuesto, el proceso constituyente venezolano de 1999, institucionalmente comenzó a raíz de la sentencia de la Sala Político Administrativa de la Corte Suprema de Justicia de 19 de enero de 1999, en la cual fundamentándose en la consideración del derecho a la participación política como un derecho inherente a la persona humana, el Supremo Tribunal abrió la vía para que mediante referendo, la soberanía popular se manifestara para establecer un tercer mecanismo de revisión constitucional, distinto a la reforma y a la enmienda que regulaba la Constitución de 1961, consistente en la elección de una Asamblea Nacional Constituyente que cumpliera tal tarea.

Las sentencias de la Sala Político Administrativa que siguieron a las de 19 de enero de 1999, de marzo y abril de 1999,[140] dejaron claramente sentado el criterio de que la Asamblea Nacional Constituyente, que se originaría del referendo del 25 de abril de 1999, surgía al calor de la interpretación de la Constitución de 1961, quedando sometida a la misma y a las bases comiciales (estatuto de la Constituyente) que se aprobaran en el referendo. Estas bases comiciales, como manifestación de la voluntad popular, es decir, del pueblo como soberano poder constituyente originario, adquirieron entonces rango constitucional (naturaleza igual y similar a la Constitución).

La Asamblea Nacional Constituyente, así, se configuraba como un instrumento para la revisión constitucional y nada más. Se trataba de un poder constituido que, aunque extraordinario, no podía usurpar la autoridad de los poderes constituidos ordinarios (los regulados en la Constitución de 1961) y, por supuesto, no podría tener carácter alguno de "poder constituyente originario" que sólo tiene el pueblo.

El intento del Presidente de la República y del Consejo Supremo Electoral de pretender incorporar a las bases comiciales una expresión que buscaba atribuir a la Asamblea algún poder constituyente originario en la base comicial octava, fue

---

140 Véase en Allan R. Brewer-Carías, *Poder Constituyente Originario y Asamblea Nacional Constituyente, cit.*, pp. 25 a 55; 169-198; 223 a 250.

debidamente frustrado por la Sala Político Administrativa de la Corte Suprema de Justicia en la sentencia de 18 de marzo de 1999, en la cual ordenó eliminar de la base comicial octava la frase que calificaba a la Asamblea "como poder originario que recoge la soberanía popular."

En todo caso, las imprecisiones y ambigüedades de las sentencias de la Sala, comenzando por las de 19 de enero de 1999, habrían de costarle caro, porque apenas se instaló la Asamblea Nacional Constituyente electa el 25 de julio de 1999, al aprobar su Estatuto de Funcionamiento, como se ha dicho, se auto atribuyó el carácter de "depositaria de la voluntad popular y expresión de su soberanía, con las atribuciones del poder originario."

Atrás quedaron los esfuerzos imprecisos de la Sala Político Administrativa. Con esta decisión se produjo un golpe de Estado, es decir, la asunción por un órgano constitucional de la potestad de desconocer la Constitución que en ese momento estaba vigente; auto atribuyéndose la facultad, supuestamente:

> En uso de las atribuciones que se le son inherentes, para limitar o decidir la cesación de las actividades de las autoridades que conformen el Poder Público.

De poder constituido extraordinario, la Asamblea decidió convertirse a sí misma en poder constituyente originario, usurpándoselo al pueblo, violentando su voluntad expresada en la Constitución que estaba vigente de 1961. En esta forma, se auto atribuyó el poder de desconocerla y violarla a su antojo y medida, al someter a todos los órganos del poder constituido ordinario a su voluntad. Precisamente fue por ello que, en el Estatuto de Funcionamiento, la Asamblea dispuso que:

> Todos los organismos del Poder Público quedan sometidos a la Asamblea Nacional Constituyente, y están en la obligación de cumplir y hacer cumplir los actos jurídicos estatales que emita dicha Asamblea.

En cuanto a la Constitución de 1961, que era el texto vigente, como se ha dicho, la Asamblea resolvió que la misma, así como el resto del ordenamiento jurídico imperante:

> Mantendrán su vigencia en todo aquello que no colida o sea contradictorio con los actos jurídicos y demás decisiones de la Asamblea Nacional Constituyente.

La Asamblea así, se auto atribuyó potestad constituyente para modificar la Constitución de 1961, no mediante la elaboración de un nuevo proyecto de Constitución que luego debía ser aprobado por el pueblo mediante referendo, sino directa e inmediatamente durante su funcionamiento mediante los llamados actos constituyentes, todo lo cual violaba las bases comiciales que habían sido aprobadas por el referendo, que habían dado origen a la propia Asamblea, a las que luego la Corte Suprema le atribuiría carácter supraconstitucional.

Con la aprobación del Estatuto de Funcionamiento, como hemos dicho, sin duda, la Asamblea dio un golpe de Estado contra la Constitución, desconociéndola, lo cual la Corte Suprema de Justicia no fue capaz de corregir. La Corte, quizás, creyó que podía salvarse de la guillotina constituyente, y como siempre sucede en estos procesos, fue la primera cabeza que rodó.

La Corte Suprema de Justicia, en efecto, como se ha analizado fue llamada a pronunciarse sobra la violación, por el Decreto de regulación de las funciones del Poder Legislativo dictado por la Asamblea Nacional Constituyente, de las bases comiciales que se habían aprobado en el referendo del 25 de abril de 1999; pero la Corte en un acto de denegación de justicia, se abstuvo de considerar tal violación. Esta técnica de avestruz se produjo con la sentencia de la Corte Plena del 14 de octubre de 1999, que lejos de corregir la usurpación de autoridad realizada por la Asamblea, "legitimó" la inconstitucionalidad.

Por ello, en los actos constituyentes posteriores, la Asamblea Nacional Constituyente siempre invocaría, precisamente, esta sentencia para ejercer sus pretendidos poderes de desconocer la Constitución. En todo caso, el primero de estos actos fue, también precisamente, el acto constituyente del 22 de diciembre de 1999, mediante el cual se destituyó a los propios Magistrados de la Corte Suprema de Justicia, se eliminó a la propia Corte y se creó, en su lugar, un Tribunal Supremo de Justicia, con nuevas Salas, designando a su gusto a los nuevos Magistrados. Muy pocos de la antiguos Magistrados de la Corte Suprema de Justicia aparecieron en el nuevo Tribunal Supremo de Justicia, pero uno que sí apareció seguro fue el Magistrado Presidente, Iván Rincón, ponente de la desafortunada sentencia de la Corte Plena del 14 de octubre de 1999.

XII.
Objeciones generales al texto constitucional sancionado y su aprobación mediante referendo

Como se ha señalado anteriormente, el texto de la Constitución de 1999 fue sometido a dos discusiones en la Asamblea Nacional Constituyente durante los días 19 de octubre a 14 de noviembre de 1999, habiéndose dedicado 19 sesiones a la primera discusión y 3 a la segunda discusión.

El proyecto sancionado por la Asamblea fue firmado el día 19 de noviembre de 1999[141] y el mismo fue ampliamente difundido y publicado a los efectos de su sometimiento a referendo aprobatorio.

La Asamblea Nacional Constituyente, aún antes de haber concluido la primera discusión del proyecto de Constitución, había decretado la convocatoria al referendo aprobatorio que había sido previsto en la base comicial novena del referendo de 24 de abril de 1999, conforme a la cual sólo después de aprobada por el pueblo era que la Constitución se podía considerar definitivamente aprobada.

A tal efecto, mediante Decreto de 3 de noviembre de 1999 fijó del día 15 de diciembre de 1999 para la realización del referendo aprobatorio,[142] para lo cual la Asamblea Nacional Constituyente se fundamentó, de nuevo, en el "*ejercicio del poder constituyente originario* otorgado por éste mediante referendo," en el artículo 1° del Estatuto de Funcionamiento de la Asamblea y en el artículo único del Decreto que declaró la reorganización de todos los órganos del Poder Público.

Entre los considerandos del Decreto, se destaca el sexto que señala lo siguiente:

> Que la Asamblea Nacional Constituyente *ejerce el poder soberano constituyente originario* de conformidad con la pregunta N° 1 y la Base Co-

141 Véase *Gaceta Constituyente (Diario de Debates), Noviembre 1999-Enero 2000,* Sesión de 19 de noviembre de 1999, N° 46, p. 4. Nosotros no firmamos el Proyecto de Constitución por las razones que expresamos al Presidente de la Asamblea el día anterior 18-11-99. Véase en Allan R. Brewer-Carías, *Debate Constituyente (Aportes a la Asamblea Nacional Constituyente)* Tomo III *(18 octubre-30 noviembre 1999),* Caracas 1999, pp. 311 a 314.

142 *Gaceta Oficial* N° 36.821 de 3 de noviembre de 1999.

micial Octava, aprobadas en el Referendo celebrado en fecha 25 de abril de 1999 y cuyo alcance fue ratificado en sentencia dictada por la Corte Suprema de Justicia en Sala Plena, en fecha 6 de octubre del presente año...

En esta forma, mediante este Decreto, al igual que lo había hecho en el Decreto de suspensión de las elecciones municipales de 26 de agosto de 1999, la Asamblea culminó el proceso de aproximaciones sucesivas tendiente a la construcción formal del poder que se había venido arrogando o atribuyendo a sí misma, al declarar, claramente que ella ejercía, no ya el "poder constituyente originario" que supuestamente le había sido otorgado por el pueblo, como se señalaba en Decretos anteriores, sino *"el poder soberano constituyente originario,"* mediante lo cual, la Asamblea materialmente ahora pretendía suplantar totalmente al pueblo. Ahora la Asamblea se consideraba, a sí misma, como *poder soberano*. Ni más ni menos.

En este Decreto de convocatoria al referendo aprobatorio de la Constitución, debe también destacarse que la Asamblea hizo mención a que el alcance de dicho "poder soberano constituyente originario" que se auto atribuía, supuestamente, había sido ratificado en la sentencia de la Corte Suprema de Justicia del "6 de octubre de 1999," que es la sentencia que fue publicada el 14 de octubre de 1999 antes reseñada, luego de recibirse los votos salvados. En esta sentencia, como se ha señalado, y contrariamente a lo que dedujo la Asamblea, sólo se le atribuyó rango supraconstitucional a las previsiones de las bases comiciales del referendo del 25 de abril de 1999, pero no a los actos de la Asamblea Nacional Constituyente.

Con fecha 30 de Noviembre de 1999, concluidas las actividades de la Asamblea Constituyente, luego de haber dejado consignado por escrito más ciento veinte votos salvado que formulé durante la discusión del texto constitucional, escribí lo que denominé *"Razones del voto "NO" en el referéndum sobre la Constitución de 15 de diciembre de 1999"* que presenté en la campaña del referedo,[143] en el cual expuse mi crítica a la labor de la Asamblea, con el siguiente texto:

"1. ***El proyecto de Constitución o la frustración del necesario cambio político***

La Asamblea Nacional Constituyente, creada por el referéndum del 25 de abril de 1999, tenía por misión elaborar una nueva Constitución para

---

143 El texto fue publicado en el libro: Allan R. Brewer-Carías, *Debate Constituyente (Aportes a la Asamblea nacional Constituyente), Tomo III (18 octubre – 30 noviembre 1999)*, Fundación de Derecho Público, Editorial Jurídica Venezolana, Caracas 1999, pp. 315-340. El texto puede igualmente consultarse en Allan R. Brewer-Carías, *Proceso Constituyente y Asamblea Constituyente 1999*, Colección Tratado de Derecho Constitucional, Tomo VI, Fundación de Derecho Público, Caracas 2014, pp. 1.043 1.058.

la República que transformara el Estado y creara un nuevo ordenamiento jurídico que permitiera el funcionamiento efectivo de una democracia social y participativa. Para ello se eligieron los miembros de la Asamblea el 25 de julio de 1999.

Esa creación de la Asamblea y la elección de sus miembros, sin duda, respondió a las exigencias del momento constituyente que vive el país, producto de la crisis terminal del sistema político de Estado Centralizado de Partidos que había que cambiar, para permitir el perfeccionamiento y sobrevivencia de la democracia.

Esa crisis del sistema de Estado Centralizado de Partidos, montado sobre el Centralismo Estatal y la Democracia de Partidos, en la cual estos han ejercido el monopolio de la participación y de la representatividad, exigía de la Asamblea su transformación en un sistema de Estado Descentralizado y Participativo, montado al contrario del que hemos tenido, sobre la descentralización política del Poder Público en el territorio y sobre la participación popular, para quitarle a los partidos el monopolio de la participación y representatividad democrática.

En esto consistía la misión de la Asamblea: por una parte, transformar el Estado para hacerlo más democrático, desmontando el centralismo y construyendo un Estado descentralizado; y por la otra, crear un nuevo ordenamiento jurídico que permitiera el funcionamiento efectivo de una democracia social y participativa, que incorporara a la sociedad civil al proceso político, económico y social y asegurara la participación de todos en la conducción del Estado.

Ahora bien, concluidas las sesiones de la Asamblea con la elaboración del Proyecto de Constitución y sometido éste a referéndum aprobatorio fijado para el 15 de diciembre de 1999, resulta necesario e indispensable determinar si dicho proyecto responde a las exigencias de transformación política determinadas en el referéndum del 25 de abril de 1999, y por sobre todo, si la "transformación del Estado" y el "nuevo ordenamiento jurídico" que se propone, contribuyen a superar la crisis del sistema de Estado Centralizado de Partidos y a estructurar, en su lugar, ese sistema de Estado Descentralizado y Participativo que permita el mantenimiento de la democracia.

La conclusión de dicha evaluación, evidentemente, es que el Proyecto de Constitución no asegura ni sienta las bases para asegurar dicha transformación del sistema político y, al contrario, consolida tanto el centralismo estatal imperante, dando marcha atrás, incluso, al proceso de descentralización que se había iniciado en 1989; como el partidismo, al reiterar el sistema electoral de representación proporcional como el único de rango constitucional, lo cual asegura el monopolio de la representatividad por los partidos políticos y sus agentes; y la tendencia a la ilegitimidad democrática al mantener la mayoría relativa para la elección de las autoridades ejecutivas.

En consecuencia, lo que era la tarea esencial de la Asamblea, consistente en perfeccionar la democracia mediante la transformación del Estado (de Estado Centralizado a Estado Descentralizado) y la creación de un nuevo ordenamiento jurídico que permitiera el funcionamiento efectivo de una democracia social y participativa (de Estado de Partidos a Estado de participación), no se logró en el Proyecto de Constitución, habiéndose, en consecuencia, perdido una oportunidad histórica única, pues convocar a una Asamblea Nacional Constituyente en democracia, no es un hecho político común, más bien excepcionalísimo como lo demuestra nuestra historia político-constitucional.

En todo caso, ante un Proyecto de Constitución que no resuelve el problema central y medular de la crisis política para perfeccionar la democracia, no podemos tener otra actitud que no sea votar NO, es decir, negativamente en el referéndum del 15 de diciembre de 1999. La verdad es que la crisis no se resuelve ni votando SI ni votando NO, porque la Constitución no se diseñó para sentar las bases del cambio político democrático, por lo que es preferible que continúe el proceso político como viene, con unos representantes de los Poderes Públicos electos hace un año, tanto el Presidente de la República como los Senadores y Diputados a nivel nacional y los Gobernadores y Diputados a las Asambleas Legislativas a nivel estadal, autoridades a quienes sólo quedan cuatro años de los cinco años de mandato, que deben concluir.

En ese período, por supuesto, debe procederse a la reforma de la Constitución, sea conforme al procedimiento previsto en la Constitución de 1961 la cual por supuesto, continúa vigente; sea mediante otra Constituyente, tarea para lo cual hay suficientes ideas, propuestas y aportes en el país derivados del proceso constituyente que ha transcurrido.

El triunfo del NO en el referéndum, por tanto, lo único que asegura es que el período constitucional del Presidente de la República es de cinco años, del cual ya ha transcurrido un año, sin que pueda haber reelección; e igual período constitucional tienen los Senadores y Diputados del Congreso Nacional. Con el triunfo del NO, la Asamblea Nacional Constituyente termina su mandato, y el Congreso asume plenamente sus funciones, no pudiendo la Asamblea ni el Presidente de la República, pretender usurparle sus atribuciones. En cuanto a los otros órganos del Poder Público también reasumirían plenamente sus funciones, como el Consejo de la Judicatura, continuando con toda intensidad las reformas iniciadas para lo cual la legislación vigente, aprobada hace un año, le da todo el poder necesario.

En cambio, el triunfo del SI en el referéndum conduciría a la aprobación de una Constitución que no sólo no contribuye a superar la crisis del centralismo del Estado y del Estado de Partidos, sino más bien la agrava, y con ello el peligro del derrumbe de la democracia; sino que sienta las bases constitucionales para el desarrollo de un autoritarismo político, montado sobre regulaciones que refuerzan el centralismo, el presidencialismo, el estatismo, el paternalismo de Estado, el partidismo y el militarismo.

Este es el cuadro político que hay que evitar y cuyo contenido analizamos a continuación, estudiando las principales regulaciones previstas en el Proyecto de Constitución que justifican nuestro voto negativo en el referéndum; lo que haremos analizando los tres elementos centrales que conforman cualquier Constitución: la Constitución política; la Constitución social o del ciudadano y la Constitución económica.

2. *El voto NO a una Constitución política concebida para el autoritarismo*

Toda Constitución política tiene por objeto la organización del Poder Público, como potestad constitucional del Estado y, en consecuencia, la organización misma del Estado.

En cualquier Constitución ésta organización está signada por diversas opciones: primero, en la distribución del Poder Público, lo que origina Estados Unitarios o Estados Descentralizados; y segundo, en la separación de poderes, lo cual origina la unicidad o la pluralidad de los Poderes, siendo lo último lo propio de los sistemas democráticos montados sobre la separación, balance y contrapeso de los Poderes del Estado.

Además, la Constitución política diseña el sistema político con opción entre la autocracia y la democracia, según que la soberanía resida en un autócrata o efectivamente en el pueblo.

Ahora bien, en relación con el Proyecto de Constitución, y desde el punto de vista de la Constitución política, a continuación destacamos las regulaciones que justifican nuestro voto negativo, que pesan más que las razones que podrían merecer nuestra aprobación, referidas a la consolidación del Estado de Derecho y de Justicia, con los mecanismos de control de constitucionalidad y de reforma judicial. Estos, lamentablemente, y a pesar de su excelencia, corren el riesgo de quedar inutilizados dado los elementos de autoritarismo que derivan de otros aspectos del texto proyectado, a los cuales nos referimos a continuación.

A. *El nuevo nombre de la "República Bolivariana de Venezuela" y su carácter partisano*

El Proyecto de Constitución pretende, ante todo, en su primer artículo, cambiarle el nombre a la "República de Venezuela," y sustituirlo por el de "República Bolivariana de Venezuela."

El nombre de República de Venezuela, en verdad, nos ha acompañado durante toda nuestra historia política constitucional desde 1811 cuando se constituyó la Confederación de Estados de Venezuela, con la sola excepción del período constitucional que transcurrió desde el Congreso de Angostura, en 1819 y la reconstitución de la República de Venezuela por la Convención de Valencia de 1830. En 1819, en efecto, el Libertador hizo sancionar por el Congreso, la Ley de la Unión de los Pueblos de Colombia con la cual se decretó la desaparición de la República de Venezuela, lo que se consolidó en 1821 cuando la Constitución de Cúcuta estableció la "República de Colombia" cuyo territorio comprendió tanto el de la Capitanía General de Venezuela como el del Virreinato de Nueva Granada. Con ello se hizo realidad parte de lo que había sido el sueño del Libertador en cuanto a la unión de los pueblos de América.

La idea de la República Bolivariana, por tanto, históricamente apunta a una organización política que implicó la desaparición de Venezuela, como Estado, por lo que bajo dicho ángulo el cambio de nombre es totalmente inadmisible y contrario a la idea de independencia de nuestro país.

En todo caso, sería demasiado torpe y necio pensar que la motivación del cambio de nombre propuesto, el cual no ha sido justificado, respondiera a esa idea de desaparición de la República de Venezuela.

Pero igualmente necio y torpe sería el que se pretendiera fundamentar el cambio de nombre en algún arranque romántico de evocar el pensamiento y la acción del Libertador, en la formación de nuestra República. Para ello hubiera bastado con hacer esa indicación tanto en el Preámbulo como en el artículo 1°, como se aprobó en primera discusión.

El cambio de nombre, por tanto, tiene que tener otra explicación y esa no puede ser otra que una motivación política, partidaria, partisana o partidista, que deriva de la denominación inicial del movimiento político que estableció el Presidente de la República, y que como partido político, pretendió funcionar con el nombre de Movimiento Quinta República (MVR 200). El partido del Presidente de la República es el "partido bolivariano" y es por ello que pretende imponerlo como nombre de la República. Ello debe ser rechazado no sólo por ser antibolivariano (no se olvide el último grito del Libertador, en la víspera de su muerte, fue por que cesaran los partidos) sino porque pretende consolidar, desde el primer artículo de la Constitución, la división del país, entre bolivarianos y los que no lo son; entre patriotas y realistas; entre buenos y malos; entre puros y corruptos; entre revolucionarios y antirrevolucionarios; y todo ello manipulando la historia y los sentimientos populares con el control del Poder.

B. *La burla al proceso de descentralización: el Estado Federal Descentralizado con un marco centralista y la eliminación del Senado*

Uno de los grandes cambios políticos que debió propugnar la nueva Constitución era transformar definitivamente la Federación Centralizada que hemos tenido durante los últimos cien años por una Federación Descentralizada, con una efectiva distribución territorial del poder hacia los Estados y Municipios. En tal sentido apuntaba la reforma constitucional, no sólo al concebirse la forma del Estado como un Estado Federal Descentralizado (art. 4), sino al preverse a la descentralización política de la Federación como una política nacional de carácter estratégico (art. 158).

Sin embargo, el resultado final del esquema constitucional proyectado de distribución territorial del poder, no ha significado ningún avance sustancial, respecto del proceso de descentralización que venía avanzando durante la última década en el país, al amparo de la Constitución de 1961; y más bien, en muchos aspectos ha significado un retroceso institucional. Por ello, la denominación de "Estado Federal Descentralizado," en definitiva, no pasa de ser el mismo "desideratum" inserto en la Constitución de 1961, hacia el cual se puede ir, pero que no se consolida en el Proyecto.

En este caso, incluso, el régimen se concibe en forma contradictoria, pues institucionalmente se limita en forma amplia la autonomía de los Estados y Municipios, al remitirse su regulación a la Ley, y se lesiona la igualdad de los Estados al eliminarse el Senado y con ello, la posibilidad de la participación política igualitaria de los Estados en la conducción de las políticas nacionales.

En efecto, en el Proyecto se ha establecido una organización unicameral de la proyectada Asamblea Nacional (art. 186) que no sólo rompe una tradición que se remonta a 1811, sino que es contradictoria con la forma federal del Estado, que exige una Cámara Legislativa con representación igualitaria de los Estados, cualquiera que sea su población, y que sirva de contrapeso a la cámara de representación popular según la población del país. La "eliminación" del Senado o Cámara Federal es, por tanto, un atentado contra la descentralización política efectiva, al extinguir el instrumento para la igualación de los Estados en el tratamiento de los asuntos nacionales en la Asamblea Nacional; y además, un retroceso tanto en el proceso de formación de las leyes nacionales, como en el ejercicio de los poderes de control parlamentario sobre el Ejecutivo.

Por otra parte, la autonomía de los entes territoriales, Estados y Municipios, exige su garantía constitucional, en el sentido de que no puede ser limitada por ley nacional posterior. De ello se trata al establecerse una distribución constitucional del Poder en el territorio.

En el Proyecto, sin embargo, la regulación del funcionamiento y la organización de los Consejos Legislativos Estadales se remite a la ley nacional (art. 162), lo cual además de contradictorio con la atribución de los Estados de dictarse su Constitución para organizar sus poderes públicos (art. 164, ord. 1), es una intromisión inaceptable del Poder Nacional en el régimen de los Estados.

En cuanto a los Municipios, la autonomía municipal tradicionalmente garantizada en la propia Constitución, también se encuentra interferida en el Proyecto, al señalarse que los Municipios gozan de la misma, no sólo "dentro de los límites" establecidos en la Constitución, sino en la ley nacional (art. 168), con lo cual el principio descentralizador básico, que es la autonomía, queda minimizada.

Por otra parte, en cuanto a la distribución de competencias entre los entes territoriales, el proceso de descentralización exigía, ante todo, la asignación efectiva de competencias tributarias a los Estados, sobre todo en materia de impuestos al consumo, como sucede en casi todas las Federaciones. Los avances que el Proyecto tenía en esta materia en la primera discusión fueron abandonados, y en la segunda discusión se le quitaron a los Estados todas las competencias tributarias que se le habían asignado, con lo que se retrocedió al mismo estado que actualmente existe en la Constitución de 1961. En esta forma, los Estados siguen dependientes del Situado Constitucional, el cual puede incluso disminuirse, además de que se le fijó un tope máximo (20% de los ingresos nacionales) que en la Constitución de 1961 no tenía (sólo había un mínimo); y si bien se crea en la Constitución el Consejo Federal de Gobierno (art. 185) como órgano intergubernamental, su organización por ley nacional puede conducir a su control por los órganos nacionales.

Conforme a lo anterior, en líneas generales, el esquema de Federación Centralizada de la Constitución de 1961 no logró ser superado en el Proyecto, y si bien se habla de descentralización, sigue siendo un desideratum, no actualizado. La gran reforma del sistema político, necesaria e indispensable para perfeccionar la democracia, en todo caso, era desmontar el centralismo del Estado y distribuir el Poder Público en el territorio; única vía para hacer realidad la participación política. Ello sólo justificaba el proceso constituyente; ello, sin embargo, se pospuso y con ello, se perdió la gran oportunidad de comenzar a sustituir el Estado Centralizado por un Estado Descentralizado. La Asamblea Constituyente, para superar la crisis política, debió diseñar la transformación del Estado, descentralizando el poder y sentar las bases para acercarlo efectivamente al ciudadano. Al no hacerlo, ni transformó el Estado ni dispuso lo necesario para hacer efectiva la participación.

C. *La representación proporcional y la supervivencia de la partidocracia*

En el Proyecto de Constitución tampoco se atacó el otro aspecto del sistema político que requería de una reforma radical, que era la representatividad política y la participación, de manera de romper el monopolio que en esa materia han tenido los partidos políticos.

En efecto, al centralismo de Estado lo ha acompañado como parte del sistema político, el Estado de partidos, en el cual los partidos políticos han sido los únicos mecanismos de participación política y los únicos que han obtenido representantes en los órganos representativos. Ello ha estado asegurado a través del método de escrutinio plurinominal basado en la representación proporcional, el cual no sólo no se ha cambiado, sino que es el único consagrado en el Proyecto de Constitución (art. 63). A pesar de que se señale en el texto que debe garantizarse la personalización del voto, ello no cambia la representatividad si se sigue el método de representación proporcional, que conduce a la representación de partidos. Lamentablemente no se acogió la propuesta de establecer la elección uninominal a nivel de los representantes a las Juntas Parroquiales, Concejos Municipales y Consejos Legislativos Estadales para lograr una representatividad territorial de las comunidades respectivas.

En todo caso, el haber mantenido, en general, el sistema de representación proporcional, garantiza la continuación de la partidocracia, y nada habrá cambiado, salvo la representatividad de unos partidos por otros.

D. *El presidencialismo exacerbado*

En la organización del Poder Público, en su vertiente horizontal, en el Proyecto de Constitución se optó por continuar con el sistema presidencial de gobierno, aún cuando se le hayan incrustado algunos elementos del parlamentarismo como había sucedido con la Constitución de 1961.

Sin embargo, en el Proyecto de Constitución, el presidencialismo se ha exacerbado por la extensión del período constitucional del Presidente de la República, con reelección inmediata; y por la pérdida de balance o contrapeso de los poderes, por la eliminación del bicameralismo.

En efecto, el modelo presidencial escogido se combina con los siguientes cuatro factores: en primer lugar, la extensión del período presidencial a seis años; y en segundo lugar, la reelección inmediata del Presidente de la República (art. 230). Ello atenta contra el principio de la alternabilidad republicana al permitir un largo período de gobierno de 12 años. Pero los dos elementos anteriores se combinan con otros dos: tercero, lo complicado del referendo revocatorio del mandato (art. 72), lo que lo hace prácticamente inaplicable; y cuarto, la eliminación del principio de la elección del Presidente por mayoría absoluta y doble vuelta, que estaba en el Proyecto aprobado en primera discusión. Ello se eliminó en segunda discusión, conservándose la elección por mayoría relativa (art. 228), que prevé la Constitución de 1961, y, por tanto, de gobiernos electos con una minoría de votos, que hace al sistema ingobernable.

Con este modelo presidencialista, al que se agrega la posibilidad de disolución de la Asamblea por el Presidente de la República, aún cuando en casos excepcionales de tres votos de censura parlamentaria al Vicepresidente Ejecutivo (art. 240), se exacerba el presidencialismo que no encuentra contrapeso en el bicameralismo que se elimina, sino más bien refuerzo en otras reformas, como la regularización de las leyes habilitantes o de delegación legislativa a los efectos de emisión de Decretos-Leyes y no sólo en materia económica y financiera (art. 203).

E. *La base constitucional para el militarismo*

En el Proyecto de Constitución, al presidencialismo como forma de gobierno, se agrega un acentuado esquema militarista cuya combinación puede conducir fácilmente al autoritarismo.

En efecto, en el Proyecto quedó eliminada toda idea de sujeción o subordinación de la autoridad militar a la autoridad civil, consagrándose, al contrario, una gran autonomía de la autoridad militar y de la Fuerza Armada Nacional, unificadas las cuatro fuerzas, con la posibilidad de intervenir en funciones civiles.

Ello se evidencia de las siguientes regulaciones: primero, de la eliminación de la tradicional prohibición de que la autoridad militar y la civil no pueden ejercerse simultáneamente, que establece el artículo 131 de la Constitución de 1961; segundo, de la eliminación del control por parte de la Asamblea Nacional respecto de los ascensos de los militares de alta graduación, que en el constitucionalismo histórico siempre se había previsto, disponiéndose en el Proyecto, al contrario, que ello es competencia exclusiva de la Fuerza Armada (art. 331); tercero, de la eliminación del carácter no deliberante y apolítica de la institución militar, como lo establece el artículo 132 de la Constitución de 1961, lo que abre la vía para que la Fuerza Armada, como institución militar, comience a deliberar políticamente y a intervenir y dar su parecer sobre los asuntos de los que estén resolviendo los órganos del Estado; cuarto, de la eliminación de la obligación de la Fuerza Armada de velar por la estabilidad de las instituciones democráticas que prevé el artículo 132 de la Constitución de 1961; quinto, lo que es más grave aún, de la eliminación de la obligación de la Fuerza Armada de respetar la Constitución y las leyes "cuyo acatamiento estará siempre por encima de cualquier otra obligación, como lo dice el artículo 132 de la Constitución vigente; sexto, de la atribución a los militares, en forma expresa, del derecho al sufragio (art. 330), lo cual podría ser incompatible, políticamente, con el principio de obediencia; séptimo, del sometimiento a la autoridad de la Fuerza Armada de todo lo concerniente con el uso de armas y no sólo las de guerra, lo que se le quita a la Administración civil del Estado (art. 324); octavo, de la atribución, en general, a la Fuerza Armada de competencias en materia de policía administrativa (art. 329); y noveno, de la adopción en el texto del Proyecto del concepto ya histórico de la doctrina de la seguridad nacional, como globalizante, totalizante y omnicomprensiva, conforme a la cual todo lo que acaece en el Estado y la Nación, concierne a la seguridad del Estado, incluso el desarrollo económico y social (art. 326).

Todo lo anterior, da origen a un esquema militarista que constitucionalmente es una novedad, pero que puede conducir a un apoderamiento de la Administración civil del Estado por la Fuerza Armada, a la cual, incluso se le atribuye en el Proyecto de Constitución "la participación activa en el desarrollo nacional" (art. 328).

Todo lo anterior, muestra un cuadro de militarismo realmente único en nuestra historia constitucional que ni siquiera se encuentra en las Constituciones de los regímenes militares.

3. *El voto NO a una Constitución social o del individuo concebida para el paternalismo y el populismo*

La segunda parte de toda Constitución, como norma suprema, además de la Constitución política, es la Constitución social o del ciudadano, en la cual se deben establecer las relaciones entre el Estado y la sociedad y sus componentes individuales.

En definitiva, está compuesta por el conjunto de libertades y derechos de los ciudadanos y habitantes del país, con sus correlativos deberes de parte del Estado y sus autoridades de protección, abstención o de prestación social. Lo cierto es que no puede haber un derecho consagrado constitucionalmente que no tenga un deber u obligación correlativo a cargo del Estado.

En esta materia, a pesar de los avances que el Proyecto de Constitución tiene, por ejemplo, en la enumeración de los derechos individuales y en la constitucionalización, con rango constitucional, de los Tratados internacionales sobre derechos humanos a los cuales se les prescribió aplicación preferente cuando sean más favorables; los aspectos negativos del proyecto pesan más que las razones que podrían merecer nuestra aprobación. De allí también nuestro voto negativo al Proyecto de Constitución, que fundamentamos en las siguientes razones.

A. La ausencia de consagración constitucional de derechos de protección al niño desde la concepción

A pesar de todo el avance del Proyecto en materia de derechos individuales y de que se hubiese repetido la regulación de la Constitución de 1961 sobre el carácter inviolable del derecho a la vida (art. 43), en el Proyecto no se estableció con rango constitucional el derecho de los niños a protección integral desde la concepción, como sí está regulado en el artículo 74 de la Constitución de 1961.

La Asamblea, aquí, violó las bases comiciales que la originaron y que le impusieron, como límite, la progresión de la protección de los derechos humanos. Al contrario, en este campo tan sensible hubo una regresión en la regulación constitucional, lamentablemente motivada por la discusión entre abortistas y no abortistas y entre movimientos feministas y la propia Iglesia Católica.

La Asamblea Nacional Constituyente no supo deslindar el campo de regulación y pretendiendo satisfacer los requerimientos de la Jerarquía Eclesiástica de la consagración del derecho de protección del niño desde la concepción, lo que hizo fue engañarla, previendo la protección de la maternidad "desde la concepción" (art. 76) como que si pudiera haber otro momento a partir del cual se pudiera iniciar la maternidad!

Lo cierto de todo es que no existe el balance necesario que debe haber entre los derechos del niño y los derechos de la madre para que el equilibrio general de la protección y los derechos recíprocos se mantenga pues, en todo caso, el límite del ejercicio de todos los derechos humanos es "el derecho de los demás y el orden público y social."

En todo caso, una Constitución que en el campo de los derechos individuales no garantice expresamente el derecho de todo niño a protección integral desde la concepción, por regresiva en materia de protección de derechos individuales, no merece nuestra aprobación.

B. *La siembra constitucional del principio para el control de la libertad de información*

En el Proyecto de Constitución, ciertamente se consagra el derecho de toda persona a expresar libremente sus pensamientos, sus ideas y opiniones y de hacer uso para ello de cualquier medio de comunicación y difusión, sin que pueda establecerse censura, correspondiendo a quien haga uso de tal derecho plena responsabilidad por todo lo expresado (art. 57).

Sin embargo, al consagrarse el derecho de todos a la información, es decir, a ser informados, se adjetiviza dicha información al calificársela de "oportuna, veraz e imparcial" (art. 58), lo que sin dejar de ser un desideratum que debe derivarse del principio general que el ejercicio de los derechos tiene como límite el derecho de los demás y el orden público y social (art. 20), así expresado constituye la siembra, en la Constitución, de un principio que podría dar origen al desarrollo de un control público o político que podría conducir a la definición de "la verdad oficial" y por tanto, el rechazo de cualquier otra verdad en la información. En una Constitución signada por el principio de la progresión en la mayoría de los derechos individuales, esta regresión en materia de libertad de información es inadmisible, pues abre una grieta en la Constitución que puede servir al autoritarismo.

C. *La confusión entre buenas intenciones y los derechos constitucionales y el engaño que deriva de la imposibilidad de satisfacer algunos derechos sociales*

En la consagración de los derechos humanos, uno de los principios esenciales de orden constitucional es el denominado principio de alteridad, que implica que todo derecho comporta una obligación y que todo titular de un derecho tiene que tener relación con un sujeto obligado.

No hay, por tanto, derechos sin obligaciones ni obligados; por lo que la consagración de supuestos derechos que no pueden originar obligaciones u obligados, por imposibilidad conceptual, no es más que un engaño.

Así sucede, por ejemplo, con varios de los derechos y garantías sociales, tal y como se consagraron en el Proyecto de Constitución, cuya satisfacción es simplemente imposible. Constituyen, más bien, declaraciones de principio y de intención de indiscutible carácter teleológico, pero difícilmente pueden concebirse como "derechos" por no poder existir un sujeto con obligación de satisfacerlos.

Es el caso, por ejemplo, del "derecho a la salud," que se consagra como "un derecho social fundamental, obligación del Estado, que lo garantizará como parte del derecho a la vida" (art. 83). Lo cierto que es imposible que alguien garantice la salud de nadie y que constitucionalmente se pueda consagrar el derecho a la salud. Ello equivale a consagrar, en la Constitución, el derecho a no enfermarse, lo cual es imposible pues nadie puede garantizar a otra persona que no se va a enfermar.

En realidad, el derecho que se puede consagrar en materia de salud, como derecho constitucional, es el derecho a la protección de la salud, lo que comporta la obligación del Estado de velar por dicha protección, estableciendo servicios públicos de medicina preventiva y curativa. De resto, regular el derecho a la salud, por imposibilidad de la alteridad, es un engaño.

Lo mismo podría señalarse, por ejemplo, del derecho que se consagra en el Proyecto de Constitución a favor de "toda persona," "a una vivienda adecuada, segura, cómoda, higiénica, con servicios básicos esenciales que incluyan un hábitat que humanice las relaciones familiares, vecinales y comunitarias" (art. 82). Este derecho, así como está consagrado, es de imposible satisfacción; se trata, más bien, de una declaración de principio o de intención bellamente estructurada que no puede conducir a identificar a un obligado a satisfacerla, y menos al Estado.

También resulta un engaño establecer en la Constitución, pura y simplemente, que "toda persona tiene derecho a la seguridad social como servicio público no lucrativo que garantice la salud y asegure protección en contingencias... de previsión social;" siendo igualmente una imposibilidad prever que "El Estado tiene la obligación de asegurar la efectividad de este derecho, creando un sistema de seguridad social..." (art. 86).

De nuevo aquí, la intención es maravillosa, pero no para pretender regularla como un "derecho" constitucional con una obligación estatal correlativa, también de rango constitucional, cuya satisfacción es imposible. Se confundieron, en esta materia, las buenas intenciones y declaraciones sociales con derechos y obligaciones constitucionales, que originan otro tipo de relaciones jurídicas, incluso con derecho de ser amparados constitucionalmente.

D. *El excesivo paternalismo estatal y la minimización de las iniciativas privadas en materia de salud, educación y seguridad social*

En la regulación de los derechos sociales, en el Proyecto de Constitución no sólo se ponen en manos del Estado excesivas cargas, obligaciones y garantías, de imposible cumplimiento y ejecución en muchos casos, sino que se minimiza, al extremo de la exclusión, a las iniciativas privadas. En esta forma, servicios públicos esencial y tradicionalmente concurrentes entre el Estado y los particulares, como los de educación, salud y seguridad social, aparecen regulados con un marcado acento estatista y excluyente.

Por ejemplo, en materia de salud, se dispone que para garantizarla "el Estado creará, ejercerá la rectoría y gestionará un sistema público nacional de salud, ... integrado al sistema de seguridad social, regido por los principios de gratuidad, universalidad, integralidad, equidad, integración social y solidaridad" (art. 84). Se trata, por tanto, de un sistema público de salud, regulado como un servicio público gratuito que forma parte del sistema de seguridad social. Nada se dice en la norma sobre los servicios privados de salud, aún cuando en otro artículo se indica que el Estado "regulará las instituciones públicas y privadas de salud" (art. 85).

En materia de seguridad social, el rasgo estatista del sistema es aún mayor: se declara la seguridad social como un servicio público de carácter no lucrativo, estando obligado el Estado "de asegurar la efectividad de este derecho, creando un sistema de seguridad social universal, integral, de financiamiento solidario, unitario, eficiente y participativo, de contribuciones directas o indirectas," precisándose, además, que las cotizaciones obligatorias sólo "podrán ser administradas con fines sociales bajo la rectoría del Estado" (art. 86). Se excluye así, en principio, toda iniciativa privada en materia de seguridad social y se minimiza la participación privada en la administración reproductiva de los fondos de pensiones.

En materia de educación, la tendencia estatista es similar: se regula la educación, en general, como un derecho humano y un deber social fundamental; se la declara en general como "democrática, gratuita y obligatoria" y se la define como "un servicio público" que el Estado debe asumir "como función indeclinable" (art. 102). Nada se indica en la norma que se refiere a la educación privada, y solo es en otro artículo que se consagra el derecho de las personas "a fundar y mantener instituciones educativas privadas bajo la estricta inspección y vigilancia del Estado, previa aceptación de este" (art. 106). La estatización de la educación, por tanto, no tiene límites en el Proyecto Constitución, habiéndose eliminado del texto constitucional la disposición, que en la materia prevé la Constitución de 1961 de que "El Estado estimulará y protegerá la educación privada que se imparta de acuerdo con los principios contenidos en esta Constitución y en las leyes" (art. 79).

En esta materia, de nuevo, la Asamblea violó las bases comiciales al ignorar el carácter progresivo de la protección de los derechos humanos, y eliminar este derecho de protección que corresponde a la educación privada.

E. *La discriminación constitucional a favor de los pueblos indígenas y la siembra de principios desintegradores del Estado*

Una de las novedades del Proyecto de Constitución ha sido la inclusión de un capítulo sobre derechos de los pueblos indígenas, sobre todo si se compara su contenido con la escueta norma que trae la Constitución de 1961 que se limita a remitir a la ley para el establecimiento del "régimen de excepción que requiera la protección de las comunidades indígenas y su incorporación progresiva a la vida de la Nación" (art. 77).

La verdad es que de una idea de régimen de protección, en el Proyecto de Constitución se pasó a un régimen discriminatorio en exceso respecto del resto de la población de nuestro territorio, al establecerse en general, un régimen de Estado dentro del Estado, con grave riesgo futuro a la integridad del territorio y de la Nación.

Bien es sabido que al Estado se lo define en el derecho constitucional como un pueblo, asentado en un territorio con gobierno propio. Esos tres componentes pueblo, territorio y organización política definen al Estado; y, este solo puede ser uno. No puede haber varios Estados en un mismo territorio.

Sin embargo, en el Proyecto de Constitución, en el primero de los artículos relativos a los derechos de los pueblos indígenas, se señala que "El Estado reconocerá la existencia de los pueblos y comunidades indígenas, su propia organización social, política y económica, sin culturas, usos y costumbres, idiomas y religiones, así como su hábitat y derechos originarios sobre las tierras que ancestral y tradicionalmente ocupan y que son necesarias para desarrollar y garantizar sus formas de vida" (art. 119).

De nuevo, esta declaración de principios es un desiderátum humano, pero su consagración en un texto constitucional es cosa distinta: genera derechos y deberes y en su forma, constituye el reconocimiento de un Estado dentro del Estado, con grave riesgo futuro a la generación de conflictos que afecten a la integridad territorial de la Nación.

4. *El voto NO a una Constitución económica concebida para el estatismo insolvente*

El paternalismo estatal en el campo social conduce inexorablemente a la concepción de una Constitución económica con una gran carga estatista. En efecto, la tercera parte del Proyecto de Constitución, como toda Constitución contemporánea, está destinada a regular la Constitución económica, en la cual se establecen las reglas de juego del sistema económico del país, el cual sigue concibiéndose en un principio, como un sistema de economía mixta, que se basa en reconocer la iniciativa privada y los derechos de propiedad y libertad económica, pero fundamentándolo en principios de justicia social, lo que permite la intervención del Estado en la economía, en algunos casos en forma desmesurada.

En esta materia, a pesar de que en las discusiones del Proyecto se lograron establecer algunos equilibrios importantes entre la libertad económica y la intervención del Estado, el marcado acento estatista, aunado a las consecuencias fiscales del paternalismo social y del populismo que contiene, que hacen inviable financieramente el rol del Estado, así como el terrorismo tributario que informa el Proyecto, son justificadas razones que pesan más para que le demos un voto negativo.

A. *La posibilidad casi ilimitada de intervención estatal en la economía*

En efecto, el Proyecto de Constitución no sólo es manifiestamente estatista en materia económica, al atribuir al Estado la responsabilidad fundamental en la gestión y prestación de los servicios públicos básicos en materia de salud, educación y seguridad social, y de los de carácter domiciliario como distribución de agua, electricidad y gas, sino que ello también deriva de la regulación, en el mismo, de un conjunto de potestades reguladoras, de control y de planificación.

Las normas relativas a la economía, por tanto, son básicamente las destinadas a prever la intervención del Estado, destinándose a lo privado, en realidad, las escuetas normas reguladoras de la libertad económica (art. 112) y de la propiedad privada (art. 115). No existe, sin embargo, el equilibrio necesario entre lo público y lo privado, privilegiándose en el sector privado sólo actividades no fundamentales en la generación de riqueza y empleo como la agrícola (art. 305), la artesanía (art. 309), la pequeña y mediana empresa (art. 308), y el turismo (art. 310).

A ello se agregan normas de control y persecución como las relativas a los monopolios y a los delitos económicos (arts. 113 y 114); la declaración como del dominio público del subsuelo, las costas marítimas y las aguas (arts. 112 y 304) lo que abre un campo ilimitado respecto del control estatal del uso y aprovechamiento de dichos bienes; la reserva al Estado de la industria petrolera, y la posibilidad de reserva de otras actividades, servicios o explotaciones de carácter estratégico (art. 302); y las normas que prevén las potestades planificadoras del Estado, tanto a nivel nacional (arts. 112 y 299) como a nivel local (art. 178).

El Estado, así, en el Proyecto de Constitución es responsable de casi todo, y puede regularlo todo. La iniciativa privada aparece marginal y marginada. No se asimiló la experiencia del fracaso del Estado regulador, de control, planificador y empresario de las últimas décadas, ni se entendió la necesidad de privilegiar las iniciativas privadas y estimular la generación de riqueza y empleo por la sociedad.

El resultado del texto del Proyecto constitucional en materia económica, visto globalmente y en su conjunto, es el de una Constitución hecha para la intervención del Estado en la economía y no para el desarrollo de la economía por los privados bajo el principio de la subsidiariedad de la intervención estatal

B. La incapacidad financiera para la atención por el Estado de las tareas y responsabilidades que se le asignan

El Estado que se concibe en el Proyecto constitucional, cuando se analiza en su conjunto el enorme cúmulo de responsabilidades que se le atribuyen en el campo social, de la salud, educación, seguridad social y cargas laborales, con exclusión sistemática de las iniciativas privadas; lo hacen totalmente incapaz, financieramente, para atenderlas. Para la previsión de las regulaciones del Estado paternalista previstas en el Proyecto de Constitución, no hubo cálculo alguno de costos, lo que coloca al Estado, si pretende asumirlas y cumplirlas, de entrada, en una situación de quiebra, por estar obligado a pagar más de lo que es capaz y puede recaudar en impuestos, máxime en un país en el cual no hay hábito ciudadano de contribuyente.

Si a ello se agrega la previsión con rango constitucional de que la gestión fiscal debe equilibrarse en un marco plurianual del presupuesto "de manera que los ingresos ordinarios deben ser suficientes para cubrir los gastos ordinarios" (art. 311); no se entiende cómo será posible la atención por el Estado de todas las obligaciones que se le imponen.

C. *La consagración del terrorismo fiscal como ilusión para resolver la insolvencia estatal y la desprotección de los contribuyentes*

La enorme responsabilidad social atribuida al Estado y los costos financieros que conlleva su atención, por supuesto que implicarán la exacerbación del ejercicio de la potestad tributaria del Estado en sus diversos niveles territoriales y, de inmediato, en el nivel nacional y en el nivel municipal. Ello exigía, por sobre todo, el establecimiento de un adecuado equilibrio entre la potestad pública y los derechos de los individuos, de manera que el ejercicio de la primera no afecte la capacidad económica de los contribuyentes ni sus garantías constitucionales, que requieren de protección especial.

El Proyecto de Constitución, en esta materia, no reguló nada específico sobre el necesario respeto de la capacidad contributiva de las personas ni sobre el principio de que la imposición debía revertir hacia los contribuyentes-ciudadanos, en servicios públicos adecuados. Nada se reguló en el Proyecto, además, sobre las garantías constitucionales del contribuyente frente al ejercicio de la potestad tributaria, ya que es precisamente con ocasión de su ejercicio que todo el poder del Estado se puede volcar sobre los individuos. Al contrario, las únicas normas nuevas previstas en el Proyecto en esta materia, tienden a castigar la evasión fiscal con penas privativas de la libertad personal (art. 317), estableciéndose en las Disposiciones Transitorias normas destinadas a regularizar el terrorismo fiscal (Disposición Transitoria Quinta), elaboradas pensando como si sólo las grandes empresas fueran contribuyentes, a quienes sólo hay que perseguir, e ignorando que en un sistema de Estado con incapacidad financiera estructural todas las personas son o deben ser potencialmente contribuyentes y, por tanto, sujetos de persecución fiscal.

En esta materia el Proyecto de Constitución se olvidó del ciudadano y de la protección y seguridad que había que brindarle.

D. *La lesión a la autonomía del Banco Central de Venezuela*

El Proyecto de Constitución atribuye al Banco Central de Venezuela el ejercicio exclusivo y obligatorio de las competencias monetarias del Poder Nacional, atribuyéndole la autonomía necesaria para ello, sin perjuicio de la necesaria coordinación con la política económica general (art. 318).

Sin embargo, esa autonomía se limita en el Proyecto, con remisión a la Ley, a tal punto que puede neutralizarse completamente, politizándose la gestión de la

Institución. Ello deriva de las siguientes previsiones: en primer lugar, la posibilidad de regularse legalmente la remoción del Directorio del Banco por incumplimiento de metas y objetivos de la política monetaria; en segundo lugar, la obligatoriedad de rendición de cuenta de su actuación, metas y resultados respecto de sus políticas, ante la Asamblea Nacional; en tercer lugar, la previsión de inspección y vigilancia del Banco por parte de la Superintendencia de Bancos; en cuarto lugar, la aprobación por la Asamblea Nacional del Presupuesto de gastos de funcionamiento e inversiones del Banco (art. 319); y por último, conforme con la Disposición Transitoria Cuarta, la intervención de la Asamblea Nacional en la designación y ratificación de los miembros del Directorio del Banco (ord. 8).

Con este esquema constitucional, la consagrada autonomía del Banco Central de Venezuela puede ser minimizada, abriéndose campo a la politización de la Institución.

5. *Apreciación general: el proyecto de Constitución debe ser rechazado por estar concebido para el autoritarismo, el paternalismo estatal, el populismo y el estatismo insolvente*

Las anteriores son las razones en las cuales nos fundamentamos para votar NO en el referéndum constitucional del 15 de diciembre, y que se refieren a los aspectos esenciales del Proyecto de Constitución, tanto en la Constitución política, la Constitución social y la Constitución económica que contiene.

En efecto, en cuanto a la Constitución política en el Proyecto de Constitución, cuando se analiza globalmente, particularmente en los elementos antes mencionados, pone en evidencia un esquema institucional para el autoritarismo, que deriva de la combinación del centralismo de Estado, del presidencialismo exacerbado, de la partidocracia y del militarismo que constituyen los elementos centrales diseñados para la organización del Poder del Estado.

Esa no es la Constitución política que la democracia requería para su perfeccionamiento, y que, al contrario, debía haber estado montada sobre la descentralización del poder, un presidencialismo controlado, la participación política y la sujeción de la autoridad militar a la civil. Con ese esquema no podemos estar de acuerdo, y de allí nuestro voto negativo el 15 de diciembre de 1999.

Por su parte, en cuanto a la Constitución social, en el Proyecto, al enumerar el elenco de derechos humanos y de garantías y obligaciones estatales, analizada globalmente, lo que muestra es un marginamiento de la sociedad y de las iniciativas particulares, haciendo recaer sobre el Estado todas las obligaciones imaginables, imposible de cumplir. Es una Constitución concebida para el paternalismo, lo que se traduce en populismo.

> Esa no es la Constitución social que se requería para fundar una democracia social y participativa, para lo cual debió haber revalorizado la participación de todas las iniciativas privadas en los procesos educativos, de salud y de seguridad social, como actividades en las cuales tiene que existir una corresponsabilidad entre el Estado y la Sociedad.
>
> Por último, el Proyecto de Constitución, en su componente de Constitución económica, completa el cuadro paternalista de la Constitución social, inclinando el régimen constitucional hacia el Estado en lugar de hacia la iniciativa privada, originando un estatismo exagerado, con el riesgo de multiplicación de una voracidad fiscal incontrolable concebida para aplastar al contribuyente, al cual no se protege constitucionalmente.
>
> Esa no es la Constitución económica que se requería para fundar la política de desarrollo económico que requiere el país, que tiene que apuntar hacia la creación de riqueza y empleo y que el Estado es incapaz de lograr sin la decisiva participación de las iniciativas privadas, que lejos de ser perseguidas, deben ser protegidas e incentivadas."

Nadie hizo caso de las observaciones sobre el texto constitucional formuladas, y lamentablemente el tiempo me dio la razón.

Pero en todo caso, el nuevo Texto Constitucional fue aprobado en el referendo popular celebrado el día 15 de diciembre de 1999, en el cual votaron 4.819.786 de los 10.940.596 electores inscritos, es decir, sólo el 42,3% de los mismos, habiéndose producido una abstención del 57,7%. De los votos válidos, votaron "si" el 71,8% y votaron "no" el 28,2%.[144] Una vez realizado el referendo, la Constitución fue proclamada por la Asamblea Nacional Constituyente el 20 de diciembre de 1999,[145] y entró en vigencia el 30 de ese mismo mes y año, fecha de su publicación en la *Gaceta Oficial*.[146]

---

144 Véase José E. Molina y Carmen Pérez Baralt, "Procesos Electorales. Venezuela, abril, julio y diciembre 1999," en CAPEL-IIDH, *Boletín Electoral Latinoamericano,* N° XXII, *cit.,* pp. 67 y ss.

145 Véase Asamblea Nacional Constituyente, *Gaceta Constituyente (Diario de Debates), Noviembre 1999-Enero 2000,* Sesión de 20-12-99, N° 49, pp. 5 y 6. En la ocasión de la proclamación de la Constitución, firmamos su texto al haber aprobado popularmente, pero exigimos indicará nuestra reserva y votos salvados. Véase Allan R. Brewer-Carías, *La Constitución de 1999,* 1ª Edición, Caracas 2000, p. 392.

146 *Gaceta Oficial* N° 36.860 de 30 de diciembre de 1999.

XIII.
Los intentos fallidos de aprobar un régimen constitucional de transición del poder público vía referéndum aprobatorio

El 19 de noviembre de 1999, el mismo día de la firma del Proyecto de Constitución, la Asamblea Nacional Constituyente había aprobado un Decreto convocando a un "referendo consultivo" que debía realizarse el mismo día fijado para el referendo aprobatorio de la Constitución (15 de diciembre de 1999), el cual tenía por objeto que:

> el pueblo venezolano se pronuncie sobre la permanencia o no, de la Presidencia de la República y a las gobernaciones de cada una de las 23 entidades, sujetas a elección popular en ejercicio de sus funciones.[147]

Se pretendía, así, convertir el referendo destinado a la aprobación de la Constitución, que establecía la base comicial novena del referendo de 25 de abril de 1999, en un "plebiscito" sobre la permanencia del Presidente de la República, lo cual no sólo era inaceptable, sino que distorsionaba el sentido de la aprobación refrendaria de la Constitución.

En una forma por demás confusa, la Asamblea, días después, en la sesión de 9 de diciembre de 1999, escasos días antes de la realización del referendo aprobatorio y consultivo (plebiscito) que había sido aprobado, revocó su decisión, sin mayores motivaciones, señalándose incluso en la propuesta de revocación que supuestamente habría habido una "revocación por una plenaria" anterior, lo cual era falso.[148]

En todo caso, el primer intento de modificar las Disposiciones Transitorias de la Constitución elaborada, y cuyo proyecto había sido difundido para el referendo aprobatorio, que como se ha dicho no tenía disposición alguna sobre terminación

---

147 *Gaceta Constituyente (Diario de Debates), Noviembre 1999-Enero 2000, cit.*, Sesión 19 de noviembre de 1999, N° 46, p. 3.

148 *Gaceta Constituyente (Diario de Debates), Noviembre 1999-Enero 2000, cit.*, Sesión 9 de diciembre de 1999, N° 48, p. 5.

del mandato de los titulares de los órganos del poder público, había quedado frustrado, pero sólo por poco tiempo.[149]

En efecto, en la sesión ordinaria siguiente de la Asamblea, celebrada el 20 de diciembre de 1999, y luego de la proclamación de la Constitución que había sido ya aprobada por el pueblo mediante el referendo de 15 de diciembre de 1999, la Asamblea Nacional Constituyente, que técnicamente había concluido su misión con ese acto de proclamación conforme a las bases comiciales del 24 de mayo de 1999,[150] procedió a dictar un Decreto en el cual, al constatar que el lapso máximo de funcionamiento de la Asamblea fijado por la base comicial del referendo del 25 de abril de 1999, había sido de 180 días, resolvió convocar para el 30 de enero de 2000 la sesión de clausura de la Asamblea.[151]

En los "Considerandos" del Decreto, sin embargo, se puso en evidencia la intención de la Asamblea, que no era otra que seguir ejerciendo el poder constituyente "originario" que se había auto atribuido, al margen incluso del texto de la nueva Constitución, con lo que se institucionalizó el golpe de Estado, ahora contra la nueva Constitución.[152] En dichos "Considerandos" para fijar la sesión de clausura de la Asamblea para el 30 de enero de 2000, la Asamblea declaró que:

> Los poderes otorgados a la Asamblea Nacional Constituyente han sido reconocidos por la Corte Suprema de Justicia, en sentencia, como *originario y supraconstitucional.*

En esta forma, se recurría nuevamente a la doctrina de la Corte Suprema de Justicia, supuestamente contenida en la sentencia de 14 de octubre de 1999 (*Caso Decreto de regulación de funcionamiento del Poder Legislativo)*, alegando la Asamblea que sus "poderes" no sólo eran "originarios" sino "supraconstitucionales," es decir, por encima de la propia Constitución recién aprobada y promulgada. Con base en

---

149 Debe destacarse que el constituyente Hermánn Escarrá Malavé, en la sesión de la Asamblea de 15 de noviembre de 1999, distinguía entre las Disposiciones Transitorias y un supuesto "Régimen Transitorio" que debía ser aprobado por referendo y sobre el cual dijo que no se le preguntara. Véase *Gaceta Constituyente (Diario de Debates), Noviembre 1999-Enero 2000, cit.*, Sesión de 15-11-99, N° 45, p. 9.

150 Por eso a partir de esa Sesión no acudimos a ninguna otra Sesión de la Asamblea salvo la realizada para ejecutar la Disposición Transitoria Primera de la Constitución consistente en la aprobación de la Ley Especial del Distrito Metropolitano de Caracas. Véase *Gaceta Constituyente (Diario de Debates), Noviembre 1999-Enero 2000, cit.*, Sesión de 25 de abril de 2000, N° 58, pp. 8 y ss.

151 *Gaceta Constituyente (Diario de Debates), Noviembre 1999-Enero 2000, cit.* Sesión de 20 de diciembre de 1999, N° 49, p. 6.

152 Por ello, Lolymar Hernández Camargo señaló que la Constitución de 1999 era de "observancia dudosa," preguntándose "si en Venezuela existe válidamente la Constitución y el Estado de Derecho," en *La Teoría del Poder Constituyente, cit.*, p. 76.

ese "Considerando," en el siguiente, la Asamblea Nacional Constituyente anunció su plan de violación constitucional, al constatar que:

> Se requiere decretar los actos constitucionales necesarios para la transición hacía el nuevo Estado previsto en la Constitución aprobada por el pueblo de Venezuela.

La verdad es que la "Constitución aprobada por el pueblo de Venezuela" era la única que podía disponer el régimen para "la transición hacía el nuevo Estado," pero en sus Disposiciones Transitorias elaboradas por la propia Asamblea Nacional Constituyente, como se ha dicho, nada disponían sobre ello.

La Asamblea, en cierta forma había engañado al pueblo: sancionó una Constitución y la sometió a aprobación popular y el mismo día que la proclamó, decretó su violación mediante el anuncio de su permanencia por algo más de un mes, con poderes "supraconstitucionales," es decir, por encima de la Constitución, para dictar "actos constitucionales" no autorizados en las Disposiciones Transitorias de la Constitución y que contrariaron sus normas.

XIV.
El ilegítimo régimen de transición del poder público dictado por una Asamblea Constituyente que ya había cumplido su función y una vez aprobada la nueva constitución por el pueblo

La primera burla a la Constitución, en efecto, fue realizada por la propia Asamblea Nacional Constituyente en los días posteriores al 15 de diciembre de 1999, precisamente en medio de la conmoción nacional que había provocado el dramático y masivo deslave ocurrido ese día que fue el mismo día del referendo aprobatorio de la Constitución, en el Litoral Central del país (Estado Vargas); y ello se hizo mediante la emisión de un nuevo Decreto, sin debate alguno ni discusión por los constituyentes, el de "Régimen de Transición del Poder Público," el 22 de diciembre de 1999,[153] dos días después de la "proclamación" de la Constitución y antes de su entrada en vigencia, cuya publicación fue deliberadamente demorada hasta el 30 de diciembre de 1999.[154]

En efecto, ante la ausencia de alguna regulación en las Disposiciones Transitorias de la nueva Constitución que se refiriera a cesación en sus cargos de los titulares de los órganos del Poder Público y al nombramiento de nuevos funcionarios para ello, y ante el afán sobrevenido en el nuevo poder de sustituir a todos los titulares de los órganos del Estado sin esperar la elección de la nueva Asamblea Nacional; la Asamblea Nacional Constituyente, antes de la publicación de la nueva Constitución, en esa fecha 22 de diciembre de 1999, sin tener competencia constitucional alguna para ello y, por tanto, en forma ilegítima, dictó el Decreto de "Régimen de Transición del Poder Público" disponiendo así lo que el pueblo el 15 de diciembre de 1999 no había querido resolver de esa forma, supuestamente, "hacer efectivo el proceso de transición hacia el régimen establecido en la Constitución de 1999," que no fue otra cosa que materializar el asalto al poder que sus promotores, con Chávez a la cabeza, no habían logrado realizar por las armas y fuerza militar en los golpes

---

153 Véase en *Gaceta Oficial* N° 36.859 de 29 de diciembre de 1999.

154 Véase en *Gaceta Constituyente (Diario de Debates), Noviembre 1999-Enero 2000, cit.* Sesión de 22-12-9, N° 51, pp. 2 y ss. Véase *Gaceta Oficial* N° 36.859 de 29 de diciembre de 1999; y *Gaceta Oficial* N° 36.860 de 30 de diciembre de 1999.

de Estado frustrados de 1992.[155] En esta oportunidad se trató igualmente de un golpe de Estado, pero más sofisticado, disfrazado de "proceso constituyente."

Para hacerlo, de nuevo, la Asamblea se fundamentó en los supuestos poderes que se había auto atribuido en el artículo 1° de su Estatuto de Funcionamiento, respecto de la potestad de decidir la cesación de las autoridades de los órganos del Poder Público; supuestos poderes que también consideró como derivados del referendo del 25 de abril de 1999 "para hacer efectivo el proceso de transición hacia el régimen establecido en la Constitución de 1999," lo que no estaba escrito en norma alguna; y, finalmente, en el "carácter presupuesto y supra constitucional" de las normas que aprobase la Asamblea, para lo cual de nuevo invocó la sentencia del

155 Desde el inicio nos opusimos a la tesis de hacer prevalecer una supuesta "supra-constitucionalidad" "popular" por encima de la Constitución para "justificar" el asalto al poder que llevó adelante Chávez y su grupo, en contra de lo que establecía la Constitución de 1961, y que luego, sus asesores españoles identificaron como el "nuevo constitucionalismo." Así lo expuse en mi libro: *Golpe de Estado y proceso constituyente en Venezuela*, Universidad Nacional Autónoma de México, México 2002; y luego en mi libro: *Dismantling Democracy. The Chávez Authoritarian Experiment*, Cambridge University Press, New York 2010. Ante ello, sin embargo, Francisco Toro, sin entender una línea del análisis constitucional hecho en esta última obra, al hacer una reseña del libro, se limitó a calificarme como "*the epitome of a Venezuelan ancien régime grandee" y como uno de los "ancien régime dinosaurs,"* expresando que el libro "*Dismantling Democracy in Venezuela should be read not as constitutional analysis, but rather as a kind of archaeology of an entire displaced elite's wounded sense of entitlement.*" Véase Francisco Toro, "The Useless Old Gard, ," 11 de enero de 2011, en https://newrepublic.com/article/79544/dismantling-democracy-venezuala-allan-brewer-carias. Unos años antes, alguien bastante mayor que Toro y que quien escribe, Luis Miquilena, entonces Presidente de la Asamblea Nacional Constituyente de 1999, ya nos había calificado a los cuatro miembros opositores de la misma como "vacas sagradas" (Sesión del 30 de octubre de 1999), y en alusión directa a mi persona – ubicándome en el grupo de sus enemigos - expresó en la misma sesión de instalación de la Asamblea, lo siguiente: "Pero siguen ciegos nuestros enemigos, pretenden ahora refugiarse en una rebuscada hermenéutica jurídica para quitarle poder a la Asamblea Nacional Constituyente, pretenden que la Asamblea Nacional Constituyente sea un simple instrumento cualquiera para elaborar una Constitución; es decir, pretenden presentarle al país una Asamblea Constituyente chucuta, que no sea capaz de tener la soberanía suficiente *(aplausos)*, pretendiendo las *vacas sagradas del derecho*, inventar que es una Asamblea Constituyente secundaria y no originaria. Nosotros declaramos, en mi carácter de Presidente de la Asamblea Nacional Constituyente en este acto, declaro solemnemente el carácter originario... *(aplausos y gritos prolongados)* y nadie podrá disminuir el carácter soberano de esta Asamblea y así será consagrada ante la historia de nuestra patria" (Sesión del 3 de agosto de 1999). Años después, exemagistrada Gladys Gutiérrez también se sumaría a la crítica en su Tesis, ubicándonos como parte del grupo "de analistas y juristas del viejo sistema." Véase Gladys Gutiérrez Alvarado, *"El nuevo paradigma constitucional latinoamericano. Dogmática social extensa y nueva geometría del poder. Especial mención a la Constitución de Venezuela (1999),"* Tesis de Grado, Universidad de Zaragoza, 2011, p. 111.

6 de octubre de 1999 (publicada el 14 de octubre de 1999) de la Corte Suprema de Justicia, que había resuelto el recurso de nulidad intentado contra el Decreto de la Regulación del Poder Legislativo, en la cual sólo se le había atribuido rango supra-constitucional a las previsiones de las bases comiciales del *referendo* del 25 de abril de 1999, pero no a los actos de la Asamblea Nacional Constituyente.

Dicho "Régimen de Transición del Poder Público," como se precisó en el Capítulo I del Decreto, tenía por objeto establecer un régimen de transición para "permitir la vigencia inmediata de la Constitución" (art. 1). La verdad es que nada impedía dicha vigencia inmediata y habían sido las Disposiciones Transitorias de la Constitución aprobada por el pueblo, las que habían dispuesto los aspectos concernientes a los efectos inmediatos o mediatos, según los casos, de las normas de la Constitución.

La Asamblea, sin autoridad alguna, resolvió dictar el mencionado régimen de transición cuyas previsiones, como se señaló en su texto, supuestamente "desarrollan y complementan las Disposiciones Transitorias" (art. 2) de la nueva Constitución. Nada de esto había sido autorizado en el nuevo texto constitucional, aprobado por el pueblo, por lo que la Asamblea Nacional Constituyente no tenía competencia alguna para ello.

Es decir, la Asamblea, sin ningún poder derivado del pueblo, ilegítimamente, decidió dictar por sí misma y al margen de la nueva Constitución que ella misma había redactado, sancionado y proclamado dos días antes (20 de diciembre de 1999) un régimen constitucional transitorio no establecido en el texto de la nueva Constitución y sin someterlo a aprobación popular por la vía de referendo.

Supuestamente, para suplir los vacíos que la misma Asamblea había originado al no prever, el régimen de transición del Poder en las Disposiciones Transitorias de la Constitución, la Asamblea, en lugar de aplicar, en general, el mencionado principio de continuidad del Poder que se reflejó en el artículo 16 del Decreto, incurrió en usurpación de autoridad, la del poder constituyente originario del pueblo, quien era el que podía aprobar ese régimen transitorio en el referendo del 15 de diciembre de 1999, y lo estableció una semana después (22 de diciembre de 1999), en el antes mencionado Decreto, y violó, además, las bases comiciales del referendo del 25 de abril de 1999. La Asamblea Nacional Constituyente había continuado con su táctica del golpe de Estado.

En este Decreto, fundamentalmente, la Asamblea Nacional Constituyente tomó el siguiente conjunto de decisiones en cuanto a los órganos del Poder Público:

1. *La eliminación del Congreso y el nombramiento de una Comisión Legislativa Nacional*

La Asamblea, en primer lugar, decidió la definitiva disolución del Congreso y acordó la cesación en sus funciones de los senadores y diputados (art. 4) que habían sido electos un año antes. Esta decisión, violatoria del principio democrático, indudablemente que fue la que creó un vacío constitucional, pues implicaba que hasta que se produjera la elección de los nuevos miembros de la nueva Asamblea Nacional, la República podía carecer de órgano legislativo nacional.

Por ello, para "suplir" el vacío que la misma Asamblea Nacional Constituyente creaba, tomó otra decisión, que fue la de "crear" un nuevo órgano no previsto en la nueva Constitución aprobada por el pueblo, ni en la de 1961, para lo cual no tenía poder ni autoridad alguna, siendo en consecuencia, totalmente ilegítimo. Se trató de una "Comisión Legislativa Nacional" (denominada "Congresillo"), a la cual le asignó el Poder Legislativo Nacional "hasta tanto se elijan y tomen posesión los diputados integrantes de la Asamblea Nacional" (art. 5), y cuyos miembros también fueron designados por la Asamblea (art. 5), a dedo, con integrantes afectos al nuevo poder y a los partidos de gobierno. Posteriormente, mediante otro acto constituyente de 28-01-00, la Asamblea Nacional Constituyente también "en ejercicio del poder constituyente originario" que se había arrogado, nombró a otro miembro de la referida Comisión Legislativa Nacional.[156]

Esta Comisión Legislativa Nacional debía funcionar "en forma permanente" desde su instalación el día 1° de febrero de 2000 (art. 7), hasta la fecha de "la reunión efectiva de la Asamblea Nacional" (art. 8); y debía asumir todos "los derechos y obligaciones" del Congreso de la República (art. 9).

Por supuesto, estas decisiones de la Asamblea Nacional Constituyente violaban las bases comiciales establecidas en el referendo del 25 de abril de 1999, pues la decisión de dar por terminado un mandato popular resultado de una elección democrática, y nombrar para integrar un órgano legislativo, así fuera temporalmente, a un conjunto de personas que no había sido electas popularmente para que legislasen y controlasen sin tener la representación popular, violaba el principio democrático representativo (la garantía democrática), el principio de progresividad del derecho político a la participación y elección, y los tratados internacionales que obligan a la República a asegurar el ejercicio efectivo de la democracia representativa (Carta de la OEA y Convención Americana de Derechos Humanos, art. 23.[157]

En consecuencia, esta "Comisión Legislativa Nacional," creada por la Asamblea, con "representantes" no electos popularmente, era absolutamente ilegítima, y constituyó una grotesca burla a la nueva Constitución.

Con posterioridad, la Asamblea Nacional Constituyente, en fecha 30 de enero de 2000, dictó un Decreto de Ampliación de las Competencias de la Comisión Legislativa Nacional,[158] en el cual asignó a dicha Comisión una serie de competencias especiales para considerar diversas materias y dictar legislación al respecto. La

156 *Gaceta Oficial* N° 36.903 de 1 de marzo de 2000.

157 Véase lo que expusimos en Allan R. Brewer-Carías, *Debate Constituyente,* Tomo I, *op. cit.,* p.76 a 81.

158 *Gaceta Oficial* N° 36.884 de 3 de febrero de 2000.

Asamblea dictó el Decreto nuevamente "en ejercicio del poder soberano constituyente originario," con lo cual ya no era posible asignarle ningún otro calificativo al poder que se había otorgado a la Asamblea; habiendo sido calificado dicho Decreto por sentencia N° 1454 de fecha 18 de febrero de 2001 de la Sala Constitucional del Tribunal Supremo de Justicia (*Caso: C.A. Good Year de Venezuela*) como de "rango constitucional."

En efecto, las inconstitucionalidades de la Asamblea y la burla a la Constitución fueron sucesiva y lamentablemente "lavadas" por el nuevo Tribunal Supremo, que había sido precisamente designado a dedo para ello, conforme al referido régimen transitorio. En consecuencia, con ocasión de la impugnación del "Acuerdo mediante el cual se recomienda la reincorporación a sus puestos de trabajo de los dirigentes sindicales y trabajadores injusta e inconstitucionalmente despedidos en las diferentes regiones del país," que había dictado por la Comisión Legislativa Nacional en fecha 19 de mayo de 2000[159] en ejercicio de las atribuciones que le otorgó la Asamblea Nacional Constituyente mediante el antes referido Decreto de Ampliación de Competencias, la Sala Constitucional señaló:

> Siendo en fecha 14 de octubre de 1999 la entonces Corte Suprema de Justicia en Pleno, dictaminó que las bases comiciales consultadas mediante Referendo de 25 de abril del mismo año ostentaban *rango supraconstitucional* respecto a la Constitución de 1961, es por lo que se ha concluido que los actos normativos u organizativos dictados por la Asamblea Nacional Constituyente, en ejecución de dichas bases comiciales, tienen *rango constitucional*. Visto que en el encabezamiento del "Decreto de Ampliación de las competencias de la Comisión Legislativa Nacional," dicha Asamblea hace referencia implícita a las referidas bases comiciales, al fundar sus potestades en el "*referendo aprobado democráticamente el veinticinco de abril de mil novecientos noventa y nueve*," es por lo que el mencionado Decreto de ampliación tendría, en rigor, *rango constitucional*.

Por último, debe mencionarse que la Junta Directiva de la Asamblea Nacional Constituyente, mediante Resolución del 19 de enero de 2000,[160] también había resuelto la reestructuración de los servicios administrativos del Poder Legislativo Nacional, y había creado al efecto una Comisión de Reestructuración del Poder Legislativo Nacional.

2. *La disolución de las Asambleas Legislativas de los Estados y el nombramiento de Comisiones Legislativas Estadales*

La Asamblea Nacional Constituyente, en el Decreto del 22-12-99, también se burló de la nueva Constitución, cuando declaró la "disolución de las Asam-

159 *Gaceta Oficial* N° 36.965 de 5 de junio de 2000.

160 *Gaceta Oficial* N° 36.880 de 28 de enero de 2000.

bleas Legislativas de los Estados" (art. 11), para lo cual no tenía autoridad alguna de carácter constitucional, al no haberse resuelto ello en esa forma en las Disposiciones Transitorias de la Constitución; pues ni siquiera ello estaba establecido en su Estatuto de Funcionamiento. Además, la Asamblea decidió la cesación en sus funciones, de los diputados que integraban las Asambleas (art. 11).

Pero la Asamblea Nacional Constituyente, al igual que lo que ocurrió con el Poder Legislativo Nacional, a nivel estadal también creó, sin competencia alguna, sendas "Comisiones Legislativas Estadales," atribuyendo el nombramiento de sus miembros, incluso, a la "Comisión Coordinadora de la Asamblea Nacional Constituyente" (art. 12). Ello no sólo era ilegítimo, al no estar prevista esa facultad en norma alguna, sino que también era violatorio de las bases comiciales aprobadas en el referendo del 25 de abril de 1999, así como de la antes mencionada garantía democrática, que era uno de sus límites supraconstitucionales.

La Constitución de 1999 siguió el principio democrático representativo, y no admitía ni admite que se pueda atribuir el poder de legislar en representación del pueblo a unos órganos integrados por personas no electas popularmente, en esos casos, designadas por la propia Asamblea Nacional Constituyente, sin poder constitucional alguno para ello.

Posteriormente, la Comisión de Coordinación de la Asamblea Nacional Constituyente, supuestamente "de conformidad con las facultades otorgadas por dicha Asamblea en sesión del 22 de diciembre de 1999," las cuales no se identificaban, resolvió el 4 de enero de 2000 dictar un "Régimen para la integración de las Comisiones Legislativas de los Estados,"[161] para lo cual creó una "Comisión Receptora Nacional" para la selección de los candidatos a dichas Comisiones Legislativas, atribuyéndoles competencias a las Comisiones Legislativas de los Estados, lo que no había hecho el Régimen Transitorio del Poder Público, "usurpando," además, en consecuencia, dicha Comisión Coordinadora, las "potestades" de regulación constitucional que se había "auto atribuido" la Asamblea Nacional Constituyente.

3. *El control de Alcaldías y Concejos Municipales*

En cuanto a los órganos del Poder Municipal, el artículo 15 del Decreto de la Asamblea de fecha 22 de diciembre de 1999[162] estableció que los Concejos Municipales y los Alcaldes "actuales," ejercerían sus funciones "bajo la supervisión y control de la Asamblea Nacional Constituyente o de la Comisión Legislativa Nacional" hasta tanto se eligieran popularmente sus nuevos integrantes; atribuyendo a

---

161 *Gaceta Oficial* N° 36.865 de 7 de enero de 2000.

162 Véase *Gaceta Constituyente (Diario de Debates), Noviembre 1999-Enero 2000, cit.*, Sesión de 22 de diciembre de 1999, N° 51, p. 5.

la Comisión Coordinadora de la Asamblea Nacional Constituyente o la Comisión Legislativa Nacional la potestad de sustituir parcial o totalmente la integración de los Concejos Municipales, así como sustituir a los Alcaldes, en los casos de graves irregularidades administrativos.

Esta norma también constituyó una burla a la nueva Constitución, pues violaba en su totalidad la garantía de la autonomía municipal prevista en la Constitución, así como el principio democrático respecto de las autoridades municipales que impone que las mismas sólo pueden ser electas popularmente.

4. *La eliminación de la Corte Suprema de Justicia, la creación del Tribunal Supremo y de sus Salas, la designación de los Magistrados y la creación de la Comisión de Funcionamiento y Reestructuración del Poder Judicial*

El artículo 17 del Decreto dispuso, además, que la Corte Suprema de Justicia, sus Salas y dependencias desaparecían y pasaban a conformar el nuevo Tribunal Supremo de Justicia, por lo que, además de las Salas Político Administrativa, de Casación Penal y de Casación Civil de la Corte Suprema de Justicia, cuya extinción se decretó, la Asamblea creó las Salas Constitucional, Social y Electoral que preveía la nueva Constitución y que aún no había entrado en vigencia.

En el artículo 19 del Decreto, la Asamblea, además, designó los Magistrados que pasaban a integrar el Tribunal Supremo de Justicia, sin sujetarse a las condiciones establecidas en la nueva Constitución para dichos cargos, entre los cuales estaba quien en los dos últimos meses había sido el Presidente de la Corte Suprema de Justicia. Sus servicios habían sido reconocidos.

En materia de funcionamiento del Poder Judicial, por otra parte, era patente la ausencia de Disposiciones Transitorias en la nueva Constitución, pero esa había sido la voluntad de la Asamblea y del pueblo al aprobar la Constitución mediante el referendo del 15 de diciembre de 1999. Dichas Disposiciones Transitorias, en efecto, sólo contenían una mención en la *Disposición Transitoria Cuarta,* en relación con una "Comisión de Funcionamiento y Reestructuración del Sistema Judicial" únicamente a los efectos de que desarrollase transitoriamente el "sistema de defensa pública" hasta que se dictase la ley respectiva. Y nada más. Incluso, dicha Comisión prevista en dicha Disposición Transitoria, no existía al redactarse y someterse a referendo la Constitución el 15 de diciembre de 1999 y sólo fue posteriormente, en el Decreto de la Asamblea Nacional Constituyente del 22 de diciembre de 1999, que se creó "la Comisión de Funcionamiento y Reestructuración del Sistema Judicial" (art. 27). Ese órgano, sin embargo, constitucionalmente sólo tenía la competencia prevista en la mencionada Disposición Transitoria Cuarta de la Constitución de 1999, de desarrollar el sistema de defensa pública.

Ahora bien, en esta materia, la Asamblea Nacional Constituyente tomó diversas decisiones totalmente incongruentes. Como se ha dicho, comenzó en el Decreto, antes de entrar en vigencia la nueva Constitución, nombrando provisionalmente (art. 20) a los Magistrados del Tribunal Supremo de Justicia (art. 19) y de las nuevas Salas (art. 17) que para ese momento ni siquiera existían por no estar en vigencia el nuevo texto constitucional, y "creó," incluso, las Salas, (art. 17), para lo cual no tenía competencia constitucional alguna.

Por otra parte, la Asamblea adopto diversas normas transitorias no previstas en la nueva Constitución para asegurar la "vigencia inmediata" de la misma que aún no estaba en vigencia, y dispuso que el Consejo de la Judicatura pasaría a conformar la Dirección Ejecutiva de la Magistratura del Tribunal Supremo de Justicia, conforme a lo dispuesto en el artículo 267 de la Constitución que aún no estaba en vigencia, a cuyo fin dispuso la cesación en sus funciones de los consejeros del Consejo de la Judicatura (art. 26).

A renglón seguido, dispuso otro nuevo régimen transitorio, en relación al anterior, también transitorio, sin competencia alguna para ello, al señalar que mientras el Tribunal Supremo no organizase la referida Dirección Ejecutiva, el gobierno y administración, la inspección y vigilancia de los Tribunales, y todas las competencias que la legislación para ese momento vigente atribuían al Consejo de la Judicatura, serían ejercidas por la "Comisión de Funcionamiento y Reestructuración del Sistema Judicial" (art. 21).

La Asamblea Nacional Constituyente así, incluso para después de que la nueva Constitución entrara en vigencia, pretendió confiscarle una de sus nuevas funciones al Tribunal Supremo de Justicia, cuyos miembros designó, y atribuírsela a una "Comisión" creada y designada por la propia Asamblea y ni siquiera por el nuevo Tribunal Supremo; situación irregular que el propio Tribunal Supremo de Justicia aceptó resignadamente durante más de un año.

Por otra parte, la disposición del artículo 23 del Decreto del 22 de diciembre de 1999 constituía una verdadera Disposición Transitoria que debió haber sido incorporada en las de la Constitución, y que dictó la Asamblea, en evidente usurpación de autoridad, la del pueblo, disponiendo que la competencia disciplinaria judicial que correspondía a los tribunales disciplinarios de conformidad con el artículo 267 de la Constitución aprobada, sería ejercida por la Comisión de Funcionamiento y Reestructuración del Sistema Judicial:

> De acuerdo con el presente régimen de *transición y hasta* que la Asamblea Nacional *apruebe la legislación* que determine los *procesos y tribunales* disciplinarios.

Conforme a la nueva Constitución sólo los jueces pueden ejercer la función judicial (art. 253), por lo que era totalmente ilegítimo y contrario a la garantía del debido proceso (art. 49), el atribuir funciones judiciales a una Comisión como la mencionada, que no era un Tribunal. Si se trataba de establecer, así fuera arbitrariamente, un régimen transitorio para la jurisdicción disciplinaria, las funciones judiciales que implica debieron atribuirse a tribunales o jueces preexistentes, y no a una "Comisión" *ad hoc*, pues ello, además, violaba la garantía del debido proceso y del juez natural que la nueva Constitución regulaba expresamente (art. 49).

Con posterioridad la Asamblea Nacional Constituyente dictó otros dos Decretos el 18 de enero de 2000, en relación con el Poder Judicial, también, "en ejercicio del poder soberano constituyente originario," que fueron el relativo a la designación del Inspector de Tribunales; y el relativo a la designación de los miembros de la Comisión de Funcionamiento y Reestructuración del Poder Judicial.[163]

5. *La designación de los titulares de los órganos del Poder Ciudadano*

La Asamblea Nacional Constituyente, en el Decreto sobre Régimen de Transición de Poder Público de 22-12-99, no sólo nombró al Defensor del Pueblo (art. 34), que era para lo único que tenía competencia constitucional en las Disposiciones Transitorias de la Constitución, sino también al Contralor General de la República (art. 36) y al Fiscal General de la República (art. 35), en forma provisional mientras la Asamblea Nacional, una vez que se eligiese, designara a los nuevos titulares.

Incluso, en el Decreto le asignó al Contralor General de la República una competencia no prevista en norma alguna del ordenamiento, que era la posibilidad de *intervenir* las Contralorías Estadales y Municipales y designar con carácter provisional a los titulares de esas entidades (art. 37), con lo cual violaba la autonomía de los Estados y Municipios garantizada en la nueva Constitución.

6. *La designación de los miembros del Consejo Nacional Electoral*

En cuanto al Poder Electoral, por último, la Asamblea Nacional Constituyente, careciendo totalmente de competencia para ello, y en forma ilegítima, en el Decreto del 22 de diciembre de 1999 se auto atribuyó competencia para designar a los integrantes del Consejo Nacional Electoral (art. 40), designaciones que realizó días después, con carácter provisorio, al nombrar a personas, todas vinculadas al nuevo poder y a los partidos que apoyaban al gobierno, lo que incluso no garantizaba la imparcialidad electoral necesaria, burlándose del artículo 296 de la nueva Constitución.

Además, la Asamblea se auto atribuyó competencia para fijar la oportunidad de las primeras elecciones para los cargos representativos previstos en la Constitución (art. 39), y se auto atribuyó competencia para dictar el Estatuto Electoral que debería regir en los primeros comicios para la elección de todos los cuerpos representativos legislativos y los órganos ejecutivos del Poder Público.

---

163 *Gaceta Oficial* N° 36.878 de 26 de enero de 2000.

7. *El reconocimiento, por el Tribunal Supremo de Justicia, que había sido producto del "Régimen de transición del Poder Público," del rango constitucional del mismo y de la existencia de un doble régimen transitorio constitucional: uno constitucional y otro paraconstitucional.*

El Decreto sobre el Régimen de Transición del Poder Público fue impugnado ante la Sala Plena de la antigua Corte Suprema de Justicia en fecha 29 de diciembre de 1999, respecto a los nombramientos del Fiscal General de la República, Contralor General de la República, Magistrados del Tribunal Supremo de Justicia, Defensora del Pueblo, Directivos del Consejo Nacional Electoral y miembros de la Comisión Legislativa Nacional ("Congresillo").

Luego de la remisión del expediente a la Sala Constitucional del nuevo Tribunal Supremo de Justicia, ésta, mediante sentencia N° 4 de fecha 26 de enero de 2000 (*Caso Eduardo García*), cuyo Ponente fue el magistrado Iván Rincón Urdaneta, último Presidente de la extinta Corte Suprema de Justicia y Presidente del nuevo Tribunal Supremo de Justicia, reconoció que el Decreto era "un acto de rango y naturaleza constitucional" y, además

> de naturaleza organizativa, por el cual se produjo la designación de altos funcionarios del Poder Público Nacional, el cual se fundamenta en los propósitos de reorganización del Estado, conferidos a la Asamblea Nacional Constituyente.

El Tribunal Supremo, además, concluyó señalando que:

> Tomando en cuenta lo antes señalado, estima la Sala que, dado el carácter originario del poder conferido por el pueblo de Venezuela a la Asamblea Nacional Constituyente, mediante la pregunta N° 1 y la Base Comicial Octava del referendo consultivo nacional, aprobado el 25 de abril de 1999, y por tanto la no sujeción de este poder al texto constitucional vigente para la época, la demanda propuesta, al fundamentar las presuntas transgresiones en la referida Constitución y no en los parámetros y principios consagrados en las bases fijadas en le citado referendo, conduce forzosamente a su improcedencia.

De igual manera, la Sala Constitucional del Tribunal Supremo de Justicia se pronunció sobre el Decreto del "Régimen de Transición del Poder Público," al ser éste impugnado en fecha 17 de enero de 2000. En efecto, mediante sentencia N° 6 de fecha 27 de enero de 2000 cuyo Ponente fue el magistrado Héctor Peña Torrelles, el Tribunal Supremo de Justicia declaró improcedente la acción de nulidad interpuesta contra el referido Decreto con base en los siguientes argumentos:

> En tal sentido, entiende la Sala que, hasta la fecha de la publicación de la nueva Constitución, la que le precedió (1961) estuvo vigente, lo cual se

desprende de la Disposición Derogatoria Única; y como los actos de la Asamblea Nacional Constituyente no estaban sujetos a la Constitución derogada, los mismos sólo podrían estar regulados -como fuera señalado por la sentencia de la Corte Suprema de Justicia en Pleno antes referida- por normas supraconstitucionales. Así, por argumento en contrario, sólo los actos dictados por la Asamblea Nacional Constituyente con posterioridad a la publicación de la nueva Constitución estarían sujetos a ésta.

De todo lo anterior emerge que el acto de la Asamblea Nacional Constituyente impugnado en esta oportunidad publicado en la Gaceta Oficial número 36.859 del 29 de diciembre de 1999, esto es, con anterioridad a la vigencia de la Constitución de la República Bolivariana de Venezuela de 1999, no esta sujeto ni a ésta, ni a la Constitución de 1961.

Se reconoció, así, por el Tribunal Supremo de Justicia, rango constitucional al régimen transitorio inventado por la Asamblea Nacional Constituyente, desligado tanto de la Constitución de 1961 como de la propia Constitución de 1999; régimen transitorio que, además, contenía el acto de designación de los propios Magistrados. Lo menos que podían haber hecho era inhibirse, pero no fue así; y esa y otras sentencias que juzgaron dicho régimen constituyeron violación del principio elemental del Estado de derecho conforme al cual nadie puede ser juez en su propia causa.

Ahora bien, el aspecto jurídico medular que deriva del Decreto sobre el Régimen Transitorio del Poder Público es que la Asamblea Nacional Constituyente, burlándose del texto de las Disposiciones Transitorias de la Constitución de 1999, después que la misma había sido aprobada por el pueblo en el referendo del 15 de diciembre de 1999, dispuso otro régimen transitorio al margen de la Constitución, contenido en el mencionado Decreto, que no fue aprobado por el pueblo. Se violó así lo dispuesto en la "base comicial novena" del referendo del 25 de abril de 1999 que exigía que la nueva Constitución debía ser aprobada por el pueblo.

El Tribunal Supremo de Justicia creado, precisamente, en el Decreto sobre el Régimen de Transición del Poder Público, se encargó de avalar este desaguisado constitucional, en la sentencia de 28 de marzo de 2000 (*caso: Allan R. Brewer-Carías y otros*) dictada con ponencia del magistrado Jesús Eduardo Cabrera, con motivo de declarar sin lugar la demanda de nulidad intentada contra el Estatuto Electoral del Poder Público dictado por la Asamblea el 30 de enero de 2000.[164]

En efecto, la Sala Constitucional fundamentó su decisión en el argumento de que conforme al referendo del 25 de abril de 1999, la Asamblea Nacional Constituyente para cumplir su misión de transformar el Estado, crear un nuevo ordenamiento jurídico y dictar una nueva Constitución que sustituyera a la de 1961,

---

164 Véase en *Gaceta Oficial* N° 36.884 de 3 de febrero de 2000.

supuestamente tenía varias alternativas para regular el régimen constitucional transitorio: *Una*, elaborar unas Disposiciones Transitorias que formaran parte de la Constitución para ser aprobada por el pueblo mediante referendo; y *otra*, dictar actos constituyentes aparte, de valor y rango constitucional, que originarían un régimen transitorio constitucional paralelo, no aprobado por el pueblo.

Esto, por supuesto, era un disparate constitucional. De acuerdo con el referendo del 25 de abril de 1999 y conforme se establece en la base novena de rango supraconstitucional como lo consideró la antigua Corte Suprema de Justicia, y cuyo contenido no consideró el Tribunal Supremo, las nuevas normas constitucionales producto del proceso constituyente, para entrar en vigencia, debían ser aprobadas por referendo popular. Esa fue la voluntad expresada por el pueblo el 25 de abril de 1999: que la Asamblea Nacional Constituyente no podía poner en vigencia actos con rango constitucional sino que sólo el pueblo, por referendo, podía poner en vigencia la nueva Constitución. Por ello, el pueblo venezolano fue convocado a referendo el 15 de diciembre de 1999, para aprobar la Constitución. Por tanto, conforme a la voluntad popular del 25 de abril de 1999, sólo el propio pueblo podía aprobar la Constitución mediante referendo aprobatorio, por lo que no podía existir ninguna otra norma de rango constitucional que no fuera aprobada por el propio pueblo.

Por ello, al considerar el Tribunal Supremo de Justicia en la sentencia mencionada que el Estatuto Electoral dictado por la Asamblea Nacional Constituyente tenía un supuesto rango constitucional, con el objeto de llenar los supuestos vacíos de las Disposiciones Transitorias de la Constitución, vacíos que habían sido inventados y provocados por la propia Asamblea Nacional Constituyente antes de publicar la Constitución; puede considerarse que el Tribunal violó la soberanía popular expresada el 25 de abril de 1999 y marginó la soberanía popular expresada el 15 de diciembre de 1999. La verdad es que de nada sirvió que los venezolanos hubiésemos aprobado por referendo una Constitución el 15 de diciembre de 1999, si paralelamente la Asamblea Nacional Constituyente podía dictar otras normas constitucionales no aprobadas por el pueblo.

Partiendo del falso supuesto anterior de que conforme al referendo del 25 de abril de 1999, la Asamblea Nacional Constituyente podía poner en vigencia normas constitucionales no aprobadas por el pueblo, el Tribunal Supremo de Justicia consideró que el Estatuto Electoral impugnado, al tener rango constitucional, no podía violar la Constitución de 30 de diciembre de 1999, como fue lo que habíamos alegado en el recurso de nulidad.[165]

De esta premisa fundamental, falsa y contradictoria, el Tribunal Supremo de Justicia derivó su decisión, en la cual:

---

165 Véase Allan R. Brewer-Carías, *La Constitución de 1999*, 3ª Edición, Caracas 2001, pp. 270 ss.

Primero: Reconoció la existencia de un vacío legal (que sólo la Asamblea había creado) en las Disposiciones Transitorias de la Constitución de 1999, y pretendió llenarlo con una interpretación violatoria de la soberanía popular. El "limbo jurídico" que refiere con toda diligencia la sentencia había sido inventado por la Asamblea Nacional Constituyente, y no fue originado por las Disposiciones Transitorias de la Constitución. Al haber sido creado por dicha Asamblea, por su arbitrariedad, de lo que se requería era de un remedio judicial constitucional por parte del Tribunal Constitucional y no de una bendición. Este, en efecto, lo que hizo fue aceptar la violación constitucional y forzando la interpretación, trató de enderezar un entuerto constitucional.

Segundo: Incurrió en contradicción, al considerar que el régimen transitorio de orden constitucional iniciado el 25 de abril de 1999 "finalizó con la aprobación de la Constitución" de 30 de diciembre de 1999 por el pueblo, y paralelamente admitió la existencia de otro régimen transitorio "para constitucional" no aprobado por el pueblo.

Tercero: Contradijo la sentencia de la propia Sala Constitucional del 27 de febrero de 2000, que había establecido la sumisión a la Constitución de 1999 de los actos de la Asamblea Nacional Constituyente dictados con posterioridad a la publicación de la Constitución el 30 de diciembre de 1999, pues en esta nueva sentencia, señaló que los actos de la Asamblea Nacional Constituyente dictados después de esa fecha también tenían rango "constitucional;" no que eran "supraconstitucionales," sino de igual rango que la Constitución aprobada por referendo, sin estar ello regulado en las Disposiciones Transitorias de la propia Constitución y sin haber sido aprobadas por el pueblo.

Cuarto: Contradijo y desconoció el poder derogatorio expreso de la nueva Constitución en relación con todas las normas preconstitucionales contrarias a sus disposiciones y no sólo las dictadas basadas en la Constitución de 1961. No hay Disposición Transitoria alguna en la Constitución de 30 de diciembre de 1999 que hubiera asegurado la supervivencia de normas dictadas por la Asamblea Nacional Constituyente, que después de publicada la Constitución, contrariasen sus disposiciones. El Tribunal Supremo de Justicia, así, pretendió de nuevo suplir el vacío producido por la arbitrariedad de la Asamblea Nacional Constituyente, y marginó la voluntad popular.

Sin embargo, el aspecto más importante de la sentencia que se comenta del Tribunal Supremo es el que dejó sentado el principio de que supuestamente, la Asamblea Nacional Constituyente podía dictar normas de rango constitucional, no aprobadas mediante referendo por el pueblo. Esto, sin duda, era un criterio violatorio de la base comicial novena del referendo del 25 de abril de 1999, que la antigua Corte Suprema de Justicia en Corte Plena, en la citada sentencia de 14 de octubre de 1999 (*Caso: Henrique Capriles Radonski vs. Decreto de Regulación de funciones del Poder Legislativo)* había considerado de rango "supraconstitucional."

En efecto, la base comicial novena del referendo del 25 de abril de 1999, que, se insiste, se había considerado de rango supraconstitucional por lo que a ella estaba sometida la Asamblea Nacional Constituyente en su actuación, estableció que la nueva Constitución que elaborara la Asamblea sólo entraría en vigencia una vez aprobada mediante referendo. De ello se deducía que la voluntad popular en Venezuela, expresada en el referendo del 25 de abril de 1999, fue que la Asamblea Nacional Constituyente -a diferencia de lo que había ocurrido en Colombia en 1991- no podía poner en vigencia la nueva Constitución ni norma constitucional alguna, sino que éstas tenían que ser aprobadas por el pueblo, mediante referendo.

Sin embargo, ese no fue el criterio del Tribunal Supremo en la sentencia indicada, en la cual la Sala Constitucional, como se dijo, partió del siguiente supuesto:

> La Asamblea Nacional Constituyente, a fin de cumplir el mandato que le otorgó el pueblo, *tenía varias alternativas*, una, elaborar una Constitución con un conjunto de disposiciones transitorias que regularan al máximo la implementación jurídica del régimen transitorio entre las instituciones previstas en la Constitución de la República de Venezuela de 1961, y las prevenidas en la Constitución de la República Bolivariana de Venezuela de 1999.
>
> Otra alternativa era, no realizar dicha implementación en las disposiciones transitorias de la Constitución y efectuarla mediante un cuerpo legislativo aparte, complementado por actos destinados a llenar el vacío institucional que se crearía al entrar en vigencia la nueva Constitución. Esta fue la vía escogida por la Asamblea Nacional Constituyente, cuando dictó el Régimen Transitorio del Poder Público, publicado el 29 de diciembre de 1999 en la Gaceta Oficial N° 36.859, destinado al régimen de transición en lo atinente a la reestructuración del poder público. A tal fin, el artículo 2 del "Régimen de Transición del Poder Público," textualmente reza:
>
> Las previsiones del presente régimen de transición desarrollan y complementan las Disposiciones Transitorias de la Constitución aprobada por el pueblo de Venezuela.
>
> El régimen de transición señalado reguló al Poder Legislativo nacional, mediante la creación de la Comisión Legislativa Nacional, la cual funcionará hasta la fecha en que se reúna efectivamente la Asamblea Nacional prevenida en la Constitución vigente, y a quien señaló en el artículo 6 del Régimen de Transición del Poder Público, sus atribuciones.
>
> Igualmente, dentro del régimen transitorio, el constituyentista reguló el Poder Electoral, y el artículo 39 del Régimen de Transición del Poder Pú-

blico, expresó "*Los primeros comicios para la elección de la Asamblea Nacional, de los Consejos Legislativos de los Estados, de los Consejos Municipales, del Presidente de la República, de los Gobernadores de Estado y de los Alcaldes de los Municipios, serán organizados por el Consejo Nacional Electoral, de acuerdo a la fecha y al Estatuto Electoral que apruebe la Asamblea Nacional Constituyente*" (Subrayado de la Sala).

Entrada en vigencia la Constitución de la República Bolivariana de Venezuela el 30 de diciembre de 1999, según su propio texto, se hace necesario elegir a la Asamblea Nacional, institución básica entre los poderes públicos para el funcionamiento del sistema político-jurídico que desarrolla la Constitución recién promulgada, y hasta su elección e instalación, nace un segundo régimen transitorio, el cual se rige por las normas sancionadas a ese fin por la Asamblea Nacional Constituyente, en ejercicio de su competencia constituyente, y que responde a las Bases Primera y Octava para lo que se convocó el referendo del 25 de abril de 1999, las cuales se proyectan paralelamente a la Constitución vigente, tal como lo estableció el Régimen de Transición de Poder Público, que obran -por disposición del artículo 2 de dicha normativa- como Disposiciones Transitorias de la Constitución vigente. Esta normativa de rango análogo a la Constitución, está destinada a que las instituciones prevenidas en la Constitución, pero que aún no han entrado en funcionamiento, se realicen, y se agota al cumplir su cometido.

Las normas de transición devienen así en integrantes del sistema constitucional, en cuanto hacen posible la plena vigencia de la naciente Constitución. La transitoriedad es inherente al propio proceso constituyente y le es inmanente.

De este razonamiento se dedujo, entonces, el absurdo constitucional de que podía haber un régimen constitucional transitorio no previsto en la Constitución de 1999, ni aprobado por el pueblo, dictado por la Asamblea Nacional Constituyente, lo cual es totalmente incorrecto. El Tribunal Supremo se había olvidado consultar la base comicial novena (la sentencia sólo hizo referencia a las bases primera y octava) que imponía, con carácter supraconstitucional, la exigencia de que la Constitución y toda norma de rango constitucional producto de la Asamblea Nacional Constituyente tenía que ser aprobada por el pueblo, mediante referendo, para poder considerarse aprobada definitivamente. Eso ocurrió con el texto de la Constitución y sus Disposiciones Transitorias aprobadas en el referendo del 15-12-99, pero no ocurrió con el Régimen Transitorio del Poder Público dictado por la Asamblea con posterioridad y, al cual, sin embargo, el Tribunal Supremo le reconoció "rango análogo a la Constitución" con vigencia "paralelamente a la Constitución vigente."

Para reforzar esta absurda consideración, la Sala Constitucional utilizó un argumento propio del derecho privado, de que "quien puede lo más puede lo menos," el cual es totalmente inaplicable en derecho público, donde la competencia tiene que ser expresa. La Sala, en efecto argumentó como sigue:

> Tal disposición, emanada del poder constituyente *que podía lo más,* cual era la transformación del Estado, lo que iba a adelantar mediante la aprobación de una nueva Constitución y del régimen de transición, claro *que podía lo menos,* dentro de su cometido de transformación del Estado, cual era dictar las normas que permitirían la transición entre el sistema constitucional abrogado y el nuevo, que conforme al texto constitucional de 1999, no podía de inmediato constituirse en todas sus instituciones.

De lo anterior, entonces, la Sala Constitucional dedujo lo siguiente, desconociendo el poder derogatorio de la Constitución de 1999 y su supremacía:

> La Constitución de la República Bolivariana de Venezuela, al entrar en vigor, deroga el ordenamiento jurídico basado en la Constitución de la República de Venezuela de 1961, pero no el nacido de la transitoriedad a que se refiere el tipo de normas antes señalado, y que como emanación del poder constituyente deben complementar a la Constitución en la instalación de las instituciones, cuyas fórmulas para esa instalación no se previeron dentro del texto constitucional, o dentro de las disposiciones transitorias a él incorporadas, pero estas normas, producto de la Asamblea Nacional Constituyente, surgen del régimen nacido del referendo del 25 de abril de 1999, que es un régimen de producción originaria de rango análogo a la Constitución misma, pero cuya vigencia termina cuando se logre la implantación efectiva de la organización y funcionamiento de las instituciones previstas por la Constitución.

> Más adelante, la sentencia insistió en este argumento así:

> El régimen de transición del poder público se proyecta hacia el futuro, no sólo hasta la instalación de la Asamblea Nacional, sino aún más allá ; ya que el artículo 3 de dicho régimen, señala: "*Cada disposición del régimen de transición del Poder Público tendrá vigencia hasta la implantación efectiva de la organización y funcionamiento de las instituciones previstas por la Constitución aprobada, de conformidad con la legislación que a los efectos apruebe la Asamblea Nacional,*" por lo que mientras tales legislaciones no se aprueben, las normas y actos emanados de la Asamblea Nacional Constituyente tienen plena vigencia, hasta que de conformidad con la Constitución se establezca el régimen legal que vaya derogando la provisionalidad, y vaya dejando sin efectos las normas y actos emanados de la Asamblea Nacional Constituyente. Ese régimen legal es el ordinario

que corresponde a la Asamblea Nacional, y el que le ordena adelantar las Disposiciones Transitorias que, como parte integrante del texto constitucional, se publicaron con él.

Resulta de un formalismo conducente a la irrealidad, pretender que el sistema de una Constitución que recién se implante, pueda organizarse dentro sí misma, sobre todo, cuando las disposiciones transitorias dejen vacíos sobre la etapa de transición de un sistema constitucional, como lo es el caso de la vigente Constitución.

Ante tal situación, adquiere rango especial la normativa que el constituyente como representante del pueblo soberano, crea para que el sistema pueda funcionar. Se trata de normas complementarias de la Constitución de igual rango que ella, las cuales, de existir, permiten minimizar los vacíos y lagunas de que adolezca el texto constitucional. Tal vez la existencia de estas normas y su reconocimiento disguste a constitucionalistas formalistas y dogmáticos, o a personas que juegan a intereses distintos que los jurídicos, pero ello atiende a la necesidad de resolver situaciones reales, y así permiten integrar la constitucionalidad.

De lo anterior resulta, por tanto, la siguiente situación irregular:

1. La Asamblea Nacional Constituyente aprobó el 17 de noviembre de 1999 una Constitución con un régimen transitorio previsto en sus Disposiciones Transitorias, que implicaban la permanencia de los titulares de los órganos de los Poderes Públicos, hasta que fueran electos los nuevos titulares. En la expresión de la voluntad popular (referendo del 15 de diciembre de 1999) y de la voluntad de la Asamblea Nacional Constituyente que sancionó y proclamó la Constitución, por tanto, no quedó vacío legal alguno respecto de la transición constitucional.

2. Dicha Constitución de 1999, con dicho régimen transitorio, fue sometida a referendo aprobatorio, y así fue aprobada por el pueblo el 15 de diciembre de 1999, siendo proclamada formalmente por la Asamblea Nacional Constituyente el 20 de diciembre de 1999.

3. Con posterioridad, dos días después, la Asamblea Nacional Constituyente cambió de opinión y resolvió alterar el régimen transitorio que estaba previsto en la Constitución de 1999 aprobada en referendo, y antes de que se publicara para que entrara en vigencia, el 22 de diciembre de 1999 dictó el Régimen de Transición del Poder Público, que sustituyó a todos los titulares de los órganos del Poder Público y modificó su estructura. Dicho régimen originó, entonces, un supuesto "vacío legal" que pretendió llenar con normas de rango constitucional no aprobadas por el pueblo.

4. El Tribunal Supremo de Justicia, en su sentencia del 28 de marzo de 2000, le atribuyó a dicho Régimen de Transición del Poder Público, dictado por

la Asamblea Nacional Constituyente sin aprobación popular, rango y valor constitucional, contrariando así la base comicial novena del referendo del 25 de abril de 1099, que se configuraba como el conjunto normativo supraconstitucional que constituía el límite de la actuación de la Asamblea.

5. En el país, entonces, y como consecuencia de la sentencia del Tribunal Supremo, existen dos regímenes constitucionales paralelos: uno contenido en la Constitución de 1999, aprobada por el pueblo; y otro, dictado con posterioridad a dicha aprobación por la Asamblea Nacional Constituyente, no aprobado por el pueblo y de vigencia imprecisa hasta que se apruebe toda la legislación que prevé la propia Constitución de 1999, lo cual puede durar décadas.

El Tribunal Supremo de Justicia, lamentablemente, en lugar de cumplir su deber como contralor de la constitucionalidad, quiso resolver el vacío creado por la Asamblea después de aprobada la Constitución de 1999 por referendo popular, violentó el ordenamiento constitucional y frustró la esperanza de que apuntalara el Estado de Derecho, precisamente cuando comenzaba a entrar en aplicación la nueva Constitución.

Todo este sistema de doble régimen constitucional paralelo y yuxtapuesto lo confirmó la Sala Constitucional, posteriormente, en el auto dictado el 12 de diciembre de 2000 con motivo de resolver sobre la pretensión de amparo que había acumulado la Defensora del Pueblo a la acción de nulidad por inconstitucionalidad que intentó contra la Ley Especial para la Ratificación o Designación de los Funcionarios y Funcionarias del Poder Ciudadano y Magistrados y Magistradas del Tribunal Supremo de Justicia para el Primer Período Constitucional de 14 de noviembre de 2000,[166] en el cual señaló:

> A partir de la aprobación de las bases comiciales y la instalación de la Asamblea Nacional Constituyente surge una situación inédita en el constitucionalismo nacional. En una primera fase, hasta la promulgación de la actual Constitución, sin ruptura constitucional de ninguna especie, siguió vigente la Constitución de la República de Venezuela de 1961, coexistiendo con los actos que dictó la Asamblea Nacional Constituyente, en lo que contraríen a dicha Constitución, adquirieron la categoría de actos constitucionales, ya que es el pueblo soberano, por medio de sus representantes, quien deroga puntualmente disposiciones constitucionales, creando así un doble régimen, donde como ya lo ha señalado esta Sala, coexistía la Constitución de 1961 con los actos constituyentes. Una segunda etapa, de este sistema constitucional, surge a partir de la promulgación de la Constitución de la República Bolivariana de Venezuela, la cual crea una serie de instituciones no previstas en las car-

166 *Gaceta Oficial* N° 37.077 de 14 de noviembre de 2000.

tas fundamentales anteriores, pero cuyas pautas de funcionamiento no fueron consagradas en el texto constitucional, quedando sujetas a una regulación posterior mediante leyes que dictare la Asamblea Nacional.

Para evitar el vacío institucional mientras se promulguen las leyes, la Asamblea Nacional Constituyente decretó el Régimen de Transición del Poder Público (*Gaceta Oficial* N° 36.920 de 28 de marzo de 2000), de manera que las instituciones delineadas en la Constitución de 1999, aun no desarrolladas por las leyes, pudieran funcionar, evitándose así que las normas constitucionales quedaran sin contenido. Este régimen de transición, que se fue complementando con otras normativas emanadas del poder constituyente, necesariamente tiene naturaleza constitucional, ya que integra la Constitución, vigente mientras las instituciones se normalicen, por lo que no puede considerarse que los poderes actuales sean ilegítimos o inconstitucionales, si se fundan en el Régimen de Transición del Poder Público. Basta leer el *artículo 2 del Régimen de Transición del Poder Público,* para constatar que dicho régimen desarrolla y complementa las disposiciones transitorias de la Constitución de 1999. La normalización total de instituciones nuevas como el Poder Ciudadano y el Tribunal Supremo de Justicia, requieren de leyes orgánicas que desarrollen el texto constitucional, y mientras ellas no se dicten, las mismas se rigen por dos cuerpos legales coexistentes e integrativos: Decreto sobre el Régimen de Transición del Poder Público y la Constitución de la República Bolivariana de Venezuela, en lo que se complementan.

Por ello, en fallo de esta Sala, de fecha 30 de junio de 2000 (caso Defensoría del Pueblo), la Sala enfatizó, que cuando las leyes orgánicas respectivas se dictaren, cesaría definitivamente el régimen provisorio que gobierna a las instituciones, actualmente carentes de dichas leyes especiales, pero mientras tanto, conformaban un solo bloque constitucional el Régimen de Transición del Poder Público y la Constitución de la República Bolivariana de Venezuela, tal como lo ha apuntado esta Sala en fallos de fechas 14 de marzo y 28 de marzo de 2000.

Es insólito que un tribunal constitucional, encargado de velar por la supremacía constitucional, pudiera llegar a considerar que el Régimen de Transición del Poder Público dictado por la Asamblea Nacional Constituyente, después de aprobada popularmente la Constitución de 1999 y de haber sido proclamada por la propia Asamblea, pudiera tener el mismo rango que la Constitución. ¿Para qué, entonces, la payasada del referendo aprobatorio de la Constitución si la Asamblea Nacional Constituyente podía, a su discreción, poner en vigencia normas de rango constitucional, sin aprobación popular? El papel del Tribunal Supremo de Justicia en relación con el proceso constituyente, sin duda, se recordará, sí, en los anales de nuestra historia constitucional, pero no precisamente por su apego a la constitucionalidad.

XV.
El régimen electoral para las primeras elecciones de 2000 dictado al margen de la constitución

La Asamblea Nacional Constituyente, al haber dispuesto en el Régimen de Transición del Poder Público, en una forma que no estaba prevista en la Constitución aprobada por el pueblo, la cesación en sus cargos de los representantes electos un año antes, no tuvo otra alternativa que pretender llenar el vacío que ella misma había creado, con el establecimiento de un régimen electoral para las primeras elecciones de 2000, sobre lo cual nada se había regulado en las Disposiciones Transitorias de la Constitución.

1. *El Estatuto Electoral del Poder Público (30 de enero de 2000)*

En efecto, la Asamblea Nacional Constituyente con fecha 30 de enero del 2000 en el día de su propia cesación, dictó un Estatuto Electoral del Poder Público[167], mediante el cual derogó parcialmente la Ley Orgánica del Sufragio y Participación Política; y, además, mediante Decreto de igual fecha, 30 de enero del 2000, fijó para el día 28 de mayo del 2000 la realización de las primeras elecciones nacionales, estadales y municipales y para representantes ante el Parlamento Andino y el Parlamento Latinoamericano, las cuales por el fracaso del Consejo Nacional Electoral nombrado por la propia Asamblea, tuvieron que ser suspendidas y realizadas varios meses después.

Dichos actos, en virtud de la vigencia inmediata y el poder derogatorio de la Constitución (de sus artículos y de sus Disposiciones Transitorias) estaban sujetos y tenían que ajustarse a lo dispuesto en la Constitución de 1999. Sin embargo, de nuevo, no fue así como lo interpretó el Tribunal Supremo de Justicia.

En efecto, el Estatuto Electoral fue dictado por la Asamblea Nacional Constituyente, a pesar de que ya se había publicado la nueva Constitución, fundamentándose en el "ejercicio del poder soberano constituyente originario" que supuestamente le habría sido otorgado por el referendo del 25 de abril de 1999 para transformar el Estado y crear un nuevo ordenamiento jurídico que permitie-

167 Véase en *Gaceta Oficial* N° 36.884 de 3 de febrero de 2000.

ra el funcionamiento efectivo de una democracia social y participativa. Además, se fundamentó en lo establecido en el artículo 39 del Decreto sobre el "Régimen de Transición del Poder Público," aprobado por la Asamblea Nacional Constituyente el 22 de diciembre de 1999. La Asamblea Nacional Constituyente, así, se burló de la Constitución de 1999 y de la misma voluntad popular expresada el 15 de diciembre de 1999. Para la Asamblea, eso no tenía importancia, ya que dictó un texto postconstitucional que violaba la propia Constitución, basada en los supuestos "poderes constituyentes" que ya habían cesado por la aprobación popular de la nueva Constitución.

Ahora bien, con fundamento en estas disposiciones, la Asamblea Nacional Constituyente estableció el régimen que debía regir "los primeros procesos comiciales para la elección de todos los representantes que integran los órganos de los Poderes Públicos, así como el Parlamento Latinoamericano y el Parlamento Andino," y derogó parcialmente la Ley Orgánica del Sufragio y Participación Política, al decretar que ésta debía ser "de aplicación supletoria al presente Estatuto Electoral" (art. 1).

Debe insistirse en que, a partir del 30 de diciembre de 1999, la Asamblea Nacional Constituyente no podía atribuirse a sí misma el ejercicio del poder constituyente originario, el cual, conforme al artículo 347 de la Constitución, a partir de su entrada en vigencia, no había duda de que *correspondía exclusivamente al pueblo*. Dicha norma establece, en efecto, que "el pueblo de Venezuela es el depositario del poder constituyente originario," y sólo el pueblo puede "ejercerlo," incluso convocando una Asamblea Nacional Constituyente.

En consecuencia, el Estatuto Electoral no sólo carecía de base constitucional para que se pudiera dictar, sino que al haberse dictado por la Asamblea, supuestamente "en ejercicio del poder soberano constituyente originario" como se indica en los fundamentos del mismo, se violó abiertamente lo establecido en el artículo 347 de la Constitución que ya estaba en vigencia desde un mes antes. Por ello, además, el Estatuto estaba viciado de usurpación de autoridad, por lo cual era nulo conforme al artículo 138 de la nueva Constitución. Conforme a la interpretación dada por la Sala Constitucional, después de publicada la Constitución de 1999 la Asamblea no podía auto atribuirse tal "poder soberano constituyente originario," que sólo corresponde al pueblo. Al haberlo hecho, dictando el Estatuto Electoral, insistimos, no sólo usurpó la autoridad del pueblo, siendo dicho acto nulo conforme al artículo 138 de la Constitución; sino que violó abiertamente el artículo 347 de la Constitución.

Por otra parte, en cuanto al fundamento indicado respecto del artículo 39 del Decreto sobre el "Régimen de Transición del Poder Público," la Asamblea se había auto atribuido competencia para dictar el Estatuto Electoral que debía regir en los primeros comicios para la elección de todos los cuerpos representativos legislativos y los órganos ejecutivos del Poder Público. Sobre dicha competencia, debe señalarse que la Constitución de 1999, una vez sometida a referendo popular el 15 de diciembre de 1999 y publicada el 30 de diciembre de 1999, había entrado en vigencia inmediata, y en ella se indicaba que la única competencia legislativa que se le atribuía a la Asamblea Nacional Constituyente, mientras estuviese en funcionamiento, era la de dictar la "Ley Especial del Distrito Capital" (Disposición Transitoria Primera), y nada más.

La competencia que en el Decreto sobre el Régimen de Transición del Poder Público se auto atribuyó la Asamblea para dictar el Estatuto Electoral, por no estar prevista en la Constitución aprobada por el pueblo, al entrar ésta en vigencia el 30 de diciembre de 1999, puede considerarse que había quedado tácitamente derogada por contrariar lo dispuesto en su texto (Disposición Derogatoria), pues conforme a la Constitución, sólo la Asamblea Nacional que se eligiera tenía potestad legislativa en materia electoral (arts. 63, 156.32, 187.1, y 202); correspondía, sin embargo, al Consejo Nacional Electoral, órgano del nuevo Poder Público Nacional creado en la Constitución, establecer las adaptaciones normativas necesarias para la realización de las primeras elecciones.

El Decreto sobre el Estatuto Electoral, en todo caso, fue impugnado en varias oportunidades ante la Sala Constitucional del Tribunal Supremo de Justicia.[168] La primera sentencia (N° 179) recaída al efecto (*caso: Gonzalo Pérez Hernández*) fue dictada en fecha 28 de marzo de 2000, bajo la ponencia del magistrado J.M. Delgado Ocando, en la cual se señaló que:

> ...Es claro que, si la vigente Constitución prevé la legislación electoral como competencia de la Asamblea Nacional, ésta no puede, por razones lógicas, ejercer dicha competencia antes de ser instituida. Por eso, la Disposición Transitoria Octava de la Constitución de la República Bolivariana de Venezuela prevé la atribución del Consejo Nacional Electoral para convocar, organizar y supervisar los procesos electorales, mientras se promulgan las leyes electorales previstas en la Constitución vigente, pero no para dictar las normas conforme deba discurrir dicho proceso. La prescripción de la Base Transitoria Octava responde a este carácter inmanente y necesario de la transición al prever la competencia del Consejo Nacional Electoral y el propio régimen electoral que, al no poder ser sancionado por la Asamblea Nacional, y no estar explicitado en la Constitución de la República Bolivariana de Venezuela, sólo puede ser sancionado por la Asamblea Nacional Constituyente, pues la Disposición Transitoria Octava carecería de sentido si las previsiones de la vigente Constitución, incluido el artículo 298 eiusdem, pudieran ser aplicadas en el período de transición.

---

168 Véase en general Carlos Luis Carrillo Artiles, "El desplazamiento del principio de supremacía constitucional por la vigencia de los interregnos temporales," *Revista de Derecho Constitucional*, N° 3, Caracas 2000, pp. 77 y ss.

La Sala Constitucional al decidir esto, sin duda, se había olvidado de consultar el artículo 293, ordinal 1° de la nueva Constitución que le atribuía competencia al Consejo Nacional Electoral, como una de las ramas del Poder Público Nacional, para "resolver las dudas y vacíos" que las leyes electorales "susciten y contengan" y, por tanto, así poder adaptar la normativa electoral que estaba vigente a la nueva Constitución para la realización de las mencionadas primeras elecciones. En todo caso, el Tribunal Supremo de Justicia tenía el poder para interpretar la ley y adaptarla a la nueva Constitución como ya lo había hecho en la materia electoral, en la sentencia N° 17 de la Sala Electoral de 14 de marzo de 2000 al resolver que la Asamblea Nacional no tenía "diputados adicionales."

En todo caso, el Tribunal Supremo de Justicia, continuó señalando en su sentencia que:

> El Estatuto Electoral del Poder Público ha integrado el régimen constitucional nacido del proceso constituyente, en orden a hacer efectivo el proceso de transición hacia la plena vigencia de la Constitución de la República Bolivariana de Venezuela, de acuerdo con la pregunta 1° del Referendo del 25 de abril de 1999. Esta Sala considera que sólo por una ficción jurídica podría distinguirse la naturaleza de la Constitución de la República Bolivariana de Venezuela y las otras normas sancionadas por la Asamblea Nacional Constituyente, aunque estas últimas normas tengan una vigencia determinada diferente a la vigencia indefinida de la Carta Magna. La Sala considera, asimismo, que todas las normas sancionadas por la Asamblea Nacional Constituyente, incluida la Constitución de la República Bolivariana de Venezuela, constituyen un sistema normativo constitucional, cuya teleología tiende a "la transformación del Estado y la creación de un nuevo ordenamiento jurídico," mediante un proceso que garantice la continuidad institucional, el Estado de Derecho y la "implantación efectiva de la organización y funcionamiento de las instituciones previstas por la Constitución aprobada.

En esta forma, el Tribunal Supremo continuó otorgándole rango constitucional a todas las actuaciones de la Asamblea Nacional Constituyente, incluso las dictadas con posterioridad a la entrada en vigencia de la nueva Constitución, burlándose de sus disposiciones y contrariando la misma doctrina de la Sala, expresada en la sentencia N° 6 dictada el 17 de enero de 2000 conforme a la cual:

> Los actos dictados por la Asamblea Nacional Constituyente con posterioridad a la publicación de la nueva Constitución estarían sujetos a ésta.

En la misma fecha 28 de marzo de 2000, la Sala Constitucional dictó la otra sentencia (N° 180) antes comentada, con motivo de otra impugnación del Estatuto Electoral (*Caso: Allan R. Brewer-Carías y otros*), bajo la ponencia del magistrado Jesús Eduardo Cabrera, en la cual, con razonamientos totalmente alejados de lo que es el control de constitucionalidad, contradictorios, y partiendo de premisas falsas, esta vez no fue que declaró improcedente el recurso intentado, sino que lo declaró sin lugar.

La primera argumentación de la Sala giró en torno a las consecuencias que originaría la declaratoria con lugar de la acción de inconstitucionalidad propuesta, con razonamientos de mérito, es decir, de oportunidad o conveniencia, muy alejados del control de constitucionalidad que debía ejercer un Tribunal Constitucional, sobre todo si los argumentos de mérito eran falsos. La Sala, en efecto, señaló entre otros aspectos, lo siguiente:

> Si tal pedimento fuese declarado con lugar, no se podría elegir la Asamblea Nacional, desapareciendo así uno de los poderes en que se divide el Estado, y dejando sin efecto el sistema democrático (...).
>
> La Asamblea Nacional Constituyente dictó el Estatuto Electoral del Poder Público, el cual de ser nulo, dejaría en un limbo jurídico la elección de la Asamblea Nacional, hasta el punto que no podría realizarse su elección, a menos que se llamara de nuevo una Asamblea Nacional Constituyente con ese objeto.
>
> Mientras ocurre tal llamado, y se instala de nuevo la Asamblea Nacional Constituyente, lo que resulta indefinido en el tiempo, Venezuela dejaría de ser un Estado Democrático, ya que uno de sus poderes, la Asamblea Nacional (Poder Legislativo) no podría instalarse, y aceptar tal situación es violar flagrantemente no sólo la Constitución vigente, sino los principios de organización política que la informan."
>
> La República tendría entonces el Poder Ejecutivo y el Judicial sin ser relegitimados, y con un Poder Legislativo limitado a lo que el régimen transitorio de los Poderes Públicos le permite a la Comisión Legislativa Nacional.
>
> Declarar una nulidad del Estatuto que regula las únicas elecciones posibles para normalizar el funcionamiento del Estado es una irresponsabilidad que conduce a la negación del sistema democrático, al dejar indefinida la instalación de la Asamblea Nacional, con sus deberes esenciales para la vida del Estado. Por ello, considera esta Sala que la acción intentada contraría el orden público constitucional, y así se declara.

La visión apocalíptica y desconsolada que el Magistrado ponente de la sentencia vio en la acción intentada, al punto de declararla que contrariaba "el orden público constitucional" (¿cuál? ¿el que estaba en su imaginación alucinada?), se hubiera disipado suavemente, si sólo hubiera considerado la acción intentada desde el punto de vista jurídico-constitucional, no de mérito, y se hubiera percatado de que la nueva Constitución había creado no una división tripartita del Poder Público Nacional, sino una división pentapartita (no sólo Legislativo, Ejecutivo y

Judicial, sino también el Ciudadano y el Electoral), que originaba el Poder Electoral, con todas las características del Poder Público Nacional y con las competencias que le asignaba el artículo 292 de la Constitución, precisamente para resolver todos los "cataclismos" institucionales que se imaginó. Sólo bastaba que el Magistrado ponente hubiera leído un artículo de la Constitución, el art. 292, y ello hubiera evitado que condujera a la Sala Constitucional a pronunciar tan alucinada y apocalíptica sentencia.

Todos los problemas, inconvenientes o incomodidades que significaban ejercer el control de constitucionalidad en ese caso, se hubieran disipado si el Magistrado ponente hubiera "descubierto" que la misma Constitución preveía la salida institucional a la inconstitucionalidad cometida por la Asamblea Nacional Constituyente, consistente en que el Poder Electoral ejerciera sus competencias de adaptar la legislación electoral que estaba vigente a la nueva Constitución, precisamente con las orientaciones de interpretación constitucional que debía darle la Sala Constitucional. Toda la imaginación que la Sala Constitucional ya había desplegado en la "interpretación" constitucional, al punto de crear todo un cuerpo normativo sobre el procedimiento de amparo, modificando incluso la Ley Orgánica de Amparo, en la sentencia Nº 7 de fecha 1 de febrero de 2000 (*Caso: José A. Mejía y otros*) dictada bajo la ponencia del mismo magistrado Jesús Eduardo Cabrera[169] pudo haberse ejercido en este caso del Estatuto Electoral. Pero aquí, el nuevo poder, al cual los Magistrados le debían su nombramiento, podía reaccionar "inconvenientemente;" en cambio, en materia de amparo, nadie protestaría. Cuando la justicia constitucional es moldeable según la presencia o presión del poder y se pone a su servicio, la mejor construcción jurídico-formal sobre control de constitucionalidad como la que contiene la Constitución de 1999, lamentablemente queda diluida y no sirve de mucho, salvo para consolidar la arbitrariedad.

En todo caso, para justificar la "constitucionalidad" del Estatuto Electoral, la Sala Constitucional no analizó los alegatos de inconstitucionalidad formulados (¿entonces, cómo pudo declarar sin lugar la acción?), sino que de nuevo se basó en la consideración del rango constitucional del Régimen Transitorio creado por la Asamblea Nacional Constituyente, a la cual le asignó, sin rubor alguno, incluso después de la entrada en vigencia de la nueva Constitución de 1999, el carácter de "poder constituyente originario" y, por tanto, por encima de la propia Constitución. Por ello, la Sala señaló:

> La Constitución de la República Bolivariana de Venezuela, al entrar en vigor, deroga el ordenamiento jurídico basado en la Constitución de la República de Venezuela de 1961, pero no el nacido de la transitoriedad a que se refiere el tipo antes señalado, y que como emanación del poder constituyente deben complementar a la Constitución en la instalación de

---

169 Véase los comentarios a está sentencia en Allan R. Brewer-Carías, *El sistema de justicia constitucional en la Constitución de 1999*, Caracas 2000, pp. 49 y ss.

> sus instituciones, cuyas fórmulas para esa instalación no se previeron dentro del texto constitucional, o dentro de las disposiciones transitorias a él incorporadas....

No tuvo en cuenta la Sala Constitucional que si esas normas no se incorporaron a la Constitución y a sus Disposiciones Transitorias fue porque esa fue la voluntad popular expresada en el referendo del 15 de diciembre de 1999, y nadie tenía el poder de sustituirse al pueblo, ni la Asamblea Nacional Constituyente ni su producto primario, el Tribunal Supremo de Justicia. Con esta sentencia, ambos órganos incurrieron en usurpación de la voluntad popular.

Ninguna razón constitucional podía invocar la Sala Constitucional para decir que la Ley Orgánica del Sufragio y Participación Política, con las adaptaciones que el Poder Electoral debía establecer conforme a su competencia de "reglamentar las leyes electorales y resolver las dudas y vacíos que susciten o contengan (art. 293,1), no podía regir las primeras elecciones de órganos del Poder Público, y menos cuando el Constituyente en la Disposición Transitoria Octava había dispuesto que "mientras no se promulguen las nuevas leyes electorales previstas en esta Constitución los procesos electorales serán convocados, organizados, dirigidos y supervisados por el Consejo Nacional Electoral."

Sin embargo, señaló la Sala:

> Ese acto inicial, destinado a la instalación de esos órganos y al nombramiento de algunos miembros del Poder Público, como esta Sala -por ejemplo, tenía que ser sancionado por el poder constituyente, único capaz de hacerlo, al no estar regulado en la Constitución su desarrollo inmediato, y vive dentro del segundo régimen transitorio que nació -necesariamente esto último- a partir del 30 de diciembre de 1999, fecha en que entró en vigencia la Constitución, sin resolver dentro de su cuerpo, ni en las disposiciones transitorias publicadas junto con ella, lo relativo a la instalación de la Asamblea Nacional, Presidente de la República, diputados a los Consejos Legislativos y Gobernadores de los Estados, Concejales al Cabildo Metropolitano de Caracas y Alcalde del Distrito Metropolitano de Caracas, integrantes de los Concejos Municipales y Alcaldes de los Municipios, Juntas Parroquiales, representantes al Parlamento Latinoamericano y representantes al Parlamento Andino, instituciones básicas de la democracia participativa y de la estructura del Estado, y que permiten la vigencia plena de la Constitución de la República Bolivariana de Venezuela.
>
> Al ejercer la Asamblea Nacional Constituyente su competencia constituyente, conforme al referendo del 25 de abril de 1999, cumplió el mandato que el pueblo le otorgó y sin que exista ruptura alguna del orden constitucional, ha permitido la continuidad normativa entre la abrogada Constitución de 1961 y la entrada en vigencia (con el funcionamiento

de sus instituciones cuya instalación no fue normada en su texto) de la Constitución de 1999.

La violación a la reserva legal que se aduce en la acción intentada, como causa de la inconstitucionalidad del Estatuto Electoral del Poder Público, por ser las leyes electorales competencia de la Asamblea Nacional, es un argumento válido cuando se agote el régimen de transitoriedad que se apunta en este fallo, y que termina en este sentido con la elección de la Asamblea Nacional prevista en la Constitución de la República Bolivariana de Venezuela.

Esta decisión, sin duda, violó la soberanía popular expresada en el referendo del 25 de abril de 1999, ya que, de acuerdo con la base comicial novena, de rango supraconstitucional como lo consideró la antigua Corte Suprema de Justicia, y cuyo contenido no consideró el Tribunal Supremo, las nuevas normas constitucionales del proceso constituyente, para entrar en vigencia debían ser aprobadas por referendo popular.

De acuerdo con esta decisión, se consolidó el criterio de que podía haber un régimen constitucional transitorio no previsto en la Constitución de 1999 ni aprobado por el pueblo, dictado por la Asamblea Nacional Constituyente. Como antes señalamos, se olvidó el Tribunal Supremo de consultar la base comicial novena (la sentencia sólo hizo referencia a las bases primera y octava) que al contrario impuso, con carácter supraconstitucional, la exigencia de que la Constitución y toda norma de rango constitucional producto de la Asamblea Nacional Constituyente, tenía que ser aprobada por el pueblo mediante referendo, para poder considerarse aprobada definitivamente.

2. *La fijación de la fecha de las primeras elecciones de 2000 y la inaplicabilidad de la nueva Constitución*

En la misma fecha 30 de enero de 2000, la Asamblea Nacional Constituyente dictó otro Decreto mediante el cual fijó para el día 28-05-2000 la elección de los nuevos órganos representativos del Estado[170]. Este Decreto también fue impugnado junto con el Estatuto Electoral del Poder Público ante el Tribunal Supremo de Justicia. El Máximo Tribunal, en la antes señalada sentencia N° 180 de fecha 28 de marzo de 2000, al analizar los vicios imputados al Decreto de fijación de la fecha para las elecciones que violaba la nueva Constitución, señaló que la Constitución de 1999, a pesar de su vigencia, *no era aplicable* para la fijación de la fecha de las elecciones. Se dio inicio, así, a una serie de sentencias de la Sala Constitucional en las cuales este máximo intérprete de la Constitución, al cual le correspondía y le corresponde velar por su integridad (art. 334) y garantizar su supremacía y efectividad (art. 335), se dio el lujo de decir, a su antojo, cuándo la Constitución era o no era aplicable en diversos casos concretos.

170 *Gaceta Oficial* N° 36.884 de 3 de febrero de 2000.

La Sala, en efecto, decidió la impugnación del Decreto que fijó la fecha de las elecciones, señalando lo siguiente:

> Con relación a la impugnación del Decreto que fijó la fecha para las elecciones, esta Sala debe señalar que, aunque a la Comisión Legislativa Nacional, le fue atribuida la fijación de la fecha para los comicios de los cargos de elección popular (artículo 6, numeral 17), de todas maneras la Asamblea Nacional Constituyente, obrando dentro de los ciento ochenta (180) días de su vigencia, se reservó para sí la fijación de la fecha para la elección de la Asamblea Nacional, Consejos Legislativos de los Estados, Concejos Municipales, Presidente de la República, Gobernadores de Estados y Alcaldes de Municipios, tal como lo señala el artículo 39 del Régimen Transitorio del Poder Público, lo que además concretó en el Decreto de fecha 30 de enero de 2000, que fue impugnado. Surge una aparente antinomia entre el numeral 17 del artículo 6 del Régimen de Transición del Poder Público y la fecha de fijación de las elecciones, pero considerando que ambas determinaciones emanan del poder constituyente dentro del régimen de transición, esta Sala debe resolver la supuesta antinomia.
>
> El Poder Constituyente contiene una suma de todos los poderes. Conforme al artículo 39 del Régimen Transitorio del Poder Público, a pesar que en dicho régimen se autorizó a la Comisión Legislativa Nacional para fijar fecha de los comicios de elección popular, la propia Asamblea, se reservó la fijación de la fecha para la elección de la Asamblea Nacional, Consejos Legislativos de los Estados, Concejos Municipales, Presidente de la República, Gobernadores de Estado y Alcaldes de Municipios, lo que podía hacer por su especial naturaleza. Dicha fijación de fecha, prevenida en el Régimen de Transición del Poder Público, publicado el 29 de diciembre de 1999, tiene por objeto la integración de las personas que van a desarrollar un sector de las instituciones regidas por la Constitución de 1999, y se trata de unas elecciones especiales, destinadas a integrar por primera vez los organismos previstos en la Constitución.
>
> La fecha de esas especiales elecciones se las reservó la Asamblea Nacional Constituyente, y las fijó en el Decreto de fecha 30 de enero de 2000, como parte del sistema que rige la transitoriedad.
>
> A dicho Decreto se le impugna por ser la fecha fijada contradictoria con la prohibición del artículo 298 de la Constitución de la República Bolivariana de Venezuela. Al respecto esta Sala observa:
>
> El proceso constituyente en ningún momento rompió el orden constitucional establecido por la Constitución de la República de Venezuela de 1961, y para pasar del régimen nacido de esa Constitución al que se regirá por la Constitución actual manteniendo el orden constitucional, la Asamblea Nacional Constituyente no procedió a modificar leyes, como

> la Ley Orgánica del Sufragio y Participación Política, ya que detentando todo el poder podía dictar, como en efecto lo hizo, un Estatuto Electoral para organizar y regular las primeras elecciones destinadas a la organización del Estado, de acuerdo a la nueva Constitución. Con ello obedeció a una necesidad interna normativa de la transitoriedad, para lo cual la Asamblea Nacional Constituyente *es soberana*, y no necesitaba ceñirse a leyes u otras normas jurídicas, y por ello al crear el Estatuto Electoral y fijar la fecha de las elecciones, instauró un régimen electoral transitorio y extraordinario, destinado a permitir la vigencia inmediata y plena de la Constitución de la República Bolivariana de Venezuela, sin quedar sujeto a ella.
>
> El artículo 298 de la Constitución vigente, no está referido, ni puede estarlo, al régimen electoral transitorio: **1)** porque él contempla la modificación de la ley que regula los procesos electorales, en un lapso de seis (6) meses antes del día de la elección y ninguna ley se está modificando; **2)** porque el artículo 298 citado, se refiere a procesos electorales normales, regulados por leyes electorales promulgados por la Asamblea Nacional, la cual aún no se ha constituido. La norma constitucional no está ni puede estar destinada a procesos electorales nacidos de la transitoriedad, cuyo fin es permitir la vigencia de la Constitución de la República Bolivariana de Venezuela. Es la ley electoral adaptada y sin colisiones con la Constitución, dictada por la Asamblea Nacional, aun por elegirse, la que no puede ser modificada en los seis (6) meses anteriores a la fecha de la elección; **3)** siendo la fijación de la fecha para las elecciones una emanación del poder soberano de la Asamblea Nacional Constituyente, antes de su desaparición, conforme a lo señalado en este fallo, sus mandatos en cuanto a lo concerniente al régimen de transición, tienen rango constitucional, que es el caso bajo estudio, estando ellos proyectado hacia una especial situación, como lo es la elección de quienes integrarán los cuerpos a que se refiere el decreto impugnado, elección que debía ser regida por lo que dictara la Asamblea Nacional Constituyente al efecto, como lo fue la fecha para ella.
>
> El Estatuto Electoral del Poder Público es una ley electoral distinta, que responde a la transitoriedad, que no se está modificando una ley; sino que está naciendo para un fin único y extraordinario, y por ello, a una ley de esa naturaleza, no está dirigida la prohibición del artículo 298 ejusdem.

En esta forma, la Sala Constitucional, para justificar que la Constitución de 1999, a pesar de su vigencia e imperatividad, *no se aplicaba* para fijar las primeras elecciones de 2000, llegó a atribuirle a la Asamblea Nacional Constituyente carácter soberano ("es soberana," afirmó la Sala), por lo que supuestamente "no necesitaba ceñirse a las leyes u otras normas jurídicas" que, por lo visto, para la Sala eran menudencias. ¡¡" Es soberana"!!, nunca antes el Tribunal Supremo había incurrido en este vasallaje, de olvidarse que el único soberano es el pueblo y que una Asamblea de representantes nunca "es soberana."

Sólo esta frase bastaba para justificar cualquier actuación de la Asamblea Nacional Constituyente y declarar inadmisibles todos los recursos que se intentaran contra sus decisiones, por lo que no hubiera sido necesaria la trascripción, en blanco y negro, de las alucinaciones del Magistrado Ponente, que vio un apocalipsis institucional que plasmó por escrito, induciendo a sus compañeros de Sala a suscribir el desafortunado fallo.

En todo caso, con esta decisión se dio inicio a otras dictadas con posterioridad, en las cuales con base en la supuesta "transitoriedad," la Sala Constitucional justificó la no vigencia o la inaplicabilidad de la Constitución. Por lo visto, el pueblo soberano aprobó una Constitución para que fuera burlada, siendo la Sala Constitucional, al concluir la Asamblea Nacional Constituyente sus funciones, la llamada a orquestar la burla.

En cuanto a las elecciones del 28-05-00, las mismas fueron "suspendidas" por imposibilidad de su realización, por el Tribunal Supremo de Justicia en Sala Constitucional mediante sentencia de 25-05-00, al declarar con lugar un amparo interpuesto por representantes de la sociedad civil (Liliana Ortega en representación de COFAVIC y Elías Santana en representación de Queremos Elegir) alegando la representación de intereses colectivos o difusos.[171]

171 Véase *El Universal,* Caracas 26-05-00, p. 1-2. Véase la sentencia en *Revista de Derecho Público,* N° 82, Caracas 2000, pp. 32 ss.

XVI.
La usurpación de competencias legislativas ordinarias por la Asamblea Nacional Constituyente

1. *La sanción de la Ley de Presupuesto y de una Ley Especial de Crédito Público*

La Constitución de 1999 establece en su artículo 187, ordinal 6 que corresponde a la Asamblea Nacional "discutir y aprobar el presupuesto nacional y todo proyecto de ley concerniente al régimen tributario y al crédito público." Al haber dispuesto la propia Asamblea Nacional Constituyente la disolución del Congreso decretó, en el Régimen Transitorio del Poder Público, que hasta que se eligieran los integrantes de la nueva Asamblea Nacional prevista en la Constitución, la Comisión Legislativa Nacional ejercería el Poder Legislativo Nacional (art. 4 y 5), designó sus miembros, y le otorgó, entre otras atribuciones, la de discutir y aprobar las leyes concernientes al crédito público (art. 6, ord. 4).

La Asamblea Nacional Constituyente, sin embargo, mediante Decreto de 18 de enero de 2000, de nuevo "en ejercicio del poder soberano constituyente originario" que supuestamente le había otorgado el pueblo en el referendo de 25 de abril de 1999, y en concordancia con el artículo 1° de su Estatuto de Funcionamiento y con el Decreto que declaró la reorganización de todos los órganos del Poder Público, olímpicamente decidió asumir directamente la competencia mencionada prevista en el artículo 187.6 de la Constitución a los efectos de dictar la Ley de Presupuesto 2000[172] y además, la Ley Especial de Crédito Público para atender a las calamidades públicas, consecuencia de la catástrofe nacional producida por las constantes precipitaciones de lluvia;[173] y como consecuencia decretó la mencionada ley con fecha 24 de enero de 2000[174] por un monto de un mil millones de dólares, para lo cual se fundamentó, de nuevo, en el ejercicio "del poder soberano constituyente originario" que supuestamente tenía.

---

172 Véase *Gaceta Constituyente (Diario de Debates), Noviembre 1999-Enero 2000, cit.*, Sesión de 21-12-99, N° 50, pp. 2 ss.

173 *Gaceta Oficial* N° 36.881 de 31 de enero de 2000.

174 *Gaceta Oficial* N° 36.883 de 2 de febrero de 2000.

La Asamblea Nacional Constituyente, en esta forma, violó la Constitución que había sancionado dos meses antes, usurpando la función legislativa.

2. *La reincorporación de personal militar a la Fuerza Armada Nacional*

La Asamblea Nacional Constituyente, nuevamente "en ejercicio del poder soberano constituyente originario" que se había arrogado a sí misma ilegítimamente, dictó el Decreto de 28-01-00[175] mediante el cual dispuso la reincorporación a la Fuerza Armada del personal militar participante e involucrado en los fallidos levantamientos militares de 4 de febrero y 27 de noviembre de 1992, que calificó como "acciones cívico-militares," y que habían sido objeto de separación de la Fuerza Armada Nacional como consecuencia directa de tales hechos (art. 1). El Decreto dispuso, además, el goce de pensión en los casos de personal militar incapacitado y para los familiares, del personal militar que había fallecido a consecuencia de tales hechos (art. 2 y 3).

Ninguna norma de la nueva Constitución atribuía a la Asamblea la posibilidad de ejercer esta competencia.

3. *La fijación de las remuneraciones de los altos funcionarios de los Estados y Municipios*

En ejercicio del mismo "poder soberano constituyente originario" y en los actos de la Asamblea antes indicados como fundamento de los Decretos anteriores, en fecha 27-01-00 la Asamblea Nacional Constituyente dictó un "Régimen Transitorio de Remuneración de los más altos funcionarios de los Estados y Municipios,[176] el cual derogó expresamente la Ley Orgánica sobre Emolumentos y Jubilaciones de Altos Funcionarios de las Entidades Federales y Municipales (art. 10). No se entiende cómo este cuerpo normativo se dictó como "régimen transitorio," pero sin tener referencia alguna de término; y menos se entiende como al decretarse un régimen transitorio, se pudo haber derogado una ley orgánica, para lo cual, luego de entrada en vigencia la nueva Constitución, el Asamblea Nacional Constituyente no tenía poder alguno.

---

175 *Gaceta Oficial* N° 36.878 de 28 de enero de 2000.

176 *Gaceta Oficial* N° 36.880 de 28 de enero de 2000.

XVII.
La violación de la garantía a la libertad sindical y otros actos constituyentes en materia laboral

La Constitución de 1999 establece expresamente en su artículo 95, el derecho de los trabajadores, sin distinción alguna y sin necesidad de autorización previa, a constituir libremente organizaciones sindicales, las cuales "no están sujetas a intervención, suspensión o disolución administrativa." La Constitución protege además, a los trabajadores "contra todo acto... de injerencia contraria al ejercicio de este derecho." Además, señala la norma que "para el ejercicio de la democracia sindical, los estatutos y reglamentos de las organizaciones sindicales establecerán la alternabilidad de los integrantes de las directivas y representantes mediante sufragio universal, directo y secreto." Dicha libertad sindical se encuentra limitada, sin embargo, por el hecho de haberse atribuido al Consejo Nacional Electoral, como Poder Público, la potestad de "organizar las elecciones de sindicatos" (art. 293.6).

Adicionalmente a estas normas, Venezuela ratificó los convenios 87 y 98 de la Organización Internacional del Trabajo que garantizan el derecho de los trabajadores a constituir, sin autorización previa, organizaciones sindicales, afiliarse a las mismas y elegir libremente a sus representantes, sin injerencia de las autoridades públicas. Estas normas internacionales tienen rango constitucional en el país, conforme a lo dispuesto en el artículo 23 de la Constitución.

Ahora bien, a pesar de la claridad de estos principios constitucionales, los mismos fueron burlados por la Asamblea Nacional Constituyente al dictar diversos actos de intervención pública en los sindicatos.

1. *La intervención pública en las elecciones sindicales*

En efecto, mediante Decreto de 30 de enero de 2000, la Asamblea Nacional Constituyente dictó supuestas medidas para "garantizar la libertad sindical,"[177] creando una Comisión Nacional Electoral Sindical para garantizar la realización de elecciones libres, democráticas, universales, directas y secretas para elegir a los

177 *Gaceta Oficial* N° 36.904 de 2 de marzo de 2000.

directivos de las organizaciones sindicales de trabajadores. Este Decreto lo dictó de nuevo, la Asamblea, con posterioridad a la entrada en vigencia de la nueva Constitución, "en ejercicio del poder soberano constituyente" que supuestamente le había dado el pueblo mediante el referendo del 25 de abril de 2000, en concordancia con el Estatuto de Funcionamiento de la Asamblea (art. 1) y el Decreto que había declarado la reorganización de todos los órganos del Poder Público.

Ahora bien, contrariamente a las normas constitucionales antes indicadas, este Decreto lo que estableció fue un principio de intervención de los sindicatos por la referida Comisión, integrada por representantes de las centrales nacionales de trabajadores, no prevista en los "Estatutos y Reglamentos de las organizaciones sindicales." La Asamblea Nacional Constituyente, además, dispuso que tres de sus miembros con un miembro designado por el Consejo Nacional Electoral serían "garantes de todo el proceso de democratización y unificación del movimiento sindical" (art. 7).

Y es que el decreto de la Asamblea había dispuesto que antes de las elecciones generales de los representantes laborales, la Comisión Nacional Electoral Sindical debía procurar la unificación sindical en una misma industria, rama o empresa y debía crear las condiciones propias para la unificación del movimiento sindical, "representando la libre decisión de los trabajadores y de sus respectivas organizaciones." A tal efecto, el Decreto dispuso que "la Comisión Electoral Sindical convocará referéndum para que los trabajadores resuelvan sobre la unidad sindical" (art. 3).

Este Decreto también fue considerado por la Sala Constitucional del Tribunal Supremo, como parte del régimen constituyente del país, al conocer de la acción de amparo interpuesta por varias organizaciones sindicales contra la Resolución del Consejo Nacional Electoral N° 1115-1979 de 15 de noviembre de 2000 convocando a un referendo aprobatorio sobre la renovación de la dirigencia sindical (referendo sindical).[178] En la sentencia respectiva N° 1447 de 28 de noviembre de 2000 que declaró improcedente el amparo, la Sala Constitucional consideró a dicho Decreto como:

> Parte integrante del sistema constitucional vigente, por ser un acto constituyente sancionado por la Asamblea Nacional Constituyente el 30 de enero de 2000.

La Sala Constitucional formuló la misma consideración en la sentencia N° 1490 de 1 de diciembre de 2000 mediante la cual declaró improcedente otro amparo intentado por otra organización sindical contra el referendo sindical. Ratificó, así, la Sala Constitucional la tesis que venía elaborando sobre la existencia a partir del 30 de diciembre de 1999, de dos Constituciones paralelas: una aprobada por el pueblo

178 *Gaceta Oficial* N° 37.081 de 20 de noviembre de 2000.

en el referendo de 15 de diciembre de 2000 y otra conformada por normas de rango constitucional sancionadas por la Asamblea Nacional Constituyente antes y después de que fuese publicada la Constitución de 1999.

La burla a la Constitución, así, fue consolidada por la Sala Constitucional.

2. *El referendo sindical y la suspensión de los directivos de los sindicatos*

La dificultad de aplicación del Decreto de intervención sindical dictado por la Asamblea Nacional Constituyente llevó a la nueva Asamblea Nacional, al poco tiempo de su elección, a dictar un Acuerdo de fecha 10 de octubre de 2000[179] mediante el cual exhortó a los trabajadores del país "a poner en marcha el proceso constituyente de las organizaciones sindicales, con el fin de democratizar el movimiento sindical," convocando al efecto a un referendo nacional con las siguientes preguntas:

1. ¿Está Usted de acuerdo con la democratización y reorganización del movimiento laboral-sindical venezolano en todos los niveles que procure la unificación en concordancia con la Constitución de la República Bolivariana de Venezuela y los convenios internacionales suscritos por la República en materia de libertad sindical?
2. ¿Está Usted de acuerdo con la convocatoria y elección de una Asamblea Constituyente de Trabajadores, bajo estatuto electoral especial aprobado por el Poder Electoral, previa consulta y oídos los distintos movimientos organizados de trabajadores cuyo fin sea refundar el movimiento sindical venezolano en el marco del artículo 95 de la Constitución de la República Bolivariana de Venezuela?

A pesar de la invocación a las disposiciones constitucionales e internacionales en la materia, este Acuerdo constituía una burla al principio constitucional que garantizaba la libertad sindical al pretender democratizar el movimiento sindical mediante una Asamblea Constituyente Sindical, cuyo estatuto se desconocía. El recuerdo del conflicto originado con la imprecisión de las preguntas que desembocaron en el referendo del 25-4-99 estaba muy fresco, por lo que la polémica que provocó este Acuerdo y las protestas, incluso de la Organización Internacional del Trabajo, llevaron a la Asamblea Nacional a modificar el texto de las preguntas que proponía para el referendo sindical, en un nuevo Acuerdo de fecha 13 de noviembre de 2000,[180] en el cual se formuló la siguiente única pregunta:

> ¿Está Usted de acuerdo con la renovación de la dirigencia sindical, en los próximos 180 días, bajo Estatuto Electoral elaborado por el Poder

---

179 *Gaceta Oficial* N° 37.057 de 16 de octubre de 2000.

180 *Gaceta Oficial* N° 37.078 de 15 de noviembre de 2000.

> Electoral, conforme a los principios de alternabilidad y elección universal, directa y secreta consagrados en el artículo 95 de la Constitución de la República Bolivariana de Venezuela, y que se suspendan durante ese lapso en sus funciones los directivos de las centrales, federaciones y confederaciones sindicales establecidas en el país?

De nuevo, esta pregunta constituía una burla mayor a lo dispuesto en la Constitución que garantiza a los trabajadores protección contra todo acto "de injerencia" contrarios al ejercicio de la libertad sindical, y llegó el Acuerdo de la Asamblea Nacional al cinismo de declarar que:

> Los efectos que deriven de la realización del referéndum tendrán lugar en el marco del artículo 95 de la Constitución de la República Bolivariana de Venezuela y de manera particular en lo referente a la preservación de los derechos de los sindicatos, los cuales no estaban sujetos a intervención, suspensión o disolución administrativa.

Mayor injerencia en los sindicatos que la suspensión en sus funciones de los directivos de las centrales, federaciones y confederaciones era realmente difícil de imaginar. La pregunta que se proponía, por tanto, no sólo constituía una burla a la Constitución, sino que en sí misma violaba el texto fundamental y por más que se tratase de un referendo, no era posible que se sometiera a referendo una reforma a la Constitución sin que se cumplieran con las condiciones establecidas en el artículo 340 sobre reforma constitucional.

El Consejo Nacional Electoral no analizó la constitucionalidad de la pregunta que propuso la Asamblea Nacional para el llamado referendo sindical, y dictó la Resolución N° 001115-1979 del 15 de noviembre de 2000[181] mediante la cual convocó a todos los electores para que participaran en el proceso refrendario sindical que debía realizarse el 3 de diciembre de 2000 conjuntamente con las elecciones municipales, como lo había dispuesto la Asamblea Nacional.

El referendo sindical se realizó con una abstención electoral que constituyó récord histórico en el país,[182] resultando aprobado por una exigua votación. Así, por voluntad popular se había dispuesto la violación de la Constitución.

El texto de la Resolución del Consejo Nacional Electoral había sido objeto de una acción de amparo constitucional ejercido por el Frente Constituyente de

---

181 *Gaceta Oficial* N° 37.081 de 20 de noviembre de 2000.

182 La abstención fue del 76,57%. Véase *El Universal,* Caracas 4 de diciembre de 2000, p. 1-1 y 1-2, y *El Universal,* Caracas 8 de diciembre de 2000, p. 1-1. Del 23% de los votantes que acudieron al referendo (2.632.523) el 64,49% votó "si" (1.632.750) y el 26,60% votó "no" (719.771). Véase *El Universal,* Caracas 5 de diciembre de 2000, p. 1-2, y *El Universal,* Caracas 8 de diciembre de 2000, p. 1-1.

Trabajadores, alegando la violación por el Decreto de la Asamblea Nacional Constituyente sobre medidas para garantizar la libertad sindical, de los artículos 95 y 349 de la Constitución y de los Convenios internacionales en materia sindical.

La Sala Constitucional del Tribunal Supremo de Justicia, con ponencia del magistrado J. M. Delgado Ocando, decidió la acción de amparo, y como era de esperarse la declaró improcedente mediante sentencia N° 1490 de 1 de diciembre de 2000, y legitimó la intervención pública de los sindicatos, argumentando en cuanto a "la suspensión temporal de los directivos" de los mismos, que ello:

> No afecta la libertad sindical prevista en el artículo 95 de la Constitución de la República Bolivariana de Venezuela, pues tal suspensión respeta los principios de alternabilidad y elección universal, directa y secreta consagrados en el *artículo 95 de la Constitución de la República Bolivariana de Venezuela,* aparte que el Poder Electoral es competente, según el *artículo 293 eiusdem,* para organizar las elecciones de sindicatos, gremios profesionales y organizaciones con fines políticos en los términos que señale la ley.
>
> El referendo no viola el artículo 95 citado, pues la prohibición contenida en éste se refiere a la intervención, suspensión o disolución administrativa de las organizaciones sindicales, lo cual no es materia del referendo. Por el contrario, éste prevé, en un lapso perentorio, la renovación de la dirigencia sindical bajo el Estatuto Especial elaborado por el Poder Electoral, según lo pautado en el artículo 293,6 de la *Constitución de la República Bolivariana de Venezuela.*
>
> La suspensión propuesta por el referendo no implica ninguna intervención administrativa, ni tampoco la suspensión de las organizaciones sindicales, las cuales deben continuar su ejercicio durante la suspensión temporal de los directivos, conforme a su regulación interna, de conformidad con lo dispuesto en la Sección Tercera, Capítulo II de la Ley Orgánica del Trabajo, en concordancia con el Convenio no. 87 de la Organización Internacional del Trabajo y el *artículo 95 de la Constitución de la República Bolivariana de Venezuela*. Tal conformidad hace improcedente el alegato de la violación del *artículo 49*, pues la suspensión, en la hipótesis de que el referendo sea aprobado, sería un mandato constitucional del soberano.

La Sala Constitucional, lamentablemente, aquí también olvidó leer completo el artículo 95 de la Constitución, particularmente en cuanto a la garantía de los trabajadores de ser protegidos "contra todo acto de ... injerencia contrarios al ejercicio de este derecho," es decir, a la libertad sindical. Si hubiera leído y trascrito esta parte del artículo, que olvidó, no hubiera podido "legitimar" la burla a la Constitución contenida en la pregunta del referendo. Por ello, la Sala, en otro párrafo de la sentencia, insistió en señalar que:

La Sala Constitucional no considera contrario a la libertad sindical el referendo destinado al cumplimiento de los derechos consagrados en dicho artículo, máxime cuando el referendo apunta a la renovación de la dirigencia sindical según los principios de alternabilidad y elección universal, directa y secreta, consagrados en el artículo 95 citado. El referendo, según la pregunta que lo conforma, no implica, pues, suspensión o intervención administrativas, sino protección del Estado para hacer efectiva la democracia sindical, por lo que la inconstitucionalidad alegada está excluida en la medida en que la consulta al pueblo versa sobre la instrumentación del propio texto fundamental, exigido por su artículo 95.

3. *Los otros actos públicos de intervención de derechos laborales*

Con posterioridad al Acuerdo de la Asamblea Nacional Constituyente sobre medidas para garantizar la libertad sindical, la misma Asamblea dictó otros actos constituyentes en materia laboral, todos con fundamento igual, "en ejercicio del poder soberano constituyente originario" o del "poder constituyente originario" y en el Estatuto de Funcionamiento de la propia Asamblea.

Dichos actos fueron los siguientes: el Decreto de 30 de enero de 2000 de convocatoria al proceso electoral de la Federación Campesina de Venezuela;[183] el Decreto de 30 de enero de 2000 de cesación de sus funciones de los dos directores laborales principales y suplentes indicados en el artículo 610 de la Ley Orgánica del Trabajo, en los entes descentralizados del Estado;[184] y el Decreto de 30 de enero de 2000 de suspensión del proceso de discusión de la Convención Colectiva de Petróleos de Venezuela, S.A..[185]

Ni la Constitución de 1999 ni sus Disposiciones Transitorias autorizaban a la Asamblea para dictar estas decisiones.

---

183 *Gaceta Oficial* N° 36.920 de 28 de enero de 2000.

184 *Gaceta Oficial* N° 36.904 de 2 de marzo de 2000.

185 *Gaceta Oficial* N° 36.904 de 2 de marzo de 2000.

XVIII.
La trastocación de la transitoriedad constitucional, el secuestro de la Constitución y la consolidación de un fraude a la voluntad popular

La Sala Constitucional del Tribunal Supremo de Justicia, en las sentencias dictadas con motivo de la impugnación del Estatuto Electoral del Poder Público dictado por la Asamblea Nacional Constituyente, había sentado un criterio contradictorio sobre el régimen constitucional transitorio. En la sentencia N° 179 de 28 de marzo de 2000, con ponencia del magistrado José M. Delgado Ocando, había dicho que el régimen constitucional transitorio creado por la Asamblea Nacional Constituyente estaría vigente "hasta que los poderes constituidos sean designados o electos;" pero en la sentencia N° 180 de la misma fecha, con ponencia del magistrado Jesús Eduardo Cabrera Romero, se señaló que:

> El régimen de transición del poder público se proyecta hacia el futuro, no sólo hasta la instalación de la Asamblea Nacional, sino aún más allá.

En particular, en esta última sentencia se abrió la puerta a la arbitrariedad constitucional, al preverse la vigencia ilimitada de la transitoriedad, así:

> El artículo 3 de dicho régimen (Decreto sobre Régimen de Transición del Poder Público) señala: "Cada disposición del régimen de transición del Poder Público tendrá vigencia hasta la implantación efectiva de la organización y funcionamiento de las instituciones previstas por la Constitución aprobada, de conformidad con la legislación que a los efectos apruebe la Asamblea Nacional," por lo que mientras tales legislaciones no se aprueben, las normas y actos emanados de la Asamblea Nacional Constituyente tienen plena vigencia, hasta que de conformidad con la Constitución se establezca el régimen legal que vaya derogando la provisionalidad, y vaya dejando sin efectos las normas y actos emanados de la Asamblea Nacional Constituyente.

En esta forma, la vigencia de la Constitución de 1999 puede decirse que permanece pospuesta, porque su vigencia efectiva dependerá de lo que en el futuro haga o deje de hacer la Asamblea Nacional.

1. *La imprecisa transitoriedad constitucional*

Indudablemente que al ponerse en vigencia una nueva Constitución que deroga una anterior y que, adicionalmente, crea nuevas instituciones y transforma el régimen político del Estado, resulta indispensable el establecimiento normativo de un régimen transitorio que tiene que tener rango constitucional.

En Venezuela, el proceso constituyente de 1999 tendiente a la adopción de una nueva Constitución en la cual se transformara el Estado y se creara un nuevo orden jurídico que permitiera el funcionamiento efectivo de una democracia social y participativa, fue iniciado conforme a la doctrina sentada por la Sala Político Administrativa de la Corte Suprema de Justicia en la citada sentencia del 19 de enero de 1999, mediante la realización del referendo consultivo del 25 de abril de 1999 relativo a la convocatoria de una Asamblea Constituyente que realizara tal tarea.

Fue, por tanto, la voluntad popular la que manifestada en dicho referendo fijó el estatuto de la Asamblea Nacional Constituyente y su carácter de "poder constituido extraordinario" como lo calificó el magistrado Humberto J. La Roche (para distinguirlo de los poderes constituidos ordinarios regulados en la Constitución de 1961), lo cual resultaba claro de la base comicial novena que le quitaba a la Asamblea todo poder para poner en vigencia la Constitución que elaborara y sancionara, reservándose el pueblo su poder constituyente originario para aprobar la nueva Constitución mediante referendo. Incluso, la base comicial octava del referendo de 25 de abril de 1999, como fue votada, por decisión de la Corte Suprema de Justicia en la misma Sala Político Administrativa, no tenía la frase del proyecto presidencial de considerar a la Asamblea "como poder originario que recoge la soberanía popular." En consecuencia, fue la voluntad popular la que dio nacimiento a la Asamblea Nacional Constituyente, como órgano constituido extraordinario con una misión específica, de elaborar una nueva Constitución, careciendo de todo poder constituyente originario que se reservó el pueblo.

La Constitución que elaboró la Asamblea Nacional Constituyente, por tanto, tenía que establecer el régimen transitorio entre la Constitución precedente de 1961 y la nueva Constitución, y para ello, la propia Asamblea Nacional Constituyente elaboró las Disposiciones Transitorias que fueron sancionadas junto con la Constitución y que fueron aprobadas por el pueblo en el referendo de 15 de diciembre de 1999.

En esas Disposiciones Transitorias, que son, como se ha dicho, las únicas de rango constitucional aprobadas por el pueblo en el referendo de 15 de diciembre de 1999 conforme a lo resuelto por el propio pueblo en el referendo del 25 de abril de 1999, nada se dispuso sobre la cesación en sus funciones de los titulares de los órganos del poder constituido conforme a la Constitución anterior (de 1961) y que habían sido electos un año antes. Esa fue, y no otra, la voluntad popular. De haberse dispuesto en esas Disposiciones Transitorias la cesación de los titulares de los órganos de los poderes constituidos, quizás la votación en el referendo hubiera sido mayoritariamente negativa.

En todo caso, independientemente de los motivos que llevaron a la Asamblea Nacional Constituyente a no prever en las Disposiciones Transitorias nada que implicara la cesación de los titulares de los órganos de los poderes constituidos, lo cierto es que en las mismas nada se reguló sobre esa materia, de lo que resultaba que los nuevos órganos del Estado sólo entrarían a ser integrados cuando terminara el mandato de los precedentes.

Sin duda, fue una omisión imperdonable para quienes tenían programado un cambio inmediato de los titulares de los órganos del Estado; pero esa fue la Constitución sancionada por la Asamblea y aprobada por el pueblo, la cual, como lo declara el artículo 7, "es la norma suprema y el fundamento del ordenamiento jurídico" a la cual están sujetos "todas las personas y los órganos que ejercen el Poder Público."

Fue esa Constitución, aprobada así por el pueblo, además, la que dispuso que una vez que entrara en vigencia "el mismo día de su publicación en la *Gaceta Oficial*, después de su aprobación por el pueblo mediante referendo" (Disposición Final), quedaba "derogada la Constitución de la República de Venezuela decretada el 23 de enero de 1961" y que "el resto del ordenamiento jurídico" mantendría su vigencia en todo lo que no contradijera la nueva Constitución (Disposición Derogatoria).

El ordenamiento jurídico es un todo, por lo que la derogación tácita que esta norma dispone no admite excepciones respecto de normas que contradijeran la nueva Constitución, fuera cualquiera la fuente de creación, incluso, las normas que hubiera podido dictar la propia Asamblea Nacional Constituyente, la cual no podía estar por encima de la voluntad popular.

Fue entonces, la Asamblea Nacional Constituyente la que trastocó el ordenamiento jurídico y la transitoriedad constitucional, al dictar con posterioridad a la aprobación popular de la nueva Constitución mediante el referendo del 15 de diciembre de 1999, un régimen de "disposiciones transitorias" de la nueva Constitución, distinto al que ella preveía, en el Decreto sobre Régimen de Transición del Poder Público adoptado el 22 de diciembre de 1999, una semana después de que la Constitución hubiese sido aprobada por el pueblo.

A partir del 22 de diciembre de 1999, por tanto, ha habido dos regímenes de transitoriedad constitucional en el proceso constituyente venezolano: uno legítimo, constitucional, aprobado por el pueblo en las Disposiciones Transitorias de la Constitución; y otro ilegítimo, para constitucional, adoptado por la Asamblea Nacional Constituyente cuando ya había concluido su misión, dos días antes, el 20 de diciembre de 1999 al proclamar la nueva Constitución y sus Disposiciones Transitorias aprobadas por el pueblo.

Esta era la situación jurídica que debía enfrentar el Tribunal Supremo de Justicia, particularmente en su Sala Constitucional, a la cual correspondía y corresponde "garantizar la supremacía y efectividad de las normas y principios constitucionales" (art. 335). Pero el Tribunal Supremo de Justicia había sido "creado" por la Asamblea Nacional Constituyente, en el mismo mencionado Régimen de Transición del Poder Público, en el cual se nombró a sus Magistrados. Estos le debían su existencia a la Asamblea Nacional Constituyente y al Régimen Transitorio para constitucional en el cual sus Magistrados habían sido nombrados. No es difícil, por tanto, deducir cuál podría ser la "interpretación constitucional" que daría la Sala Constitucional. Declarar la inconstitucionalidad, por violación de las normas supraconstitucionales adoptadas en las bases comiciales del referendo del 25 de abril de 1999, hubiera significado declararse a sí mismos como de designación inconstitucional.

El malabarismo constitucional quedó claro, por lo que la Sala Constitucional, por supuesto, le reconoció rango y valor constitucional a lo que no tenía, al Régimen de Transición del Poder Público que contenía disposiciones transitorias a la Constitución no aprobadas por el pueblo, como éste lo había exigido en el referendo de 25 de abril de 1999.

Y así, como ya hemos señalado, con ocasión de la impugnación del Estatuto Electoral del Poder Público dictado por la Asamblea Nacional Constituyente, la Sala Constitucional sin considerar el vicio denunciado de violación de las bases comiciales definidas por el pueblo en el referendo de 25 de abril de 1999, y declarar sin lugar el recurso, sentó el criterio de la coexistencia de dos regímenes constitucionales transitorios, uno aprobado por el pueblo y otro no aprobado por el pueblo.

Antes, la Sala Constitucional del Tribunal Supremo se había pronunciado sobre el Régimen de Transición del Poder Público en varias ocasiones. En la sentencia N° 4 de 26 de enero de 2000 había dicho que el mismo, dictado bajo la vigencia de la Constitución de 1961, no estaba sujeto a este texto. Al fundamentarse la acción intentada en presuntas transgresiones a la Constitución de 1961 y no en los parámetros y principios consagrados en las bases comiciales fijadas en el referendo del 25 de abril de 1999, la Sala Constitucional concluyó declarando la improcedencia del recurso, no sin antes estimar "el carácter originario del poder conferido por el pueblo" a la Asamblea, lo cual no era cierto.

En otra sentencia del día siguiente, 27 de enero de 2000, al conocer de otra impugnación del Decreto sobre Régimen de Transición del Poder Público, el Tribunal Supremo no sólo reiteró el criterio de que el mismo no estaba sujeto a la Constitución de 1961, sino que tampoco estaba sujeto a la nueva Constitución de 30 de diciembre de 1999, pues se había dictado con anterioridad a la vigencia de ésta, declarando improcedente la acción.

Sin embargo, fue en la sentencia dictada el 28 de marzo de 2000 con ocasión de la impugnación del Estatuto Electoral del Poder Público dictado por la Asamblea Nacional Constituyente, que el Tribunal Supremo, a través de su Sala Constitucional, delineó su tesis ya comentada de la existencia de dos regímenes transitorios: el constitucional (Disposiciones Transitorias a la Constitución de 1999), y para constitucional (Decreto sobre Régimen de Transición del Poder Público). En la sentencia (caso *Allan R. Brewer-Carías y otros*) con la ponencia del magistrado Jesús Eduardo Cabrera, la Sala dijo:

> La Asamblea Nacional Constituyente, a fin de cumplir el mandato que le otorgó el pueblo, tenía varias alternativas, una, elaborar una Constitución con un conjunto de disposiciones transitorias que regularán el máximo la implementación jurídica del régimen transitorio entre las instituciones previstas en la Constitución de la República de Venezuela de 1961 y las previstas en la Constitución de la República Bolivariana de Venezuela de 1999.
>
> Otra alternativa era, no realizar dichas implementación en las disposiciones transitorias de la Constitución, y efectuarla mediante un cuerpo legislativo (sic) aparte, complementado por actos destinados a llenar el vacío institucional que se crearía al entrar en vigencia la nueva Constitución. Esta fue la vía escogida por la Asamblea Nacional Constituyente, cuando dictó el Régimen de Transición del Poder Público...

Por supuesto, como ya hemos señalado, nada más falso. Esas "alternativas" no las tenía la Asamblea Nacional Constituyente en el mandato popular recibido; tenía una sola: dictar una Constitución con su régimen transitorio si era necesario, para que fuera sometida a aprobación popular íntegramente. No había posibilidad de que parte de la nueva Constitución, así fuera sobre régimen transitorio, quedase excluida de la aprobación popular. Con la sentencia, así, se configuró un fraude a la voluntad popular.

Por tanto, en una forma absolutamente contraria al proceso constituyente, el Tribunal Supremo en dicha sentencia señaló que el Régimen Transitorio del Poder Público constituyó "un segundo régimen transitorio," con normas que:

> Se proyectan paralelamente a la Constitución vigente (1999),... como Disposiciones Transitorias de la Constitución vigente. Esta normativa de rango análogo a la Constitución, está destinada a que las instituciones prevenidas en la Constitución, pero que aún no han entrado en funcionamiento, se realicen, y se agotan al cumplir su cometido.

En la otra sentencia de 28 de marzo de 2000 sobre la impugnación del Estatuto Electoral del Poder Público (caso *Gonzalo Pérez Hernández y otros*) la Sala Constitucional citando a C. Schmitt, G. Burdeau y G. Jellinek, sentó el criterio de que:

> El Régimen de Transición del Poder Público, el Estatuto Electoral del Poder Público y el Decreto de la Asamblea Nacional Constituyente que fijó la fecha para la realización de las elecciones son normas constitucionales, es decir, actos de decisión política fundamental... tales actos son orgánicamente iniciales, autónomos, incondicionados e indivisibles...

En estas dos sentencias, además, se introdujo la afirmación de que:

> La transición es necesaria e imanente al proceso de producción originaria que ha abrogado la Constitución de 1961 y promulgado la Constitución de la República Bolivariana de Venezuela.

Toda esta formulación teórica de justificación de un régimen de disposiciones transitorias de la Constitución de 1999, que no forma parte de ella ni fue sometida a la aprobación popular mediante el referendo del 15 de diciembre de 1999, se pretendió afinar en la sentencia dictada por la Sala Constitucional, el 27 de marzo de 2001, al resolver un recurso de interpretación sobre la duración del mandato del Presidente de la República, de la cual fue ponente, de nuevo, el magistrado José M. Delgado Ocando.

Ya antes, en su Discurso de apertura de las actividades judiciales del año 2001 el magistrado Delgado Ocando había elaborado el tema de la transitoriedad[186], también como "necesaria e inherente" al proceso constituyente, justificando los actos de la Asamblea Nacional Constituyente, sobre transitoriedad, no aprobados por el referendo del 15 de diciembre de 1999, como producto "del ejercicio temporal de la potestad originaria" supuestamente conforme a las bases comiciales del referendo del 25 de abril de 1999. "De la transitoriedad necesaria -dijo el Magistrado- resulta que aún en la hipótesis de que la Asamblea Nacional Constituyente no hubiera sancionado normas transitorias, la producción originaria hubiera exigido la transitoriedad y el máximo Tribunal había tenido que resolver los problemas inherentes a ella."

Distinguió el magistrado Delgado Ocando, en su discurso, lo que llamo las normas transitorias "de permanencia indeterminada," refiriéndose al texto de la Constitución de 1999; de las normas transitorias "de permanencia determinada" refiriéndose al Régimen de Transición del Poder Público y a las Disposiciones Transitorias de la Constitución de 1999. Estas últimas, dijo, están "proyectadas a invalidarse, *pro futuro*, cuando las preguntas refrendarias hayan sido contestadas y cumplidas." En nuestro criterio, esta afirmación hace que el tal carácter de "determinadas" sea lo más imaginativamente indeterminado y conduce a que la transitoriedad pueda no terminar nunca. Por ello la afirmación del magistrado Delgado Ocando, por ejemplo, de que "la transitoriedad necesaria del proceso hace de imposible cumplimiento los artículos 270 y 279 de la Constitución de la República Bolivariana de Venezuela." (!).

Estas normas, precisamente, son las que regulan la participación de los diversos sectores de la sociedad civil en los Comités de Postulaciones para la designación de los Magistrados del Tribunal Supremo y de los Jueces y de los órganos del Poder Ciudadano. La Constitución, por tanto, conforme a este criterio se convierte en la

---

186 Véase la reseña en *El Universal,* Caracas 12 de enero de 2001, p. 1-4.

"hoja de papel" de la cual habla la sentencia del 27 de abril de 2001, de la cual fue ponente el mismo magistrado Delgado Ocando.

En esta sentencia, en efecto, sobre el tema de transitoriedad, la Sala Constitucional recogió el criterio del carácter "necesario e inmanente" de la misma al proceso constituyente, definiéndolo como "proceso inmanente a la producción originaria sin censura institucional" y precisando que el sistema constitucional "está integrado por todas las normas sancionadas por la Asamblea Nacional Constituyente; incluidas las destinadas a la reestructuración del Poder Público y la vigencia inmediata de la Constitución de 1999."

El Tribunal Supremo, en esta forma, consolidó el fraude a la voluntad popular que significó darle rango constitucional a unas normas que el pueblo no aprobó mediante el referendo de 15 de diciembre de 1999; y que conduce a que la supuesta transitoriedad establecida en un acto constituyente no aprobado por el pueblo conlleve a la inaplicabilidad de la Constitución que si fue aprobada mediante referendo.

Esta anómala situación constitucional, lamentablemente, fue acogida por otras Salas del Tribunal Supremo de Justicia, como la Sala Político Administrativa la cual, en una sentencia de 19 de julio de 2001 dictada con ponencia de Yolanda Jaimes Guerrero, con motivo del conflicto de autoridades surgido con la designación del Contralor del Estado Táchira y la aplicación del Régimen de Transición del Poder Público, "interpretó" la sentencia de la Sala Constitucional dictada con motivo de la acción de nulidad del Estatuto Electoral, antes citada, de fecha 28 de marzo de 2000, en la cual se había pronunciado "acerca de dos etapas de la transitoriedad por la que ha atravesado el proceso constituyente venezolano," declarando que la "Sala lo entiende de la manera siguiente:

1. Una *etapa de transitoriedad previa* a la entrada en vigencia de la Constitución de la República Bolivariana de Venezuela. Etapa que en criterio de la Sala Constitucional (expuesto en decisión de fecha 28 de marzo de 2000) comenzó el 25 de abril de 1999, con la finalidad no sólo de discutir y aprobar una nueva Constitución, por medio de la Asamblea Nacional Constituyente, sino que según la Pregunta Primera del Referéndum Consultivo, la Asamblea se convirtió en un órgano para transformar el Estado y crear un nuevo ordenamiento jurídico que permitiera el funcionamiento efectivo de una democracia social y participativa. Esta etapa previa de transición finalizó una vez aprobado el Texto Fundamental. Adicionalmente, en este período, precisa la Sala Constitucional la Asamblea Nacional Constituyente el 12 de agosto de 1999, decretó la reorganización de todos los Poderes Públicos y reformó las funciones del Poder Legislativo.
2. Otra *etapa de transitoriedad posterior* a la promulgación y entrada en vigencia del Texto Fundamental, durante la cual, la Asamblea Nacional Constituyente dictó una serie de normas (entre las cuales des-

taca el Régimen de Transición del Poder Público) que a criterio de la Sala Constitucional "... conforman un sistema de rango equivalente a la Constitución, pero de vigencia determinada con respecto a la Constitución que elaboraba..." (subrayado de esta Sala), destinado a regir toda la transitoriedad. La Sala Político Administrativa considera -como se ha expuesto- que esta transitoriedad trasciende de la entrada en vigencia de la Constitución, pues bajo el enunciado del artículo 3 del citado Régimen de Transición del Poder Público, el mismo se encuentra destinado a regir hasta la implantación efectiva de la organización y el funcionamiento de las instituciones previstas en la Constitución.

Con esta decisión se consolidaron dos situaciones inconstitucionales: la violación de la Constitución de 1961 por la Asamblea Nacional Constituyente sin tener autoridad alguna para ello, durante su funcionamiento; y la violación de la Constitución de 1999 con base en una supuesta transitoriedad que hace inaplicables sus normas; y todo avalado por el Tribunal Supremo de Justicia.

2. *La burla a la Constitución por la confiscación del derecho constitucional a la participación de la sociedad civil en la designación de los titulares de los órganos del Poder Público no electos popularmente para el primer período constitucional*

Uno de los motivos principales que originó la crisis política y la necesidad de una Asamblea Constituyente y de una reforma constitucional como la de 1999, fue la reacción contra la democracia meramente representativa de partidos, buscando su perfeccionamiento con aspectos de democracia de participación.

La crítica al sistema de designación de los altos funcionarios públicos no electos por el Congreso (Fiscal General, Contralor General, Magistrados de la Corte Suprema) que establecía la Constitución de 1961, y que le daba poder discrecional para ello, puede decirse que fue generalizada en el país. La queja se refería a la falta de participación y al monopolio que ejercían los partidos políticos representados en el Congreso, en dichas designaciones. Por ello, en la Asamblea Nacional Constituyente, en esta materia se impuso el principio de la participación sobre el principio de la representatividad, y si bien se le atribuyó a la Asamblea Nacional la competencia para designar a los titulares de los órganos no electos popularmente del Poder Público, la reforma más importante que se introdujo consistió en *quitarle a la Asamblea la potestad discrecional para hacer tales nombramientos.*

En concreto, la Constitución reguló una forma precisa de *participación activa de la sociedad*, consistente en atribuirle a unos Comités de Postulaciones la *potestad exclusiva* de hacer las postulaciones de candidatos ante la Asamblea Nacional, por lo que no se pueden formular postulaciones directamente ante la Asamblea Nacional ni la Asamblea puede designar otras personas distintas a las postuladas por los Comités de Postulaciones. Esos Comités son órganos intermedios, algunos permanentes, que obligatoriamente deben estar integrados por *representantes de los diferentes sectores de la sociedad*. Son diferentes a la Asamblea Nacional y los representantes populares no pueden formar parte de los mismos.

En efecto, en cuanto a la designación de los magistrados del Tribunal Supremo de Justicia, el artículo 264 de la Constitución dispone que las postulaciones de candidatos sólo puede hacerse ante un Comité de Postulaciones Judiciales, por iniciativa propia o por organizaciones vinculadas a la actividad jurídica.

El Comité de Postulaciones Judiciales, conforme al artículo 270 de la Constitución, es un órgano asesor del Poder Judicial para la selección de los candidatos a magistrados del Tribunal Supremo de Justicia, por lo que se trata de un órgano permanente que, además, debe asesorar a los Colegios electorales judiciales para la elección de los jueces de la jurisdicción disciplinaria. Este Comité de Postulaciones Judiciales debe estar integrado "por representantes de los diferentes sectores de la sociedad, de conformidad con lo que establezca la Ley" (art. 270)

Ahora bien, el procedimiento constitucional previsto para la designación de los magistrados del Tribunal Supremo, que debe ser regulado en la Ley, es el siguiente: El Comité, recibidas las postulaciones, "oída la opinión de la comunidad, efectuará una preselección para su presentación al Poder Ciudadano." Este órgano, integrado por el Fiscal General de la República, el Defensor del Pueblo y el Contralor General de la República (art. 273) debe efectuar "una segunda preselección que será presentada a la Asamblea Nacional, la cual hará la selección definitiva" (art. 264).

La Asamblea Nacional Constituyente, al dictar el Decreto sobre el Régimen Transitorio el Poder Público el 22 de diciembre de 1999 había designado los magistrados del Tribunal Supremo, e indicó que serían "de carácter provisorio" hasta tanto la Asamblea Nacional realizase las designaciones o ratificaciones definitivas *de conformidad con la Constitución* (art. 20). Por tanto, la Asamblea Nacional electa en 2000 tenía el mandato Constitucional (tanto en virtud del texto expreso de la Constitución, como en virtud del Régimen Transitorio del 22 de diciembre de 1999 al cual el Tribunal Supremo reconocía rango constitucional) de designar a los magistrados en forma definitiva de conformidad con la Constitución.

En cuanto a la designación de los órganos del Poder Ciudadano, la postulación de candidatos también debe hacerse ante un Comité de Evaluación de Postulaciones regulado en el artículo 279 de la Constitución, que debe ser convocado por el Consejo Moral Republicano (integrado por el Fiscal General de la República, el Defensor del Pueblo y el Contralor General de la República). Este Comité "estará integrado por representantes de diversos sectores de la sociedad" y debe adelantar "un proceso público de cuyo resultado se obtendrá una terna para cada órgano del Poder Ciudadano." Estas ternas son las que deben ser sometidas a la consideración de la Asamblea Nacional, la cual, mediante el voto favorable de las dos terceras partes de sus integrantes, escogerá en un lapso no mayor de 30 días continuos al titular del órgano del Poder Ciudadano que esté en consideración. Si concluye ese lapso sin acuerdo en la Asamblea Nacional, el Poder Electoral debe entonces someter la terna a consulta popular.

Sólo en caso de no haber sido convocado el Comité de Evaluación de Postulaciones del Poder Ciudadano, la Asamblea Nacional podría proceder, dentro del plazo que determine la ley, a la designación del titular del órgano del Poder Ciudadano correspondiente (art. 279).

En el Régimen Transitorio del Poder Público establecido por la Asamblea Nacional Constituyente el 22 de diciembre de 1999, se dispuso que a los fines de la designación por la Asamblea Nacional electa en 2000 del Defensor del Pueblo, del Fiscal General de la República y del Contralor General de la República "de conformidad con la Constitución," la Asamblea Nacional Constituyente debía designar a los integrantes del primer Comité de Evaluaciones y Postulaciones del Poder Ciudadano, lo que en definitiva nunca hizo.

En cuanto a los miembros del Consejo Nacional Electoral, éste debe estar integrado por personas no vinculadas a organizaciones con fines políticos; tres de ellos deben ser postulados por la sociedad civil, uno, por las facultades de ciencias jurídicas y políticas de las Universidades nacionales y uno por el Poder Ciudadano (art. 296).

Las postulaciones de candidatos a integrar el Consejo Nacional Electoral, deben realizarse ante el Comité de Postulaciones Electorales, el cual debe estar integrado "por representantes de los diferentes sectores de la sociedad, de conformidad con lo que establezca la ley" (art. 295).

Los integrantes del Consejo Nacional Electoral, de acuerdo a las postulaciones que formule el Comité, deben ser designados por la Asamblea Nacional con el voto de las dos terceras partes de sus integrantes (art. 296)

El resultado de estas regulaciones es que, de acuerdo con la Constitución, no se pueden formular postulaciones a los mencionados cargos directamente ante la Asamblea Nacional, sino ante los Comités, y la Asamblea Nacional no podría designar para los cargos a personas que no estén en las listas de postulados que elaboren los Comités de Postulaciones. Se trata, en definitiva, en una Constitución que en más de cincuenta artículos habla de participación, del *único mecanismo directamente regulado en la Constitución* que asegura la participación de los "diversos sectores de la sociedad" en la gestión de asuntos públicos. No se trata de un mecanismo de consulta y mucho menos a través de mesa de diálogos, sino de participación activa.

Por supuesto, la forma de integración de los Comités de Postulaciones era esencial para que se aplicara la Constitución, por lo que la Asamblea Nacional estaba y está *obligada a llenar el vacío legal*, mediante una legislación que regulase los Comités de Postulaciones. Resultaba inadmisible que la Asamblea Nacional pretendiera legislar, para no legislar, como sucedió con la Ley Especial para la Ratificación o Designación de los Funcionarios y Funcionarias del Poder Ciudadano y Magistrados y Magistradas del Tribunal Supremo de Justicia para el primer período constitucional de 14 de noviembre de 2000,[187] que violó tanto los artículos 264, 270 y 279 de la Constitución, como los artículos 20 y 33 del Decreto de la Asamblea Nacional Constituyente sobre Régimen de Transición del Poder Público cuyo rango constitucional fue reconocido por el Tribunal Supremo. Estas normas exigían que la Asamblea Nacional, una vez electa, debía realizar las designaciones definitivas de los altos funcionarios "de conformidad con la Constitución."

La referida Ley Especial para la designación de los altos funcionarios públicos del Poder Judicial y del Poder Ciudadano violó la Constitución al no organizar los Comités de Postulaciones que ésta exigía, integrados por representantes de los diversos sectores de la sociedad, y sustituirlos por una Comisión Parlamentaria.

En efecto, la Ley Especial dispuso que la Asamblea Nacional para hacer las designaciones de los mencionados funcionarios públicos, debía designar una "Comisión integrada por 15 diputados o diputadas, que actuará como Comisión de Evaluación de Postulaciones" (art. 3); la cual, una vez instalados sus miembros, debían seleccionar, "a través de mecanismos de consulta, una lista de 12 representantes de los diversos sectores de la sociedad, que presentará ante la Asamblea Nacional para que ésta proceda a designar, por mayoría absoluta, 6 representantes, quienes integrarán la Comisión y actuarán como miembros de la misma, con derecho a voz y voto" (art. 4).

Se dispuso, además, que "para hacer efectivos los principios de publicidad y participación de la ciudadanía," la Comisión debía implementar "dichos mecanismos a través de consultas y participación de las comunidades," para lo cual debía instrumentar "mesas de diálogo donde estén representados los diversos sectores de la sociedad y con las cuales se consultarán y evaluarán las postulaciones recibidas" (art. 5). Esos representantes debían ser designados por la Comisión de listas que presentaran "las diversas organizaciones de la ciudadanía interesadas en participar en el proceso" (art. 6).

Las postulaciones recibidas para la designación de los integrantes de los Poderes Públicos Nacionales regulados en la ley debían ser objeto de consulta pública a los efectos de que se presentasen ante el Comité los respaldos u objeciones fundadas (art. 7).

Como resultado del proceso, la Comisión debía elaborar una lista de postulados para ser sometida a la consideración de la Asamblea Nacional, para la designación definitiva (art. 9).

---

187 *Gaceta Oficial* N° 37.077 de 14 de noviembre de 2000. Véase en general, Carlos Luis Carrillo Artiles, "El desplazamiento del principio de supremacía constitucional...," *loc. cit.*, p. 86 ss.

Basta leer dicha Ley Especial para evidenciar su inconstitucionalidad. Fue una burla a la Constitución y constituyó la confiscación del derecho a la participación política garantizado en forma expresa en el Texto Constitucional. Tanto que se ha hablado de participación y de democracia participativa, como supuestamente sustitutiva de democracia representativa, y cuando correspondía hacerla realidad, por primera vez, cumpliendo la Constitución, como implicaba un límite al poder hegemónico, se ignoró.

Como consecuencia de ello, mediante sendos Acuerdos[188] la Asamblea Nacional designó al Fiscal General de la República, al Defensor del Pueblo, al Contralor General de la República y a los Magistrados del Tribunal Supremo de Justicia, sin ajustarse a lo que disponían los artículos 264, 270 y 279 de la Constitución.

La Asamblea Nacional, así, se había burlado de la Constitución, lo que incluso había llevado a la Defensora del Pueblo, antes de ser sustituida, a intentar una acción de nulidad por inconstitucionalidad contra la Ley Especial ante la Sala Constitucional del Tribunal Supremo.

La Asamblea Nacional Constituyente, para proceder a designar a los mencionados altos funcionarios del Estado, por supuesto que tenía que dictar las respectivas leyes orgánicas que exigía la Constitución y llenar el vacío legal existente. Sin embargo, fue la propia Asamblea la que renunció a legislar lo que debía y, en su lugar, "prorrogó" el régimen transitorio por su carencia legislativa, dictando, en lugar de las leyes orgánicas respectivas, la Ley Especial mencionada, que violaba la Constitución.

Lo grave de esta situación fue que el Tribunal Supremo de Justicia legitimó esta omisión del legislador y justificó la violación de la Constitución. En un auto de fecha 12 de diciembre de 2000, dictado días antes de la designación por la Asamblea Nacional de los referidos altos funcionarios del Estado, con ocasión de resolver la pretensión de amparo acumulada al recurso de nulidad por inconstitucionalidad de la Ley Especial que había intentado la Defensora del Pueblo,[189] la Sala Constitucional señaló que una segunda etapa del sistema constitucional derivado del proceso constituyente:

> Surge a partir de la promulgación de la Constitución de la República Bolivariana de Venezuela, la cual crea una serie de instituciones no previstas en las Cartas Fundamentales anteriores, pero cuyas pautas de funcionamiento no fueron consagradas en el texto constitucional, *quedando sujetas a una regulación posterior mediante leyes que dictare la Asamblea Nacional.*

De ello resulta, por tanto, que era indispensable que la Asamblea Nacional dictase tales Leyes Orgánicas para que las nuevas instituciones pudieran entrar de-

---

188 Publicados en *Gaceta Oficial* N° 37.105 de 22 de diciembre de 2000.

189 Véase *El Universal,* Caracas 13 de diciembre de 2000, p. 1-2.

finitivamente en funcionamiento. Por ello, la afirmación que de seguidas hizo la misma Sala Constitucional:

> La normalización total de las instituciones nuevas como el Poder Ciudadano y el Tribunal Supremo de Justicia requieren de Leyes Orgánicas que desarrollen el texto constitucional, y mientras ellas no se dicten, las mismas se rigen por dos cuerpos legales coexistentes e integrativos: Decreto sobre el Régimen de Transición de Poder Público y la Constitución de la república Bolivariana de Venezuela, en lo que se complementan.
>
> Por ello, en fallo de esta Sala, de fecha 30 de junio de 2000 (caso Defensoría del Pueblo), la Sala enfatizó que cuando las Leyes Orgánicas respectivas se dictaren, cesaría definitivamente el régimen provisorio que gobierna a las instituciones, actualmente carentes de dichas Leyes especiales, pero mientras tanto, conformaban un solo bloque constitucional el Régimen Transitorio del Poder Público y la Constitución de la república Bolivariana de Venezuela, tal como lo ha apuntado esta Sala en fallos de fecha 14 de marzo y 28 de marzo de 2000.

De manera que el Régimen Transitorio estaría vigente hasta que la Asamblea Nacional dictase las referidas leyes orgánicas, por lo que conforme a la doctrina de la Sala, mientras esas leyes orgánicas no se dictasen, el régimen transitorio y provisorio continuaría indefinidamente. Pero en lugar de exhortar a la Asamblea Nacional a dictar dichas leyes, la Sala lo que hizo fue "legitimar" el contenido de la Ley Especial mencionada que no contenía las regulaciones que debían contener las leyes orgánicas indicadas, aceptando así, la burla a la Constitución[190]. No se debe dejar de mencionar que en la "Exposición de Motivos" que acompañó el Proyecto de Ley Especial, se afirmó como motivación la "falta de disposiciones expresas que regulen la designación de los integrantes del Poder Ciudadano y de los magistrados del Tribunal Supremo de Justicia," (que sólo la Asamblea Nacional podía dictar), constatando que "aun no existen los órganos que han de intervenir en tal designación" (que sólo la Asamblea Nacional podía regular), por lo cual se señalaba que "la Asamblea Nacional debe cubrir el vacío legal."

No se percató la Asamblea Nacional que el vacío legal debía cubrirlo ella misma, no mediante la Ley Especial que violaba la Constitución, sino mediante la sanción, precisamente, de las leyes orgánicas que exigía la Constitución con las cuales se pondría final al régimen provisorio y transitorio. Al renunciar a su obligación, la Asamblea Nacional "prorrogó" dicho régimen, el cual quedó vigente a su antojo, y el Tribunal Supremo así lo avaló, renunciando a su obligación de "asegurar la integridad de la Constitución" (art. 334) y garantizar su "supremacía y efectividad" (art. 335).

---

190 El Director General de la Defensoría del Pueblo, Juan Navarrete, calificó la decisión del Tribunal Supremo de Justicia como un abuso de poder. Véase *El Universal*, Caracas 14 de diciembre de 2000, p. 1-2.

3. *La burla a la Constitución en cuanto a la inaplicabilidad de las condiciones de elegibilidad de los Magistrados del Tribunal Supremo para el primer período constitucional*

La burla sistemática de la Constitución de 1999 puede decirse que llegó a su clímax cuando la Sala Constitucional del Tribunal Supremo de Justicia decidió que las condiciones para ser magistrado del Tribunal Supremo que regula con precisión el artículo 263 de la Constitución, no resultaban aplicables a los propio Magistrados decisores que ocupaban posiciones en el Tribunal Supremo y aspiraban a ser ratificados por la Asamblea Nacional. De ello resultaba que la Constitución, como norma suprema, era obligatoria para todas las personas e instituciones (art. 7), menos para los magistrados del Tribunal Supremo de Justicia a quienes correspondía garantizar la supremacía y efectividad de sus normas (art. 335) y asegurar su integridad (art. 334).

En efecto, con motivo de la mencionada acción de nulidad por inconstitucionalidad que la Defensora del Pueblo había ejercido contra la Ley Especial para la Ratificación o Designación de los Funcionarios o Funcionarias del Poder Ciudadano y Magistrados y Magistradas del Tribunal Supremo de Justicia para el Primer Período Constitucional, al momento de pronunciarse sobre la admisibilidad de la pretensión de amparo formulada conjuntamente por la Defensora del Pueblo, la Sala Constitucional, por auto de 12 de diciembre de 2000, luego de reiterar la vigencia de dos regímenes constitucionales: el establecido en la Constitución de 1999 y el establecido en el Régimen de Transición del Poder Público contenido en el Decreto de la Asamblea Nacional Constituyente de 22 de diciembre de 1999, resolvió solicitar a la Defensora del Pueblo que aclarase su solicitud de amparo. Sin embargo, hizo las siguientes consideraciones mediante las cuales decidió que la Constitución de 1999 no se aplicaba a los Magistrados del Tribunal Supremo de Justicia que estaban firmando el auto.

En efecto, en esa decisión, la Sala comenzó constatando lo siguiente sobre la designación definitiva de los Magistrados del Tribunal Supremo:

> El Régimen de Transición del Poder Público, emanado de la Asamblea Nacional Constituyente y publicado en la Gaceta Oficial de la República Bolivariana de Venezuela de fecha 28 de marzo de 2000 (N° 36.920), previó en su artículo 21 que la Asamblea Nacional realizará las designaciones o ratificaciones definitivas de conformidad con la Constitución, de los Magistrados del Tribunal Supremo de Justicia y de sus suplentes, ya que los Magistrados nombrados en los artículos 19 y 20 del Régimen de Transición del Poder Público, ejercerían sus cargos en forma provisoria.

Es decir, la Sala admitió que el Régimen de Transición del Poder Público exigía que se cumpliera la Constitución en el proceso de "designación o ratificación definitiva" de los Magistrados del Tribunal Supremo. Sin embargo, para desligarse de la Constitución en cuanto al cumplimiento de las condiciones de elegibilidad previstas en el artículo 263 respecto de los Magistrado en funciones que habían sido designados provisionalmente el 22 de diciembre de 1999 y que aspiraban ser "ratificados," la Sala "inventó" el argumento de que la figura de la "ratificación" no estaba prevista en la Constitución, por lo que el artículo 263 de la misma supuestamente sólo se aplicaba cuando los Magistrados fueran a designarse *ex novo*, pero no cuando fueran ratificados. El siguiente fue el razonamiento de la Sala:

> La figura de la ratificación no está prevista en la Constitución vigente, sino en el Régimen de Transición del Poder Público, y ella fue tomada en cuenta sólo con relación a los Magistrados del Tribunal Supremo de Justicia, mas no con respecto a los miembros del Poder Ciudadano, ya que los artículos 35, 36, 37 y 38 del Régimen de Transición del Poder Público no contemplaron la ratificación de quienes ejercían provisionalmente los cargos del Poder Ciudadano.
>
> Resultado de la aplicación necesaria del Régimen de Transición del Poder Público, el cual -como lo apunta esta Sala- es de rango constitucional, es que solo con respecto a los Magistrados del Tribunal Supremo de Justicia ha de utilizarse la figura de la ratificación, la cual carece de previsión en la Constitución, por lo que la frase del *artículo 21 del Régimen de Transición del Poder Público*, según la cual las ratificaciones definitivas *se harán de conformidad con la Constitución, carece de aplicación*, ya que como antes apuntó la Sala, la vigente Constitución no previó normas sobre ratificación de Magistrados del Tribunal Supremo de Justicia.

En esta forma, de un plumazo, la Sala Constitucional que es la primera institución obligada a garantizar la supremacía y efectividad de las normas y principios constitucionales (art. 336), resolvió que la Constitución no era aplicable precisamente, a los Magistrados mismos del Tribunal Supremo y de la Sala que eran los que estaban decidiendo. Se estaba haciendo justicia por las propias manos de los que se beneficiaban de la decisión[191].

El resultado de declarar la inaplicabilidad de la Constitución para la "ratificación" de los magistrados, llevó a los Magistrados de la Sala, entonces a "legislar" y autodefinirse el "régimen especial" relativo a las condiciones de elegibilidad de estos, aplicables a ellos mismos, además, alegando el principio de no discriminación. ¿Qué mayor discriminación, en realidad, que la contraria, es decir, definir para ellos mismos y sólo para ellos un régimen especial de condiciones para ser designados? La Sala, en efecto, dijo lo siguiente:

---

191 Por eso la Defensora del Pueblo anunciaba que solicitaría la inhibición de los Magistrados de la Sala Constitucional. Véase *El Universal*, Caracas 16 de diciembre de 2000, p. 1-4.

> En consecuencia, el régimen de ratificación debe ser especial, orientado hacia cual ha sido el rendimiento de los Magistrados a ratificarse y la calidad de sus ponencias, ya que son éstos los parámetros que permiten conocer la calidad de quienes como Magistrados ya han impartido justicia desde la más alta Magistratura, y por tanto se han hecho o no dignos de ratificación.
>
> Exigírsele a dichos Magistrados, además, otros requisitos que ni la Constitución (que no previó la figura), ni ninguna otra ley contempla, es crear una discriminación en contra de los ratificables, en relación con quienes no han sido Magistrados, que aspiran integrar las Salas del Tribunal Supremo de Justicia.

Y luego, la Sala pasó a examinar cada una de las condiciones de elegibilidad exigidas en el artículo 263 para ser magistrado del Tribunal Supremo, así:

> Conforme al *artículo 263 de la vigente Constitución*, aplicable a los aspirantes a la más alta Magistratura, para pertenecer a ella se requiere:
>
> 1. Tener la nacionalidad venezolana por nacimiento.
> 2. Ser ciudadano o ciudadana de reconocida honorabilidad
> 3. En forma alternativa y no acumulativa:
>
> 3.1) Ser jurista de reconocida competencia, gozar de buena reputación, haber ejercido la abogacía durante un mínimo de quince años y tener título de postgrado en materia jurídica.
>
> Se trata de un conjunto de requisitos que deben concurrir, pero que para no violar derechos adquiridos, también de naturaleza constitucional, hay que analizar si para la fecha de graduación del abogado, existía o no organizado en el país un sistema de postgrado a que pudiera acceder.

Es de observar, sobre este tema, que aquí comenzó la Sala a cambiar la Constitución, pues los postgrados no sólo se realizan para la fecha de graduación del interesado al terminar el pregrado. Por tanto, la exigencia constitucional del postgrado es independiente de la fecha de graduación de la persona.

La Sala continuó analizando las condiciones, distorsionando la categoría legal de lo que es "profesor titular" conforme a la Ley de Universidades, así:

> 3.2) Haber sido profesor o profesora universitario en ciencias jurídicas durante un mínimo de quince años, y tener la categoría de profesor titular.
>
> La categoría de profesor titular no podría entenderse en el sentido de un grado dentro de la jerarquía de una carrera, ya que la norma para nada se refiere a la carrera universitaria, y a la necesidad de ser profe-

> sor a tiempo completo dentro de ella, que es la que permite acceder a los grados superiores; y además, quien ingresa a una universidad como instructor difícilmente puede llegar a la más alta jerarquía en un lapso de quince años. De allí que la categoría de titular tiene que ser entendida como la condición de una persona respecto de las demás.
>
> El autor Manuel Ossorio, en su Diccionario de Ciencias Jurídicas, Políticas y Sociales, al referirse a esta acepción menciona que "en este último sentido habría categorías de abogados, médico, pintores, militares, albañiles. Es lo que CABANELLAS ha llamado la "categoría profesional" o "estatuto personal," con lo cual no estaríamos en presencia de jerarquías dentro de una profesión sino de la condición o estatuto de una profesión, "respecto de las demás," en este caso hablaríamos de la categoría de profesor universitario por oposición a la categoría de médico o militar.
>
> Por otra parte, la condición de titular tampoco denota exclusivamente un grado jerárquico. En efecto, el Diccionario de la Real Academia dice que titular es el que "ejerce cargo, oficio o profesión con cometido especial y propio," y agrega, a título de ejemplo, "juez, médico, profesor universitario TITULAR."
>
> A este respecto OSSORIO aclara que el titular es "aquel que ejerce un cargo u oficio por derecho propio o nombramiento definitivo; *a diferencia de substitutos, reemplazantes o interinos.* (Diccionario de Derecho Usual de CABANELLAS)" (Subrayado de la Sala).
>
> En virtud de lo expuesto, considera la Sala que este requisito para los profesores universitarios se interpreta como la exigencia de que el docente universitario tenga una antigüedad mínima de quince años como profesor y se trate de un profesor titular, es decir, ordinario activo o jubilado."

En la Ley de Universidades, y esa fue la intención del constituyente, se define la categoría de "profesores titulares" como miembros ordinarios del personal docente (art. 87), a la cual se accede después de ascender sucesivamente desde profesor instructor, profesor asistente, profesor agregado y profesor asociado, de manera que para ser profesor titular "se requiere haber sido profesor asociado, por lo menos durante cinco años." (art. 97). Es contrario a la Ley identificar, entonces, "profesor titular" con "profesor ordinario" como lo hizo la Sala.

¡Cómo pudo la Sala, simplemente, ignorar la Ley! Para resolver la duda no necesitaba citar a Ossorio ni a Cabanellas; bastaba con que consultara la Ley de Universidades.

Por tanto, "profesor titular" es lo que está definido en la Ley y es falso que para poder ascender en el escalafón universitario se necesite ser profesor a tiempo completo. Además, también es falso que "sea muy difícil" ascender desde instructor a titular en un lapso de 15 años. La decisión de la Sala, en realidad, lo que constituyó fue la entronización de la mediocridad y el abandono de la excelencia universitaria que es lo que la Constitución exigía expresamente para los magistrados.

Pero el análisis de la Sala continuó con el otro requisito de elegibilidad, así:

3.3) Ser o haber sido juez o jueza superior en la especialidad correspondiente a la Sala para la cual se postula, con un mínimo de quince años en el ejercicio de la carrera judicial, y reconocido prestigio en el desempeño de sus funciones.

Al respecto, la Sala acotó:

A) Es necesario que el aspirante tenga como mínimo quince años en el ejercicio de la carrera judicial. Dentro de este lapso deben computarse no sólo los años como juez de instancia sino, eventualmente, como Magistrado de la antigua Corte Suprema de Justicia o del actual Tribunal. En efecto, según el *artículo 2° del "Régimen de Transición del Poder Público,"* los actuales Magistrados pueden ser ratificados de forma definitiva por la Asamblea Nacional.

B) El requisito de haberse desempeñado como Juez Superior, es una exigencia mínima. Obviamente, si se han desempeñado como Magistrados de la antigua Corte o del Tribunal Supremo de Justicia, con mayor razón (por argumento a *fortiori*), el aspirante a ser designado o ratificado cumpliría con este requisito constitucional.

C) La "especialidad correspondiente a la Sala," a la que alude este numeral, debe ser interpretada de una manera amplia, al menos en lo que concierne a la Sala Constitucional y a la Sala Social.

La primera, porque las atribuciones y competencias de esta Sala, en materia de protección a la Constitución abarca varios ámbitos, que exceden la especialidad académica del Derecho Constitucional; y la segunda, porque las materias de que debe conocer la Sala Social exceden también del campo laboral *strictu sensu*, que es su competencia por excelencia, por lo cual, lo ideal es que sea integrada por especialistas en las distintas materias que la Constitución y la Ley le puedan asignar (Familia, menores, etc.).

De nuevo, en este razonamiento, la Sala interpretó la exigencia constitucional de haber sido "juez superior" como quiso, a la medida de los Magistrados decisores.

Poco se puede agregar en cuanto a comentarios a esta conducta del Tribunal Supremo de Justicia, integrado por Magistrados designados por el nuevo poder, a dedo, el 22 de diciembre de 1999, que con la mayor desfachatez, en un auto que lo que decide es exigir que el accionante (Defensor del Pueblo) aclarase su acción, aprovecharon para decidir que la Constitución no era aplicable a sus integrantes que aspiraban a ser designados, con el argumento de que de lo que se trataba era que iban a ser "ratificados" y ¡ello no estaba regulado en la Constitución!. En todo caso, la decisión de fondo de la acción intentada no se adoptó posteriormente.

XIX.
La burla a la rigidez constitucional y las modificaciones ilegítimas a la Constitución en 1999

La Constitución de 1999, en su Título IX que regula la Reforma Constitucional, establece tres mecanismos de revisión de la Constitución, que son: la Enmienda constitucional, la Reforma constitucional y la Asamblea Nacional Constituyente. (arts. 304 a 349).

La rigidez constitucional deriva de que es la propia Constitución la que en esos artículos regula con precisión el procedimiento de la revisión constitucional.

En cuanto a la Enmienda, que tiene por objeto al adición o modificación de uno o varios artículos sin alterar la estructura fundamental de la Constitución (art. 340), el procedimiento se regula precisándose quiénes pueden tener la iniciativa de la Enmienda (art. 341,1), la aprobación por mayoría de la Asamblea Nacional cuando la iniciativa parta de ésta (art. 341,2), la aprobación por referendo de la Enmienda (art. 341,3 y 4) y la forma de publicación y promulgación de la misma (art. 341,5 y 346).

En cuanto a la Reforma constitucional, que tiene por objeto una revisión parcial de la Constitución y la sustitución de una o varias de sus normas que no modifiquen la estructura y principios fundamentales del texto constitucional (art. 342), la Constitución regula quiénes tienen la iniciativa de la Reforma (art. 342), la tramitación de la misma y su discusión y aprobación por la Asamblea Nacional (art.343), la aprobación por referendo (art. 344 y 345) y promulgación de la Reforma (art. 346).

Por último, en cuanto a la Asamblea Nacional Constituyente, la cual se regula como un órgano representativo del pueblo como "depositario del poder constituyente originario" (art. 347), se precisa quiénes tiene la iniciativa para convocarla (art. 348) y las normas de su funcionamiento (art. 349).

1. *La ilegítima admisibilidad de la revisión refrendaria de la Constitución*

Las anteriores normas confirman la rigidez de la Constitución, la cual no puede revisarse por ningún otro mecanismo.

Sin embargo, no lo resolvió así la Sala Constitucional, la cual en una ambigua sentencia dictada con ocasión de declarar improcedente una acción de amparo ejercida contra el denominado "referendo sindical," en la cual parece admitir que además de las formas de revisión de la Constitución expresamente reguladas en el Título IX, había otra que sería el referendo consultivo, lo que, por supuesto, constituye una burla a la rigidez constitucional.

En efecto, con ocasión de la convocatoria, a instancias de la Asamblea Nacional por el Consejo Nacional Electoral al denominado referendo sindical realizado el 3 de noviembre de 2000, destinado a aprobar la suspensión de los dirigentes de las más altas organizaciones sindicales, lo que evidentemente constituía una violación del derecho a la libertad sindical garantizado en el artículo 95 de la Constitución, la Sala Constitucional del Tribunal Supremo de Justicia, al dictar la sentencia de 1-12-00 (caso *Frente Constituyente de Trabajadores*), no sólo resolvió que no existía tal violación -refiriéndose sólo a una parte del artículo, pero ignorando otra, como antes se ha argumentado-, sino que sentó un criterio teórico que podría permitir fundamentar reformas constitucionales no aprobadas conforme a lo dispuesto en el Título IX de la Constitución, como consecuencia de la realización de un referendo, por ejemplo, aprobatorio.

En efecto, en esa sentencia, la Sala analizó el tema del "referendo consultivo y el mandato constitucional emanado de la consulta," señalando lo siguiente:

> La Sala observa además, que el Referendo impugnado es un procedimiento democrático fundado en el principio de participación en los asuntos públicos conforme al *artículo 62 de la Constitución de la República Bolivariana de Venezuela,* el cual consagra la obligación del Estado y de la sociedad en facilitar la generación de las condiciones más favorables para su práctica, lo que permite a los ciudadanos resolver por sí mismos los problemas importantes y evitar que "*sus representantes acaparen todo el poder político*" (Duverger, *Instituciones Políticas y Derechos Constitucionales,* Barcelona, Ariel, 1980, Trad. De E. Aja y otros, p.82), de modo que la aplicación del ordenamiento jurídico vigente impida la manifestación de la voluntad popular por efecto de dicha aplicación; todo lo cual supone el ejercicio directo de dicha voluntad popular, por lo que su decisión soberana, en sentido afirmativo o negativo, sería un mandato constitucional del pueblo venezolano, titular de la soberanía, mandato que por su origen, integraría el sistema constitucional y no podría asimilarse, en caso afirmativo, a una intervención, suspensión o disolución administrativa, que es lo que prohíbe el *artículo 95 de la Constitución de la República Bolivariana de Venezuela*, aparte de que el referendo ha sido convocado por el Consejo Nacional Electoral a instancia de la Asamblea Nacional. Debe mencionarse que el mandato que el pueblo conferiría al Consejo Nacional Electoral, en caso de que la pregunta del Referendo sea aprobada, tendría carácter constitucional y sus efectos no constituirían una suspensión "administrativa" como se desprende de los alegatos del accionante.

De esto resulta, por tanto, que lo aprobado en cualquier referendo consultivo sería "un mandato constitucional" del pueblo, que pasaría a integrar "el sistema constitucional," aún cuando la pregunta del referendo fuera contraria a la Constitución misma, lo que significa la "legitimación" de otro procedimiento para la revisión constitucional distinto a los previstos en el Título IX y la puerta abierta para la violación de la Constitución mediante la realización de referendos consultivos.

La Sala Constitucional, incluso, "legitimó" esta burla a la rigidez constitucional, al agregar en la sentencia que:

> El referendo, pues, como institución democrática, es la reivindicación del poder constituyente dentro del sistema constitucional vigente, para garantizar el proyecto político de la Constitución y para realizar, respecto de la consulta refrendaria, el ejercicio de la democracia participativa, la que, por esta vía, deviene democracia gobernante o social, como lo señala Burdeau (*Letat,* Paris, Seuil, 1971, Poder Público.57-61). Los referendos populares exceden, por tanto, la representación y la participación misma y le permiten al pueblo reivindicar su poder de decisión directa en asuntos de interés público, lo que significa la irrupción ocasional de la potestad soberana dentro del régimen legal constitucional de democracia representativa.

2. *Las ilegítimas modificaciones al texto constitucional de 1999 que se efectuaron desde su sanción hasta su publicación*

El proceso de puesta en vigencia de la Constitución de 1999 y de su publicación posterior estuvo plagado de improvisaciones y abusos por parte de supuestas "comisiones técnicas" que fueron moldeando el texto constitucional a su antojo. Con un ejemplo puntual puede apreciarse cómo fue cambiada la Constitución, sin que ello hubiese sido producto ni de la voluntad de la Asamblea Nacional Constituyente ni del pueblo.

En efecto, en el texto publicado por la Asamblea Nacional Constituyente del proyecto sancionado el 15 de noviembre de 1999, que fue el mismo texto, en principio, publicado por el Consejo Nacional Electoral para el referendo del 15 de diciembre de 1999, el artículo 317 de la Constitución, que regula el principio de la legalidad tributaria, establecía que no podían

> Concederse exenciones y rebajas, ni otras formas de incentivos fiscales, *sino en los casos previstos por la ley que cree el tributo correspondiente.*[192]

Ese había sido el texto aprobado por la Asamblea Nacional Constituyente y aprobado en el referendo del 15 de diciembre de 1999, es decir, el aprobado por el

---

192 Véase *Gaceta Constituyente (Diario de Debates), Noviembre 1999-Enero 2000, cit.*, Sesión de 8 de noviembre de 1999, N° 40, p.13.

pueblo. Sin embargo, en el texto publicado en la *Gaceta Oficial* N° 36.860 del 30 de diciembre de 1999, el artículo 317 aparece con la siguiente redacción:

> Ni concederse exenciones o rebajas, ni otras formas de incentivos fiscales, *sino en los casos previstos por las leyes.*

No se trataba de argumentar cuál de las dos redacciones es más adecuada a las exigencias de la legislación tributaria, sino de afirmar que se publicó como texto constitucional un texto que no fue aprobado por el pueblo en el referendo y que, por tanto, no es constitucional. Se había reformado la Constitución sin el voto de la Asamblea ni el voto popular.

3. *Las reformas a la Constitución que se efectuaron después de su publicación el 30 de diciembre de 1999*

El proceso de reforma ilegítima de la Constitución no se quedó en los cambios indicados, de los cuales sólo hemos mencionado ejemplos puntuales, pues con seguridad debe haber muchos otros; sino que continuó con la "republicación" del texto constitucional en la *Gaceta Oficial* N° 5.453 Extraordinaria del 24 de marzo de 2000, en la cual, además, se publicó una Exposición de Motivos de la Constitución que no había sido aprobada en el referendo del 15 de diciembre de 1999, y que supuestamente había sido aprobada por la Asamblea Nacional Constituyente en su última sesión del 30 de enero de 2000, lo cual era falso.

La "nueva versión" de la Constitución se publicó supuestamente corrigiendo "errores de gramática, sintaxis y estilo," lo que de por sí era improcedente, pues ello implicaba un cambio en el texto constitucional aprobado por el pueblo. Sin embargo, la verdad es que con tal excusa, se introdujeron múltiples cambios sustanciales al texto constitucional, en una forma ilegítima, muchos de los cuales denunciamos y enumeramos en su oportunidad,[193] los cuales fueron objeto de un recurso de interpretación interpuesto ante la Sala Constitucional por el entonces Fiscal General de la República[194] y por Hermánn Escarrá Malavé[195] sin que la Sala hubiera jamás resuelto el asunto.

Un solo ejemplo de estos cambios que podemos citar puntualmente es el referido, precisamente, a la competencia de la Sala Constitucional para revisar las sentencias de instancia en materia de amparo o control difuso de la constitucionalidad.

---

193 Veáse Allan R. Brewer-Carías, *La Constitución de 1999*, con nuestros comentarios, 3ª Edición, Caracas 2001, pp. 282 a 289.

194 El Fiscal General de la República detectó cambios en 179 artículos, la mayoría de forma y 19 de fondo. Véase en *El Universal*, Caracas 10 de diciembre de 2000, p. 1-4.

195 El ex constituyente Hermánn Escarrá Malavé, quien había presidido la Comisión Constitucional de la Asamblea Nacional Constituyente, detectó 278 "reformas" al texto constitucional. Véase *El Universal*, Caracas 13 de diciembre de 2000, p. 1-4.

El artículo 336,10 de la Constitución aprobada en el referendo del 15 de diciembre de 1999 y publicada el 3 de diciembre de 1999, atribuía a la Sala competencia para:

> 10. Revisar las sentencias de amparo constitucional y de control de constitucionalidad de leyes o normas jurídicas dictadas por los tribunales de la República en los términos establecidos por la Ley Orgánica respectiva.

Esta norma se modificó en la "versión" de la Constitución publicada el 24 de marzo de 2000, en una forma absolutamente ilegítima, estableciéndose la siguiente redacción:

> 10. Revisar las sentencias *definitivamente firmes* de amparo constitucional o de control de constitucionalidad de leyes o normas jurídicas dictadas por los tribunales de la República, en los términos establecidos por la Ley Orgánica respectiva.

De nuevo, no se trataba de argumentar sobre la conveniencia o no de esta "reforma" del texto constitucional, no aprobada ni por la Asamblea ni por el pueblo, sino de advertir lo ilegítimo de la modificación, lo que también denunciamos en su oportunidad.[196]

Lo grave de esta irregularidad que confirma la falsedad de que la "Exposición de Motivos" de la Constitución publicada el 24 de marzo de 2000 hubiera sido aprobada el 30 de enero de 2000 por la Asamblea, es que en dicha "Exposición de Motivos" elaborada supuestamente respecto del texto publicado el 30 de diciembre de 1999 se explica el ordinal 10 del artículo 336 haciendo alusión a la competencia de la Sala "para revisar las decisiones *definitivamente firmes*" dictadas en materia de amparo y control difuso de la constitucionalidad, cuando dicha frase ("definitivamente firmes") sólo "apareció" en el texto de la Constitución publicado dos meses después de la "aprobación" de la "Exposición de Motivos."

Muchos otros cambios sustanciales se hicieron al texto constitucional con la excusa de "corrección de errores de gramática, sintaxis y estilo" todos los cuales significaron una burla a la rigidez constitucional, pues fue evidente que estos cambios o reformas constitucionales ilegítimos fueron hechos por supuestos revisores técnicos y gramaticales, sin aprobación popular.

---

196 Véase Allan R. Brewer-Carías, *El sistema de justicia constitucional en la Constitución de 1999*, Caracas 2000, pp. 110 y ss.

XX.
Las secuelas del populismo constitucional y del régimen autoritario subsecuente, veinte años después; el falso Estado de Derecho

Después de veinte años de populismo constitucional y del autoritarismo desarrollado a su amparo, en Venezuela puede decirse que se ha desarrollado, como innovación histórica. un Estado de Derecho de mentira, falso y fraudulento. La Constitución de 1999 expresamente lo declara como un "Estado democrático y social de derecho y de justicia," pero la misma ni se respeta, ni se cumple.

Y ello, sin duda tuvo su origen en que dicho texto fue producto de una Asamblea Nacional Constituyente que fue utilizada, no para recomponer un sistema político en democracia, sino para asegurarle a un grupo político de fracasados militares poder asaltar el poder para perpetuarse en el mismo, como expresión de populismo constitucional. Y así, desde el poder, han resultado gobernantes que no respetan la supremacía de la Constitución, que han hecho de la Constitución un texto de "papel mojado," que no respetan la separación de poderes, y al contrario han establecido un sistema de concentración total del poder, donde no hay un sistema de *check and balance*, y donde no hay control ni independencia de ningún tipo entre los poderes. Y lo más grave en ese proceso, es que desde el inicio asaltaron el Poder Judicial y lo han convertido en el principal instrumento del autoritarismo, que nada controla en materia de control de constitucionalidad sino que más bien avala las inconstitucionalidades de gobierno.

Gobiernos que no garantizan el acceso al poder conforme a las reglas del Estado de Derecho, pues el órgano electoral es utilizado a mansalva a favor del gobierno, el registro electoral es manipulado, con el resultado de que así, no hay ni puede haber elecciones limpias, ni justas, ni transparentes ni confiables. Un sistema en el que se inhabilita y se encarcela a los candidatos a elecciones; donde en forma abierta sin cortapisas, se secuestra a todos los partidos políticos de oposición, inclusive mediante decisiones del Juez Constitucional, el cual ha nombrado por vía de medidas cautelares nuevas autoridades de los mismos, pero vinculadas al gobierno. Así, buscándose asegurar una supuesta "participación" de los mismos en unas posibles elecciones como falsos "partidos de la oposición."

Se trata, por supuesto, de un régimen donde no hay respeto a los derechos humanos, bastando ahora solo referirme a los Informes recientes de la Alta Comisionada de Naciones Unidas para los Derechos Humanos, Michelle Bachelet, donde incluso llega a denunciar la comisión de crímenes de lesa humanidad que han motivado el inicio de un procedimiento ante la Corte Penal Internacional en el cual se involucra a toda la cadena de mando que va desde el Presidente de la República hacia abajo.

Un sistema en el cual se atenta contra la libertad de expresión y se confiscan medios de comunicación; en el cual se desaparece e incomunica a personas, se las tortura y donde, incluso, a los defensores de derechos humanos se los acusa de terroristas, traidores a la patria y de instigación al odio.

En definitiva, se trata de un sistema donde se ha destruido a la democracia representativa, eliminando la representación política, con base de una supuesta y falaz "democracia participativa" que de participación no tiene nada, porque participar en política, aparte de mediante el voto, solo es posible en sistemas de gobierno descentralizados. Y agregado a la destrucción de la democracia, la agravación de la desigualdad social, al haberse destruido el aparato productivo del país, convirtiéndose a la población en una masa dependiente de las migajas que reciben del gobierno.

Ese es el "nuevo" Estado de Derecho fraudulento, producto de ese llamado "nuevo constitucionalismo" que se sembró en América Latina, que por supuesto contrasta con todas las características de lo que debe ser un Estado de derecho.

1. *Algo sobre los principios del Estado de derecho en el Estado constitucional*

En efecto, para que exista un Estado de derecho o un "Estado de democrático y social de derecho y de justicia" como se califica en la Constitución venezolana de 1999, como forma de organización política de una Sociedad, el mismo tiene que estar regido ante toto por una Constitución, como pacto político emanada de la soberanía popular, configurado como una promesa para ser cumplida por los gobernantes y gobernados. Por eso se la considera y califica como norma o ley suprema.

De ello deriva el más importante y fundamental de los derechos de los ciudadanos en un Estado Constitucional de derecho, que es el derecho a la Constitución, a su supremacía, a su rigidez, a su imperatividad; y a la vez, la más importante obligación del Estado Constitucional que es la de respetar la Constitución, de asegurar su vigencia, y de controlar las violaciones a la misma.

Es decir, al regular las Constituciones en los Estados democráticos contemporáneos lo que universalmente se ha calificado como un *Estado democrático y social de derecho*, desglosándose en la misma lo que son sus tres componentes fundamentales que son la Constitución Política, la Constitución Social y la Constitución Económica, quienes controlan el poder en los mismos tienen que ser los principales obligados de garantizar y proteger la implementación efectiva de tal Estado, y evitar que sus principios se tornen en declaraciones vacías.

Además, en el Estado Constitucional, aun siendo la Constitución emanación de la voluntad del pueblo, el pueblo mismo también tiene el deber de respetarla y, por tanto, modificarla sólo conforme a lo dispuesto por el mismo pueblo, en su texto, cuando la aprobó. Por ello, una vez que una Constitución es aprobada por el pueblo en ejercicio de su soberanía, el principio de la propia soberanía popular queda sujeto al principio de la supremacía constitucional conforme a lo que el pueblo reguló.

Y por ello es por lo que debe rechazarse todo intento de subvertir este último principio de la supremacía constitucional por el primero de la soberanía popular, pretendiendo que el pueblo pueda siempre y en cualquier forma cambiar la Constitución apartándose de las regulaciones en ella establecidas por el propio pueblo para las reformas constitucionales. Ello no es otra cosa que simple populismo constitucional que tanto daño ha hecho al constitucionalismo contemporáneo.[197]

En todo caso, para que la Constitución pueda tener supremacía y permanencia en cuanto a los derechos y obligaciones que implica, en el Estado Constitucional es necesario que se cumplan al menos, las siguientes condiciones:

Primero, es necesario que la Constitución, como ley suprema, sea efectivamente la consecuencia o resultado de un pacto político de la sociedad en un momento dado. No puede ser un texto impuesto por una fracción o facción del pueblo, sobre otra. Estas Constituciones, que han sido muchas en la historia, no tienen garantía de continuidad; y

Segundo, es necesario que exista un sistema de Justicia Constitucional que asegure su vigencia con independencia y autonomía; es decir, un sistema de control de las actuaciones inconstitucionales de los órganos del Estado, que realmente esté configurado como el sustituto al derecho del pueblo de rebelión o resistencia frente a los gobernantes que violen su derecho a la Constitución. [198] Quienes controlan el

---

197 Véase Allan R. Brewer-Carías, "Nota del Editor sobre Democracia, Populismo y Constitución" al libro: *Elecciones y democracia en América Latina: El desafío autoritario - populista (Coloquio Iberoamericano, Heidelberg, septiembre 2019, homenaje a Dieter Nohlen),* (Editor: Allan R. Brewer-Carías), Colección Biblioteca Allan R. Brewer-carías, Instituto de Investigaciones Jurídicas de la Universidad católica Andrés bello, Editorial Jurídica Venezolana International, Caracas 2020, pp. 13-25; y el estudio: "El populismo constitucional y el "nuevo constitucionalismo." O de cómo se destruye una democracia desde dentro," en Juan Carlos Cassagne y Allan R. Brewer-Carías, *Estado populista y populismo constitucional. Dos estudios,* Ediciones Olejnik, Santiago, Buenos Aires, Madrid 2020.

198 Véase sobre la Justicia constitucional como sustituto a la revolución y de la rebelión popular, Sylva Snowiss, *Judicial Review and the Law of the Constitution,* Yale University, 1990, p. 113.

poder del Estado están obligados a asegurar que esos completos mecanismos de justicia constitucional que se consagren no sean degradados, y no sean convertidos en meros instrumentos para asegurar que las violaciones a la Constitución por los gobernantes nunca sean controladas.

Pero, además, esa Constitución, para que sea efectivamente la de un Estado de derecho tiene específicamente que regular:

En *primer lugar,* un régimen político democrático, de democracia representativa, en la cual los representantes del pueblo - sus gobernantes - tienen que ser electos mediante sufragio universal directa y secreto;

En *segundo lugar,* como consecuencia del sufragio, la Constitución tiene que regular un gobierno civil representativo al cual tienen que estar sujetas las Fuerzas militares, y que solo puede actuar con sujeción a la legalidad y al derecho, es decir, en un marco juridificado;

En *tercer lugar,* para garantizar lo anterior, la Constitución tiene que organizar el Estado de manera que sus órganos estén sometidos a controles, con base, primero, en el principio de la separación o desconcentración de poder, de manera que el poder controle al poder, y en especial, que los poderes estén controlados por un poder judicial independiente y autónomo, que garantice la judicialización de la actuación del Estado; y segundo, con base en el principio de la descentralización del poder en el territorio de manera de acercando el poder al ciudadano se permita la efectiva participación política de manera que los ciudadanos puedan también controlar el ejercicio del poder en la cotidianeidad democrática;

Y en *cuarto lugar,* la Constitución debe organizar el funcionamiento de los órganos del Estado, de manera de asegurar que estén al servicio de los ciudadanos, y además, con el propósito fundamental de garantizar las libertades y los derechos humanos, que deben tener primacía, con miras a asegurar la dignidad humana.

Solo si el régimen anterior está asegurado en una Constitución, se puede hablar de la existencia de un Estado de Derecho, que se encuentra montado, por tanto, sobre al menos los siguientes siete principios mínimos esenciales:[199]

En *primer lugar,* el *principio de constitucionalismo,* o de la *constitucionalización,* es decir, de la propia existencia de una Constitución como carta política escrita, emanación de la soberanía popular, de carácter rígida y permanente, contentiva de normas de rango superior, inmutable en ciertos aspectos y que no sólo organiza al Estado, es decir, no sólo tiene una parte orgánica, sino que también tiene una parte

199 Véase Allan R. Brewer-Carías, *Principios del Estado de derecho. Aproximación histórica,* Cuadernos de la Cátedra Mezerhane sobre democracia, Estado de derecho y derechos humanos, Miami Dade College, Programa Goberna Las Américas, Editorial Jurídica Venezolana International. Miami-Caracas, 2016, p. 360.

dogmática donde se declaran los valores fundamentales de la sociedad y los derechos y garantías de los ciudadanos.

El constitucionalismo implica, esencialmente, la supremacía del texto constitucional del cual deriva un sistema jerárquico de las normas que conforman el ordenamiento jurídico, ubicadas en diferentes niveles según su esfera de validez; y que origina las fuentes diversas sub-constitucionales del derecho, comenzando por la legislación que regula con primacía todas las actividades del Estado, entendiéndose en este contexto por legislación, básicamente, la ley formal, es decir, las leyes sancionadas por los parlamentos.

En *segundo lugar*, el *principio de la democratización*, basado en el principio de la soberanía popular, que surgió en el constitucionalismo moderno cuando la soberanía se trasladó de un Monarca al pueblo y a la Nación, siendo en consecuencia las Constituciones producto del ejercicio de dicha soberanía popular. De ello deriva el principio de la representación, de la esencia de la democracia, cuyo ejercicio por el pueblo se realiza básicamente en forma indirecta, mediante representantes electos por sufragio universal, directo y secreto, independientemente de los mecanismos de ejercicio directo de la democracia que puedan establecerse.

En *tercer lugar, el principio de la separación de poderes, es decir, de su desconcentración en la organización del Estado* con el objeto de limitar y controlar su ejercicio para garantizar la libertad de los ciudadanos. Del mismo deriva la necesidad de que los diversos poderes estén en mano de órganos independientes y autónomos que se deben controlar entre sí, en particular, por parte del poder judicial. Este principio de la desconcentración está, por tanto, esencialmente unido al principio de la separación de poderes que es de la propia esencia del Estado de derecho, para evitar los posibles abusos de una rama del poder en relación con los otros.

En *cuarto lugar*, el *principio de la juridificación, de la legalidad y de la justiciabilidad,* que exige de todos los órganos del Estado y, en particular de aquellos que actúan en representación del pueblo, la obligación de sujetarse a la Constitución, a la ley y a las demás fuentes de ordenamiento jurídico, estando siempre todos los actos de los órganos del Estado sometidos a control, en particular, por parte de órganos judiciales autónomo e independiente dentro de la organización del propio Estado, con la potestad incluso para anular los actos de los órganos del Estado que sean inconstitucionales o ilegales.

En *quinto lugar, el principio de la humanización,* con reconocimiento y declaración formal de la existencia de derechos naturales del hombre y de los ciudadanos, con rango constitucional y de la primacía de la dignidad humana, por tanto, que deben ser garantizados y respetados por el Estado, constituyéndose la libertad y los derechos en el freno al Estado y sus poderes.

En *sexto lugar*, el *principio de la descentralización política en la organización del Estado, para asegurar la participación política* de los ciudadanos en el ejercicio del poder, al acercarlo a todos mediante la creación de entidades políticas territoriales regionales y locales, desparramadas en el territorio del Estado, gobernadas por representantes también electos mediante sufragio universal directo y secreto; principio que es el origen del federalismo, de los regionalismo políticos y, en todo caso, del municipalismo.

En *séptimo lugar,* como corolario de todos los principios anteriores, el *principio de gobierno civil,* que implica la subordinación de la autoridad militar a la autoridad civil, estando aquella encargada única y exclusivamente de la defensa de la Nación, del territorio y de los principios y valores establecidos y garantizados en la Constitución.

En el aseguramiento de todos estos principios que conforman la Constitución Política para el sustento de un Estado democrático de derecho, está la esencia del mismo, los cuales, lamentablemente, sin embargo, por la insurgencia progresiva de regímenes autoritarios populistas como ha ocurrido en Venezuela, han venido siendo despreciados, ignorados, falseados o vaciados de contenido, habiéndose producido el incumplimiento de la promesa que en la misma quedó plasmada por el pueblo que la sancionó, reflejada en el conjunto de principios que lo conforman; tal como ha sucedido en las últimos dos décadas a la vista del propio mundo democrático.[200]

En esta conclusión, en particular, quiero referirme a este proceso de falseamiento del Estado de derecho pero específicamente referido al principio de la soberanía popular y al principio democrático, para poner en evidencia cómo en Venezuela han sido desdibujados, y cómo a pesar de las declaraciones floridas de la Constitución, durante los últimos veinte años han sido falseados en la práctica política, habiendo sido convertidos en una gran mentira[201] y en una larga lista de promesas incumplidas.

2. *El falseamiento del principio de la soberanía popular: la desconstitucionalización y la usurpación de la soberanía popular*

El proceso de desconstitucionalización del Estado, es decir, el abandono del principio esencial del constitucionalismo que implica que la Constitución es ley su-

---

200 Véase Allan R. Brewer-Carías, *Dismantling Democracy. The Chávez Authoritarian Experiment,* Cambridge University Press, New York 2010, 418 pp.; *Authoritarian Government v. The Rule of Law. Lectures and Essays (1999-2014) on the Venezuelan Authoritarian Regime Established in Contempt of the Constitution,* Fundación de Derecho Público, Editorial Jurídica Venezolana, Caracas 2014, 986 pp.; *The Collapse of the Rule of Law and the Struggle for Democracy in Venezuela.* Lectures and Essays (2015-2020), Foreword: Asdrúbal Aguiar, Colección Anales, Cátedra Mezerhane sobre democracia, Estado de Derecho y Derechos Humanos, Miami Dade College, 2020, 618 pp.

201 Véase Allan R. Brewer-Carías, *La mentira como política de Estado. Crónica de una crisis política permanente. Venezuela 1999-2015,* Colección Estudios Políticos, No. 10, Editorial Jurídica Venezolana, Caracas 2015.

prema y el resultado del ejercicio de la soberanía por el pueblo, como se ha visto, se inició en Venezuela en 1999 con el proceso de sanción de la propia Constitución de 1999, producto de una Asamblea Nacional Constituyente mal conformada y peor estructurada,[202] para cuya convocatoria se violó la Constitución de 1961 que no establecía ni regulaba la figura de la Asamblea Nacional Constituyente.

Con ello, como ya hemos explicado, se inició así en América Latina el llamado "nuevo constitucionalismo,"[203] que luego se extendió hacia Ecuador y Bolivia, producto del populismo constitucional que pretende justificar que la supremacía constitucional debe ceder cuando supuestamente se convoque al pueblo soberano, así sea en forma no autorizada en la Constitución, para modificarla.

El resultado de esa deformación fue que en Venezuela una Asamblea Nacional Constituyente completamente controlada por los seguidores de Hugo Chávez, sancionó una Constitución Política que, como lo expresé en diciembre de 1999 al abogar por su no aprobación en el referendo, "cuando se analiza globalmente, [...] pone en evidencia un esquema institucional para el autoritarismo, que deriva de la *combinación del centralismo de Estado, del presidencialismo exacerbado, de la partidocracia y del militarismo* que constituyen los elementos centrales diseñados para la organización del Poder del Estado."[204]

Eso fue hace veintiún años, en un mensaje al cual lamentablemente muy pocas personas hicieron caso, pues sin duda, era demasiado el anhelo de cambio político que entonces existía en el país.

Pero lo cierto ha sido que aquello que vaticiné en 1999 se cumplió a cabalidad comenzando el proceso de la violación descarada de la Constitución, sin que muchos lo advirtieran, una semana después de aprobada la Constitución por el pueblo mediante referendo del 15 de diciembre de 1999). Como lo hemos explicado: ello ocurrió antes, incluso, de que se publicara su texto en la *Gaceta Oficial* (30-12-1999), al decretarse por la propia Asamblea Constituyente (sin aprobación popular y a pesar de que ya había concluido sus funciones, violándose el principio de la soberanía popular), un "Régimen Transitorio" de fecha 22 de diciembre de 1999[205] que en la práctica dio origen a otra "constitución" paralela, que no fue

---

202 Véase Allan R. Brewer-Carías, *Golpe de Estado y proceso constituyente en Venezuela*, Universidad nacional Autónoma de México, México 2002.

203 Véase Allan R. Brewer-Carías, *"El "nuevo constitucionalismo latinoamericano" y la destrucción del Estado democrático por el Juez Constitucional. El Caso de Venezuela,* Colección Biblioteca de Derecho Constitucional, Ediciones Olejnik, Madrid, Buenos Aires, 2018, 294 pp.

204 Véase Allan R. Brewer-Carías, "Razones del voto NO en el referendo aprobatorio de la Constitución," en Debate *Constituyente (Labor en la Asamblea Nacional Constituyente),* Tomo III, Fundación de Derecho Público, Editorial Jurídica Venezolana, Caracas 2000, 315-340.

205 Después de aprobada por el pueblo la Constitución (15 diciembre 1999), la Asamblea

aprobada por el pueblo, cuya duración fue de varios lustros, contraria a lo que se prometía en el texto aprobado popularmente, y destinada a asegurar que la misma no se pudiera cumplir, en lo que entonces califiqué como un golpe de Estado constituyente.[206]

En esa forma, en 1999 lo que se produjo fue un asalto al poder que se materializó cuando la Asamblea Constituyente, al margen del pueblo, procedió a hacer lo que el éste no hizo en el referendo aprobatorio de la Constitución, que fue sustituir todos los Poderes Públicos constituidos del Estado y sus autoridades, procediéndose a designar a dedo a sus sustitutos. La Asamblea, así, puso fin al mandato del anterior Congreso y creó transitoriamente una Comisión Legislativa Nacional; eliminó la anterior Corte Suprema de Justicia, creando las Salas del nuevo Tribunal Supremo fijándoles el número de magistrados, lo que no estaba establecido en la Constitución, procediendo a nombrarlos sin cumplir con las exigencias de la propia Constitución; creó una Comisión de Reorganización y Funcionamiento del Poder Judicial para intervenirlo, destituyendo jueces sin debido proceso; designó a todos los altos funcionarios de los diversos Poderes del Estado sin cumplir las condiciones constitucionales; y dictó un Estatuto Electoral sin potestad alguna para sancionarlo.[207]

Y todo ello, con el aval emitido por el nuevo Tribunal Supremo de Justicia y su Sala Constitucional que había nombrado por la propia Asamblea Constituyente, la cual, al decidir en su propia causa, mediante sentencia N° 6 de fecha 27 de enero de 2000[208] estableció primero, que las normas constitucionales aprobadas no se aplicaban a los nombrados, y segundo, que todo lo que había resuelto la Asamblea Constituyente tenía rango "supraconstitucional," no estando la misma sujeta ni a la Constitución de 1999 ni a la Constitución de 1961.

---

dictó el Régimen Constitucional Transitorio (22-diciembre 1999), habiéndose publicado ambo textos a la vez (30 diciembre 1999) Véase en *Gaceta Oficial* No. 36.859 de 29 de diciembre de 1999.

206 Véase Allan R. Brewer-Carías, *Golpe de Estado y proceso constituyente en Venezuela*, Universidad nacional Autónoma de México, México 2002. A ello se sumaron diversas "modificaciones" o "reformas" al texto introducidas con ocasión de "correcciones de estilo" para su publicación lo que ocurrió el 30 de diciembre de 1999. Véase Allan R. Brewer-Carías, "Comentarios sobre la ilegítima "Exposición de Motivos" de la Constitución de 1999 relativa al sistema de justicia constitucional," en la *Revista de Derecho Constitucional*, N° 2, Enero-Junio 2000, Caracas 2000, pp. 47-59

207 Véase Allan R. Brewer-Carías, *Golpe de Estado y proceso constituyente en Venezuela*, Universidad Nacional Autónoma de México, México 2002, 405 pp.; y *Golpe de Estado Constituyente, Estado Constitucional y Democracia*, Colección Tratado de Derecho Constitucional, Tomo VIII, Fundación de Derecho Público, Editorial Jurídica Venezolana, Caracas, 2015, 1018 pp.

208 Véase en *Revista de Derecho Público*, N° 81, (enero-marzo), Editorial Jurídica Venezolana, Caracas, 2000, pp. 81 ss.

Ello fue, en definitiva, el inicio del antes mencionado y llamado "nuevo constitucionalismo" en cuyo nombre específicamente se produjo en Venezuela la inmisericorde intervención y sometimiento del Poder Judicial, y con ello, la destrucción del Estado de derecho;[209] proceso en lo cual el Juez Constitucional jugó un "rol estelar," configurándose una contradicción inconcebible: que un Juez Constitucional pueda tener como misión la de demoler las instituciones del Estado de derecho y destruir las bases del sistema democrático.

Y todo ello, en contraste con lo que dispuso la Constitución al declarar que la soberanía reside "intransferiblemente" en el pueblo, es decir, que sólo y siempre reside en el pueblo y nadie puede asumirla, ni siquiera una Asamblea Constituyente la cual, por supuesto, nunca podría ser "soberana" y menos aún "soberanísima" como, por ejemplo, tantas veces e impropiamente se la calificó en 1999,[210] y 2017.[211] En la Constitución de 1999, incluso, al regularse la Asamblea Nacional Constituyente se señala que "el pueblo de Venezuela es el depositario del poder constituyente originario" (art. 347) el cual, por tanto, no puede jamás ser transferido a Asamblea alguna.

Sin embargo, de hecho, estas previsiones no se han cumplido, como se evidencia de las muestras constituyentes realizadas en desprecio de la Constitución al presentarse un proyecto de reforma de la misma en 2007 por el Presidente Chávez,[212] la

---

209 Sobre la intervención del Poder Judicial véase Allan R. Brewer-Carías, "La progresiva y sistemática demolición institucional de la autonomía e independencia del Poder Judicial en Venezuela 1999-2004," en *XXX Jornadas J.M Domínguez Escovar, Estado de derecho, Administración de justicia y derechos humanos,* Instituto de Estudios Jurídicos del Estado Lara, Barquisimeto, 2005, pp. 33-174; "La Justicia sometida al poder y la interminable emergencia del Poder Judicial (1999-2006)," en *Derecho y democracia. Cuadernos Universitarios,* Órgano de Divulgación Académica, Vicerrectorado Académico, Universidad Metropolitana, Año II, Nº 11, Caracas, septiembre 2007, pp. 122-138; "Sobre la ausencia de carrera judicial en Venezuela: jueces provisorios y temporales y la irregular Jurisdicción Disciplinaria Judicial," en *Revista de Derecho Funcionarial,* Números 12-19, Mayo 2014 - Diciembre 2016, Edición especial, Centro para la Integración y el Derecho Público (CIDEP), Fundación de Estudios de Derecho Administrativo (FUNEDA), Caracas 2018, pp. 8-26.

210 Véase los comentarios críticos sobre esto en Allan R. Brewer-Carías, *Poder Constituyente Originario y Asamblea Nacional Constituyente,* Academia de Ciencias Políticas y Sociales, Caracas 1999, pp. 67 ss.

211 Véase Allan R. Brewer-Carías, *Usurpación Constituyente 1999, 2017. La historia se repite: una vez como farsa y la otra como tragedia,* Colección Estudios Jurídicos, No. 121, Editorial Jurídica Venezolana International, 2018, 654 pp,

212 Véase Allan R. Brewer-Carías, *Hacia la consolidación de un Estado socialista, centralizado, policial y* militarista. *Comentarios sobre el sentido y alcance de las propuestas de reforma constitucional* 2007, Colección Textos Legislativos, No. 42, Editorial Jurídica Venezolana, Caracas 2007; *La reforma constitucional de 2007 (Comentarios al proyecto inconstitucionalmente sancionado por la Asamblea Nacional el 2 de noviembre de 2007),* Colección Textos Legislativos, No.43, Editorial Jurídica Venezolana, Caracas 2007.

cual afortunadamente fue rechazada por el pueblo mediante referendo, pero cuyo contenido, que buscaba la creación de un Estado Comunal paralelo al Estado Constitucional, era más bien lo propio de una Asamblea Constituyente. Sin embargo, de nuevo el Juez Constitucional fue el que se negó a controlar el despropósito.[213]

Diez años después, el 1° de mayo de 2017, se produjo la inconstitucional convocatoria por decreto Ejecutivo de otra Asamblea Nacional Constituyente[214] - usurpando el carácter del pueblo como depositario del poder constituyente originario - para supuestamente transformar el Estado, adoptar un nuevo ordenamiento jurídico y dictar una nueva Constitución buscando de nuevo constitucionalizar el Estado Comunal rechazado por el pueblo en 2007.[215] Esta vez, además, en fraude a la voluntad popular y sin consultar al pueblo como lo exigía la Constitución (art. 347),[216] estableciéndose medios para elegir la Asamblea por sectores y territorios, contrariando a la propia Constitución que proscribe cualquier forma de representación grupal, sectorial, de clase o territorial. Y de nuevo, el Juez Constitucional fue el que se negó a controlar tal violación y usurpación de la soberanía popular,[217] considerando en definitiva que, aunque se requiera de un referendo popular para cambiar una simple "coma" en una frase de un artículo en la Constitución (median-

---

213 Véase Allan R. Brewer-Carías, "El juez constitucional vs. la supremacía constitucional O de cómo la jurisdicción constitucional en Venezuela renunció a controlar la constitucionalidad del procedimiento seguido para la 'reforma constitucional' sancionada por la Asamblea Nacional el 2 de noviembre de 2007, antes de que fuera rechazada por el pueblo en el referendo del 2 de diciembre de 2007," en Eduardo Ferrer Mac Gregor y César de Jesús Molina Suárez (Coordinarores), *El juez constitucional en el Siglo XXI,* Universidad nacional Autónoma de México, Suprema Corte de Justicia de la Nación, México 2009, Tomo I, pp. 385-435

214 Véase *Gaceta Oficial* No. 6295 Extraordinario de 1 de mayo de 2017

215 Véase Allan R. Brewer-Carías, "La proyectada reforma constitucional de 2007, rechazada por el poder constituyente originario," en *Anuario de Derecho Público 2007,* Año 1, Instituto de Estudios de Derecho Público de la Universidad Monteávila, Caracas 2008, pp. 17-65

216 Véase Allan R. Brewer-Carías, Véase sobre ello lo que hemos expuesto en Allan R. Brewer-Carías, *Reforma constitucional y fraude a la Constitución (1999-2009)*, Academia de Ciencias Políticas y Sociales, Caracas 2009, p. 64-66; y en *La Constitución de 1999 y la Enmienda constitucional No. 1 de 2009,* Editorial Jurídica Venezolana, Caracas 2011, pp. 299-300

217 Véase sentencia No. 378 de 31 de mayo de 2017. Véase los comentarios en Allan R. Brewer-Carías, "El Juez Constitucional vs. El pueblo como poder constituyente originario. De cómo la Sala Constitucional del Tribunal Supremo de Justicia avaló la inconstitucional convocatoria de una Asamblea Nacional Constituyente, arrebatándole al pueblo su derecho exclusivo a convocarla," en Allan R. Brewer-Carías y Carlos García Soto (Coordinadores), *Estudios sobre la Asamblea Nacional Constituyente y su inconstitucional convocatoria en 2017,* Colección Estudios Jurídicos No. 119, Editorial Jurídica Venezolana, Caracas 2017, pp. 481-494

te los procedimientos de Enmienda constitucional, o de Reforma constitucional), sin embargo, para reformar *toda la Constitución y sustituir el texto vigente por otro nuevo,* no se necesita consultar al pueblo.[218]

Dicha Asamblea Nacional Constituyente de 2017, en todo caso, cesó en diciembre de 2019 sin haber cumplido con su misión de supuestamente crear el Estado Comunal, el cual en verdad, en fraude y desprecio a la Constitución y a la voluntad popular que lo había rechazado en 2007, ya se había establecido inconstitucionalmente en la Ley los Consejos Comunales sancionada en 2006,[219] y luego, en 2010, en las Leyes Orgánicas del Poder Popular y de las Comunas,[220] y además, con la reforma de la Ley Orgánica del Poder Público Municipal,[221] las cuales establecieron el marco normativo de ese nuevo Estado, *paralelo al Estado Constitucional,* desconstitucionalizándolo, denominado "Estado Comunal" o Estado del "Poder Popular."[222]

---

218 Ante las críticas generalizadas, mediante Decreto No. 2889 de 4 de junio de 2017 (*Gaceta Oficial* No. 6303 Extra de 4 de junio de 2017), el Presidente de la República "complementó las bases comiciales" exhortando a la Asamblea Nacional Constituyente que se elija para someter a referendo aprobatorio la Constitución que se sancione.

219 Véase en *Gaceta Oficial* N° 5.806 Extra. de 10-04-2006. Véase Allan R. Brewer-Carías, **"El inicio de la desmunicipalización en Venezuela: La organización del Poder Popular para eliminar la descentralización, la democracia representativa y la participación a nivel local," en** *AIDA, Opera Prima de Derecho Administrativo. Revista de la Asociación Internacional de Derecho Administrativo,* Universidad Nacional Autónoma de México, Facultad de Estudios Superiores de Acatlán, Coordinación de Postgrado, Instituto Internacional de Derecho Administrativo "Agustín Gordillo," Asociación Internacional de Derecho Administrativo, México, 2007, pp. 49 a 67.

220 Véase en *Gaceta Oficial* N° 6.011 Extra. de 21 de diciembre de 2010. La Sala Constitucional mediante sentencia N° 1330 de 17 de diciembre de 2010 declaró la constitucionalidad del carácter orgánico de esta Ley. Véase en http://www.tsj.gov.ve/decisiones/scon/Diciembre/1330-171210-2010-10-1436.html. Véase en general sobre estas leyes, Allan R. Brewer-Carías, Claudia Nikken, Luis A. Herrera Orellana, Jesús María Alvarado Andrade, José Ignacio Hernández y Adriana Vigilanza, *Leyes Orgánicas sobre el Poder Popular y el Estado Comunal (Los consejos comunales, las comunas, la sociedad socialista y el sistema económico comunal)*, Colección Textos Legislativos N° 50, Editorial Jurídica Venezolana, Caracas 2011; Allan R. Brewer-Carías, "La Ley Orgánica del Poder Popular y la desconstitucionalización del Estado de derecho en Venezuela," en *Revista de Derecho Público,* N° 124, Editorial Jurídica Venezolana, Caracas 2010, pp. 81-101.

221 Véase en *Gaceta Oficial* N° 6.015 Extra. de 28 de diciembre de 2010.

222 Véase Allan R. Brewer-Carías, "Reforma constitucional y organización del Estado en Venezuela: el desprecio a la supremacía y rigidez constitucional, la creación del Estado Comunal y la desconstitucionalización del Estado Constitucional," en *Memorial para la reforma del Estado. Estudios en homenaje al Profesor Santiago Muñoz Machado,* Centro de Estudios Políticos y Constitucionales, Madrid 2016, Tomo I, 139-173 en Gaceta *Oficial* N° 6.015 Extra. de 28 de diciembre de 2010.

Por tanto, la desconstitucionalización del Estado no sólo tiene su origen en los atentados a la soberanía popular y su usurpación para promover y realizar cambios a la Constitución sin la debida participación del pueblo, y lo más grave aún, hacerlo mediante leyes ordinarias, sino en el hecho de que el órgano llamado a ser el guardián de la Constitución, que es la Sala Constitucional del Tribunal Supremo, al estar controlada políticamente por el gobierno, ha conducido a que mediante su abstención para ejercer el control de la inconstitucionalidad de las leyes que se dictan impunemente violando la Constitución, la Constitución se haya convertido en un documento sin rigidez.

Es decir, la Constitución en Venezuela, desde su sanción, puede decirse que perdió todo valor de norma suprema producto de la soberanía popular, y por la abstención del Juez Constitucional en velar por su supremacía, se convirtió en un conjunto normativo maleable por absolutamente todos los poderes públicos, cuyas normas, una vez abandonada su rigidez, han tenido en la práctica la vigencia y el alcance que dichos órganos han dispuesto mediante inconstitucionales leyes ordinarias y decretos leyes, que el Juez Constitucional se ha negado a juzgar y controlar.[223]

Adicionalmente a la desconstitucionalización por abstención del Juez Constitucional de controlar la supremacía de la Constitución, esta también se ha desconstitucionalziado por la acción directa y activa del mismo Juez Constitucional controlado políticamente, mediante sentencias de interpretación constitucional, o mediante mutaciones ilegítimas de la Constitución, todas hechas a la medida y en general a petición del propio abogado del Estado, para "garantizar" que dichas actuaciones inconstitucionales no serán controladas.[224]

En esta forma, lo primero que se ha vaciado en la Constitución Política de Venezuela, ha sido el principio del constitucionalismo y de la soberanía popular, produciéndose la desconstitucionalización generalizada del Estado.

3. *El vaciamiento del principio de democratización: la desdemocratización y la búsqueda de eliminación de la democracia representativa*

A la violación del principio del constitucionalismo y de la soberanía popular, que ha originado la desconstitucionalización del Estado, le ha seguido, como políti-

---

223 Véase Allan R. Brewer-Carías, "El juez constitucional al servicio del autoritarismo y la ilegítima mutación de la Constitución: el caso de la Sala Constitucional del Tribunal Supremo de Justicia de Venezuela (1999-2009)", en *Revista de Administración Pública,* No. 180, Madrid 2009, pp. 383-418.

224 Véase sobra la mutación constitucional por la sala Constitucional véase: Allan R. Brewer-Carías, "El juez constitucional al servicio del autoritarismo y la ilegítima mutación de la Constitución: el caso de la Sala Constitucional del Tribunal Supremo de Justicia de Venezuela (1999-2009)", en *IUSTEL, Revista General de Derecho Administrativo,* No. 21, junio 2009, Madrid, ISSN-1696-9650.

ca de Estado, un proceso de desprecio del principio de la democracia representativa, propendiendo su sustitución por una llamada democracia "participativa."

El principio democrático está definido en la Constitución de 1999 al expresar en cuyo artículo 5, que:

> "La soberanía reside intransferiblemente en el pueblo, quien la ejerce directamente en la forma prevista en esta Constitución y en la Ley, e indirectamente, mediante el sufragio, por los órganos que ejercen el Poder Público."

De esta norma resulta que la soberanía popular y la democracia representativa[225] son principios consustanciales e indisolubles, implicando que sea imposible pensar en un régimen democrático, que pueda haber el principio de la soberanía popular sin el principio de la representatividad.[226] Éste, en sí mismo, es de la esencia de la democracia, y los vicios que la misma pueda tener lo que exigen es perfeccionarla, pero no eliminarla. Es decir, la crisis que pueda haber afectado en determinadas circunstancias la representatividad democrática, no puede conducir a su eliminación, sino a su perfeccionamiento.[227] Todo ello, para ampliar el radio de la

---

225 Véase sobre la soberanía y la democracia representativa, Alla R. Brewer-Carías, "El principio de la soberanía popular, el republicanismo y el gobierno democrático representativo," en Allan R. Brewer-Carías y José Araujo Juárez (Coordinadores), *Principios Fundamentales del Derecho Público. Desafíos actuales. Libro conmemorativo de los 20 años de la publicación de la Constitución de 1999*, Editorial Jurídica Venezolana International 2020, pp. pp. 15-39; Pedro L. Bracho Grand y Miriam Álvarez de Bozo, "Democracia representativa en la Constitución Nacional de 1999," en *Estudios de Derecho Público: Libro Homenaje a Humberto J. La Roche Rincón*, Volumen I, Tribunal Supremo de Justicia, Caracas 2001, pp. 235-254; y Ricardo Combellas, "Representación vs. Participación en la Constitución Bolivariana. Análisis de un falso dilema," en *Bases y principios del sistema constitucional venezolano (Ponencias del VII Congreso Venezolano de Derecho Constitucional realizado en San Cristóbal del 21 al 23 de noviembre de 2001)*, Volumen II, pp. 383-402.

226 Véase en Allan R. Brewer-Carías, *Debate Constituyente, Aportes a la Asamblea Nacional Constituyente, Fundación de Derecho Público, Editorial Jurídica Venezolana, Caracas 1999,* Tomo I, pp. 184 ss.

227 Las críticas a la democracia representativa deben ser para perfeccionarla, no para eliminarla y menos para sustituirla por la llamada "democracia participativa." Véase por ejemplo, Allan R. Brewer-Carías, "Sobre los elementos de la democracia como régimen político: representación y control del poder," en *Revista Jurídica Digital IUREced*, Edición 01, Trimestre 1, 2010-2011, en http://www.megaupload.com/?d=ZN9Y2W1R; "La necesaria revalorización de la democracia representativa ante los peligros del discurso autoritario sobre una supuesta "democracia participativa" sin representación," en *Derecho Electoral de Latinoamérica. Memoria del II Congreso Iberoamericano de Derecho Electoral*, Bogotá, 31 agosto-1 septiembre 2011, Consejo Superior de la Judicatura, ISBN 978-958-8331-93-5, Bogotá 2013, pp. 457-482; "Participación y

representatividad, y permitir que el pueblo, sus lugares y comunidades encuentren representación directa en las Asambleas representativas.

Esta democracia representativa es la que se regula en dicho artículo 5 de la Constitución, cuando declara que la soberanía reside en el pueblo indicando que la ejerce "indirectamente, mediante el sufragio, por los órganos que ejercen el Poder Público," para lo cual se regula además el artículo 62, el derecho de los ciudadanos de participar libremente en los asuntos públicos "por medio de sus representantes elegidos."

De ello deriva, por tanto, que la representatividad democrática siempre tiene que tener su origen en elecciones populares (art. 70), y que éstas están destinadas a elegir los titulares de los órganos que ejercen el Poder Público (que son los que establece la Constitución conforme a los principios de distribución y separación del Poder Público, art. 136), mediante sufragio universal, directo y secreto (art. 63). De allí incluso que se hable de la democracia como derecho ciudadano,[228] que implica que en el funcionamiento del régimen político se tengan que garantizar sus *elementos esenciales*, tal como los enumeró la *Carta Democrática Interamericana* de la Organización de Estados Americanos en 2001, y que son, además del respeto al conjunto de los derechos humanos y de las libertades fundamentales: 1) el acceso al poder y su ejercicio con sujeción al Estado de derecho; 2) *la celebración de elecciones periódicas, libres, justas y basadas en el sufragio universal y secreto, como expresión de la soberanía del pueblo*; 3) el régimen plural de partidos y organizaciones políticas y 4) la separación e independencia de los poderes públicos (Art. 3).

No hay por tanto democracia sin representación política establecida mediante el sufragio, lo que no impide que deba perfeccionarse haciendo más efectiva la participación del ciudadano en los procesos políticos, lográndose ello, además de con el voto a través de procesos electorales libres, justos, competitivos y verificables organizados por un árbitro electoral (Poder Electoral) efectivamente autónomo e independiente; con un proceso de descentralización política a los efectos de acercar el poder al ciudadano, lo que solo puede lograrse mediante la estructuración de entidades políticas territoriales para hacer realidad el derecho a la participación.

Pero lo que no puede admitirse es que se pretenda sustituir la democracia representativa por una supuesta "democracia participativa" que ha difundido el

---

representatividad democrática en el gobierno municipal," en la Revista *Ita Ius Esto, Revista de Estudiantes* (http://www.itaiusesto.com/), *In Memoriam Adolfo Céspedes Zavaleta,* Lima 2011, pp. 11-36; en http://www.itaiusesto.com/participacion-y-representacion-democratica-en-el-gobierno-municipal/

228 Véase Allan R. Brewer-Carías, "Algo sobre las nuevas tendencias del derecho constitucional: el reconocimiento del derecho a la constitución y del derecho a la democracia," en Sergio J. Cuarezma Terán y Rafael Luciano Pichardo (Directores), *Nuevas tendencias del derecho constitucional y el derecho procesal constitucional,* Instituto de Estudios e Investigación Jurídica (INEJ), Managua 2011, pp. 73-94.

discurso autoritario en Venezuela durante las dos primeras décadas del siglo XXI, confundiendo en general, indebidamente, la democracia participativa con elementos de democracia directa,[229] eliminando la descentralización del poder e impidiendo la propia participación política ciudadana.

La representación (democracia directa) no se contrapone a la participación sino a la democracia directa;[230] y a lo que se opone la participación es a la "exclusión" política.

Por ello, no es sino un falseamiento de la democracia el pretender vender, en el discurso autoritario, a una supuesta "democracia participativa" para superar los vicios de la democracia representativa, mediante el establecimiento de mecanismos de democracia directa que lo que persiguen es eliminar la representatividad; y sobre todo, estableciéndolos en paralelo a los propios órganos electos del Estado Constitucional para hacerle creer al ciudadano que participa, cuando lo que se está es sometiéndolo al control del poder central, como ha ocurrido en Venezuela con todo el entramado del llamado Estado del Poder Popular o Estado

---

229 Véase Allan R. Brewer-Carías, "La democracia representativa y la falacia de la llamada "democracia participativa, sin representación," en Jorge Fernández Ruiz (Coordinador), *Estudios de Derecho Electoral. Memoria del Congreso Iberoamericano de Derecho Electoral*, Universidad Nacional Autónoma de México, Coordinación del Programa de Posgrado en Derecho, Facultad de Estudios Superiores Aragón, Facultad de Derecho y Criminología, Universidad Autónoma de Nuevo León, México 2011, pp. 25 a 36. Véase Allan R. Brewer-Carías, "La necesaria revalorización de la democracia representativa ante los peligros del discurso autoritario sobre una supuesta "democracia participativa" sin representación," en *Derecho Electoral de Latinoamérica. Memoria del II Congreso Iberoamericano de Derecho Electoral*, Bogotá, 31 agosto-1 septiembre 2011, Consejo Superior de la Judicatura, ISBN 978-958-8331-93-5, Bogotá 2013, pp. 457-482. Véase, además, el libro Allan R. Brewer-Carías, *Sobre la democracia* (con Prólogo de Mariela Morales Antoniazzi), Editorial Jurídica Venezolana, New York / Caracas 2919, 576 pp.

230 Como lo ha señalado la Corte Primera de lo Contencioso Administrativo en sentencia N° 1037 de 1 de agosto de 2000 (Caso: *Asociación de Propietarios y Residentes de la Urbanización Miranda (APRUM) vs. Alcaldía del Municipio Sucre del Estado Miranda*): "La democracia participativa no choca necesariamente con la democracia representativa, ni se excluyen, y dentro de un sistema Republicano necesariamente deben haber autoridades, Poderes Públicos que representen a los demás, y esa es la esencia misma de la República como tal; son estos entes representativos quienes van a establecer las normas para poder permitir la participación, porque toda participación debe estar sujeta a unas normas o a un principio de legalidad que establezca cuáles son los poderes de la Administración Pública y en qué manera los ciudadanos pueden hacerse parte de la actividad administrativa y la participación legítima a los órganos de representación republicanos, razón por la cual ambos tipos de democracia se complementan." Véase en *Revista de Derecho Público*, N° 83 (julio-septiembre), Editorial Jurídica Venezolana, Caracas 2000, p. 394.

Comunal.[231] Lo cierto sin embargo, es que no puede existir en el mundo contemporáneo una democracia que sea sólo refrendaria, plebiscitaria o de cabildos abiertos permanentes como los concejos comunales, y menos si sus "voceros" no son electos mediante sufragio universal, directo y secreto.

En todo caso, como producto del discurso autoritario de querer implantar una supuesta democracia participativa eliminando la democracia representativa, durante los últimos veinte años hemos sido testigos en Venezuela, de nuevo, de un proceso desarrollado en colusión entre el Poder Ejecutivo y el Juez Constitucional para implantar un Estado Comunal, siendo éste último el instrumento directo del proceso de demolición sistemática no sólo del principio democrático representativo, incluso del propio principio democrático participativo, además del principio del gobierno alternativo y electivo, del antes mencionado principio de la separación de poderes y el principio descentralizador del Estado federal

En este campo, por tanto, la primera víctima del Juez Constitucional ha sido el principio democrático representativo[232] que ha sido sucesivamente lesionado, para cuyo efecto, el mismo Juez Constitucional afectó el derecho político de los ciudadanos a elegir representantes en fraude a la representación proporcional (2006); avaló las inconstitucionales inhabilitaciones políticas que afectaron el derecho de ex funcionarios públicos a ser electos (2008, 2011); arrebató a una diputada en ejercicio el poder continuar ejerciendo su mandato, revocándoselo inconstitucionalmente (2014); revocó ilegítima e inconstitucionalmente el mandato popular a varios Alcaldes, usurpando las competencias de la Jurisdicción Penal (2014); demolió el principio del gobierno democrático electivo y representativo, al imponerle a los venezolanos un gobierno sin legitimidad democrática en 2013, sin determinar con certeza el estado de salud, del Presidente Hugo Chávez Frías, o si estaba vivo; eliminó la exigencia de sufragio para designación de autoridades municipales (2017), eliminó el sufragio universal, directo y secreto en la elección de diputados en representación de las comunidades indígenas (2020), y eliminó el carácter alternativo del gobierno (2009).[233]

---

231 Véase Allan R. Brewer-Carías, "El populismo constitucional y el "nuevo constitucionalismo." O de cómo se destruye una democracia desde dentro," en el libro de Juan Carlos Cassagne y Allan R. Brewer-Carías, *Estado Populista y Populismo Constitucional*, Ediciones Olejnik, Editorial Jurídica Venezolana, 2020, pp. 121 ss.

232 En este punto seguimos lo expuesto en Allan R. Brewer-Carías, "El Juez Constitucional en Venezuela y la destrucción del principio democrático representativo," en *Revista de Derecho Público*, No. 155-156, julio-diciembre de 2018, Editorial Jurídica Venezolana, Caracas 2018, pp. 7-44.

233 Véase Allan R. Brewer-Carías, "La democracia y su desmantelamiento usando la justicia constitucional: Peligros del autoritarismo," O de cómo, en Venezuela, el Juez Constitucional demolió los principios de la democracia representativa, de la democracia participativa y del control del poder), preparado para la conferencia del autor sobre "Democracia y Justicia Constitucional: Peligros del Autoritarismo," en *Elecciones*

Pero entre todas estas violaciones a la democracia representativa, debe mencionarse el esfuerzo que desde 2007 comenzó a hacer Hugo Chávez para eliminar el sufragio y representación del país, plasmado en el proyecto de reforma constitucional que presentó a la Asamblea Nacional para la creación del Estado Comunal o del Poder Popular,[234] con la cual buscaba reformar el artículo 136 de la Constitución para establecer *una "democracia" sin representación*, es decir, según lo que fueron sus propias palabras, que "no nace del sufragio ni de elección alguna, sino que nace de la condición de los grupos humanos organizados como base de la población." [235]

La propuesta de reforma constitucional que buscaba eliminar el sufragio y la democracia representativa y su sustitución por una supuesta "democracia participativa," como se dijo, fue rechazada por el pueblo, lo que no impidió a Chávez implementar inconstitucionalmente la reforma mediante un conjunto de Leyes Orgánicas, primero sobre los Consejos Comunales sancionada en 2006,[236] y luego sobre el Poder Popular y las Comunas sancionadas en 2010,[237] junto con la reforma de

---

y democracia en América latina: El desafío autoritario – populista (Coloquio Iberoamericano, Heidelberg, septiembre 2019, homenaje a Dieter Nohlen), (Editor: Allan R. Brewer-Carías), Colección Biblioteca Allan R. Brewer-carías, Instituto de Investigaciones Jurídicas de la Universidad católica Andrés bello, Editorial Jurídica Venezolana International, Caracas 2020, pp. 98-117.

234 Véase Allan R. Brewer-Carías, *Hacia la consolidación de un Estado Socialista, Centralizado, Policial y* Militarista, *Comentarios sobre el sentido y alcance de las propuestas de reforma constitucional 2007,* Colección Textos Legislativos, N° 42, Editorial Jurídica Venezolana, Caracas 2007, 157 pp.

235 Véase *Discurso de Orden pronunciado por el ciudadano Comandante Hugo Chávez Frías, Presidente Constitucional de la República Bolivariana de Venezuela en la conmemoración del Ducentésimo Segundo Aniversario del Juramento del Libertador Simón Bolívar en el Monte Sacro y el Tercer* Aniversario *del Referendo Aprobatorio de su mandato constitucional,* Sesión especial del día Miércoles 15 de agosto de 2007, Asamblea Nacional, División de Servicio y Atención legislativa, Sección de Edición, Caracas 2007, p. 35

236 Véase en *Gaceta Oficial* N° 39.335 de 28 de diciembre de 2009. Véase Allan R. Brewer-Carías, *Ley* Orgánica *de Consejos Comunales,* Colección Textos Legislativos, N° 46, Editorial Jurídica Venezolana, Caracas 2010.

237 Véase en *Gaceta Oficial* N° 6.011 Extra. de 21 de diciembre de 2010. La Sala Constitucional mediante sentencia N° 1330 de 17 de diciembre de 2010 declaró la constitucionalidad del carácter orgánico de esta Ley. Véase en http://www.tsj.gov.ve/decisiones/scon/Diciembre/1330-171210-2010-10-1436.html. Véase en general sobre estas leyes, Allan R. Brewer-Carías, Claudia Nikken, Luis A. Herrera Orellana, Jesús María Alvarado Andrade, José Ignacio Hernández y Adriana Vigilanza, *Leyes Orgánicas sobre el Poder Popular y el Estado Comunal (Los consejos comunales, las comunas, la sociedad socialista y el sistema económico comunal),* Colección Textos Legislativos N° 50, Editorial Jurídica Venezolana, Caracas 2011; Allan R. Brewer-Carías, "La Ley Orgánica del Poder Popular y la desconstitucionalización del Estado de derecho en Venezuela," en *Revista de Derecho Público,* N° 124, Editorial Jurídica Venezolana, Caracas 2010, pp. 81-101.

la Ley Orgánica del Poder Público Municipal,[238] estableciendo el marco normativo de un nuevo Estado *paralelo al Estado Constitucional*, desconstitucionalizándolo,[239] denominado "Estado Comunal" o del "Poder Popular." [240]

En ese nuevo esquema se configuró un sistema político estatal ignorándose la democracia representativa al establecerse que los "voceros" de los Consejos Comunales, sin autonomía política, no son electos por sufragio universal, directo y secreto, sino a mano alzada "en nombre del pueblo," por asambleas controladas por el partido oficial y por el Ejecutivo Nacional. Además, en dichas leyes, se le asignó a los "voceros" de los Consejos Comunales la función de designar a los miembros de las Juntas Parroquiales, las cuales, en consecuencia, fueron "degradadas," dejando de ser las "entidades locales" que son conforme a la Constitución, con gobiernos electos por sufragio universal directo y secreto; pasando a ser simples órganos "consultivos, de evaluación y articulación entre el Poder Popular y los órganos del Poder Público Municipal" (art. 35), cuyos miembros, además, los deben designar los voceros de los consejos comunales de la parroquia respectiva (art. 35), y sólo de entre aquellos avalados por la Asamblea de Ciudadanos "de su respectivo consejo comunal" (at. 36). [241]

---

238 Véase en Gaceta *Oficial* N° 6.015 Extra. de 28 de diciembre de 2010.

239 Véase en general sobre este proceso de desconstitucionalización del Estado, Allan R. Brewer-Carías, "La desconstitucionalización del Estado de derecho en Venezuela: del Estado Democrático y Social de derecho al Estado Comunal Socialista, sin reformar la Constitución," en *Libro Homenaje al profesor Alfredo Morles Hernández, Diversas Disciplinas Jurídicas,* (Coordinación y Compilación Astrid Uzcátegui Angulo y Julio Rodríguez Berrizbeitia), Universidad Católica Andrés Bello, Universidad de Los Andes, Universidad Monteávila, Universidad Central de Venezuela, Academia de Ciencias Políticas y Sociales, Vol. V, Caracas 2012, pp. 51-82; en Carlos Tablante y Mariela Morales Antonorzzi (Coord.), *Descentralización, autonomía e inclusión social. El desafío actual de la democracia,* Anuario 2010-2012, Observatorio Internacional para la democracia y descentralización, En Cambio, Caracas 2011, pp. 37-84; y en *Estado Constitucional,* Año 1, N° 2, Editorial Adrus, Lima, junio 2011, pp. 217-236.

240 El 1 de marzo de 2021, la Asamblea Nacional ilegítimamente electa en diciembre de 2020, aprobó en primera discusión la Ley Orgánica de las Ciudades Comunales, y la Ley Orgánica del Parlamento Popular Nacional, como se expresa en el artículo 1 de la última para su "aplicación en las diferentes escalas del Sistema Nacional de Agregación Comunal, como instancias de participación democrática, protagónica y decisoria para el ejercicio directo de la soberanía popular y sus relaciones con entes u órganos del poder público para la deliberación, legislación, formulación, ejecución, control y evaluación de las políticas públicas, así como de los planes, programas, normas y proyectos que propicien el desarrollo de la comunalización del Estado como vía de materialización del Socialismo Comunal y Bolivariano del Siglo XXI." Véase: http://www.asambleanacional.gob.ve/noticias/an-aprobo-el-plan-legislativo-nacional-2021-con-35-leyes-de-interes-prioritario-para-el-pais

241 Adicionalmente, en forma evidentemente inconstitucional, la Ley de reforma del Poder Municipal de 2010, decretó la "cesación" en sus funciones de "los miembros

Por ser inconstitucionales, dichas Leyes Orgánicas del Poder Popular fueron impugnadas ante la Sala Constitucional, al igual que la Ley de reforma de la Ley Orgánica del Poder Municipal de 2010, caso éste último que la Sala Constitucional si decidió mediante sentencia No. 355 de 16 de mayo de 2017,[242] pero para simplemente, desconociendo el pilar de la democracia en Venezuela que es la democracia representativa, admitir la posibilidad de que los miembros de las Juntas Parroquiales fueran designados por los Consejos Comunales, en un proceso que ni siguiera es una elección de segundo grado, porque no hay elección de primer grado en la designación a mano alzada de los voceros de los consejos comunales; y ello lo hizo para pretender privilegiar la "participación sin sufragio" sobre la participación mediante el sufragio, siguiendo la misma retórica "participativa" vacía que ha utilizado en muchas de sus decisiones anteriores, afirmando que el "derecho general a participar en los procesos de decisión en las distintas áreas" se ha establecido sin haber sido limitado a "la designación de representantes a cargos públicos de representación popular, toda vez que lo que se plantea, en definitiva, es el protagonismo fundamental de ciudadanos, la participación como nuevo paradigma determinante del nuevo régimen constitucional."

En todo caso, no es que el derecho a la participación política previsto en el artículo 62 de la Constitución se limite a la participación mediante el sufragio conforme al artículo 63 del mismo texto constitucional; sino que tratándose de pretendidas entidades políticas territoriales como son los Consejos Comunales, la designación de sus autoridades no puede realizarse en otra forma que no sea mediante elección por sufragio universal, directo y secreto; por lo que, contrario a lo resuelto por la Sala en la sentencia, el artículo 35 de la Ley Orgánica impugnada si estaba viciado de inconstitucionalidad, en lo que respecta a la designación (mal llamada "elección") de los miembros de las Juntas Parroquiales Comunales, lo que efectivamente sí quebrantaba el derecho constitucional al sufragio.

Conforme a lo antes señalado, en consecuencia, durante los últimos veinte años, los principios del constitucionalismo, de la soberanía popular y de la repre-

---

principales y suplentes, así como los secretarios o secretarias, de las actuales juntas parroquiales, quedando las alcaldías responsables del manejo y destino del personal, así como de los bienes correspondientes" (Disposición Derogatoria Segunda.

242 Caso: *impugnación de la Ley de reforma de la Ley Orgánica del Poder Público Municipal*. Véase en http://historico.tsj.gob.ve/decisiones/scon/mayo/199013-355-16517-2017-11-0120.HTML. Véase los comentarios a esta sentencia en Emilio J. Urbina Mendoza, "Todas las asambleas son sufragios, y muchos sufragios también son asambleas. La confusión lógica de la sentencia 355/2017 de la Sala Constitucional del Tribunal Supremo de Justicia y la incompatibilidad entre los conceptos de sufragio y voto asambleario," y José Ignacio Hernández G., "Sala Constitucional convalida la desnaturalización del Municipio. Notas sobre la sentencia N° 355/2017 de 16 de mayo," en *Revista de Derecho Público*, N° 150-151 (enero-junio 2017), Editorial Jurídica Venezolana, Caracas 2017, pp. 107-116 y 349-352.

sentación democrática consagrados en la Constitución han sido falseados. El texto fundamental lamentablemente ha dejado de ser la Carta rígida, sola emanación de la soberanía popular, habiendo perdido sus normas su carácter supremo e inmutable. Además, la soberanía popular ha sido usurpada mediante Asambleas Constituyentes ilegítimas, convocadas igualmente en usurpación de la voluntad popular.

Y el principio de la representación, de la esencia de la democracia, cuyo ejercicio por el pueblo se realiza básicamente en forma indirecta, mediante representantes electos por sufragio universal, directo y secreto, independientemente de los mecanismos de ejercicio directo de la democracia que puedan establecerse, se ha querido eliminar, pretendiendo sustituirlo por supuestos mecanismos de "participación" que no son otra cosa que sistemas de control estatal de la voluntad popular, para impedir su manifestación efectiva.

4. *Balance General: La Mentira Como Política de Estado*

Como lo expresé en un libro publicado en 2015, para un profesor de derecho público, la paradoja que resulta de un gobierno cuyos funcionarios invocan a cada instante la Constitución para justificar sus arbitrariedades, violándola a abierta y permanentemente, es sin duda algo absolutamente incomprensible, salvo si esa conducta se entiende como parte de una política de Estado basada en la mentira,[243] en ejecución de la cual, a pesar del texto constitucional, lo que se construyó en Venezuela fue un Estado autoritario producto de la demolición de las instituciones democráticas,[244] y del desprecio a la Ley;[245] "avalado" por un juez constitucional, que resultó ser, no el guardián de la Constitución, sino el guardián del gobierno y el instrumento para afianzar el autoritarismo.[246]

El resultado ha sido un absurdo proceso, especie de "ilegalidad de derecho," como la calificó Piero Calamandrei al analizar la situación en el régimen fascista en Italia. De ello Calamandrei concluyó afirmando en definitiva, que de lo que se trató jurídicamente de una gran mentira o falsedad.

---

243 Véase Allan R. Brewer-Carías, *La mentira como política de Estado. Crónica de una crisis política permanente. Venezuela 1999-2015* (Prólogo de Manuel Rachadell), Colección Estudios Políticos, No. 10, Editorial Jurídica Venezolana, Caracas 2015.

244 Véase Allan R. Brewer-Carías, *Dismantling Democracy. The Chávez Authoritarian Experiment*, Cambridge University Press, New York, 2010.

245 Véase nuestro libro: *Estado Totalitario y desprecio a la Ley. La desconstitucionalización, desjuridificación, desjudicialización y des-democratización de Venezuela*, Editorial Jurídica Venezolana, 2014.

246 Véase nuestro libro: *Golpe a la democracia dado por la Sala Constitucional, (De cómo la Sala Constitucional del Tribunal Supremo de Justicia de Venezuela impuso un gobierno sin legitimidad democrática, revocó mandatos populares de diputada y alcaldes, impidió el derecho a ser electo, restringió el derecho a manifestar, y eliminó el derecho a la participación política, todo en contra de la Constitución)*, Colección Estudios Políticos N° 8, Editorial Jurídica venezolana, Caracas 2014.

En efecto, en un libro póstumo, publicado en 2014, titulado *Il fascismo, come regime della menzogna* (Laterza, 2014,) Calamandrei recordó lo que bien podía aplicarse a todos los profesores de derecho en situación similar, como ha sido mi caso, al tener que escribir por formación académica, sucesivamente, advirtiendo durante dos décadas sobre las inconstitucionalidades e ilegalidades del régimen en Venezuela. Calamandrei, en efecto constató al referirse a Italia, cuán admirable había sido:

> "el empeño con el cual los profesores de derecho constitucional buscaban resolver las miles de adivinanzas que provocaba el régimen fascista: ¿Era revolución o no lo era? ¿Había sido o no eliminada la monarquía representativa? ¿La Constitución estaba en vigor o había sido suprimida? ¿Existía igualdad entre todos los ciudadanos ante la ley, o acaso se había introducido una distinción entre los inscritos (en el partido fascista) que tenían todos los derechos, y los no inscritos, que tenían todos los deberes?"

Mutatis mutandi, cuánta verdad y similitud con nuestro caso, setenta años después!!

De ello, Calamandrei constató sobre el régimen fascista, lo que es enteramente aplicable al régimen de Venezuela iniciado por Hugo Chávez, que el mismo:

> "fue algo más profundo y complicado que una oscura ilegalidad: Fue la simulación de la ilegalidad, el fraude, legalmente organizado, a la legalidad. A la tradicional clasificación de las formas de gobierno cabía agregar, ahora, una palabra que lograse darle significado a este nuevo y distinto régimen: *El gobierno de la indisciplina autoritaria, de la legalidad adulterada, de la ilegalidad legalizada, del fraude constitucional.*"

En un régimen como fue fascismo italiano, lo que se aplica totalmente al régimen que Venezuela ha padecido desde 1999, simplemente, en palabras de Calamandrei:

> "las instituciones se entienden no por aquello que está escrito en las leyes, sino por lo que se lee entre líneas dentro de éstas: Las palabras no tienen más el significado registrado en el vocabulario, sino un significado diverso y de ordinario opuesto al vocabulario común, inteligible solamente para los "iniciados" [del régimen].

De lo anterior concluía Calamandrei, con razón, que lo que caracterizó al fascismo, es decir, lo que fue su común denominador, tal y como también ocurrió con el régimen iniciado por Hugo Chávez en 1999, fue la utilización de la mentira, de la falsedad, y del doblez, lo que:

> "Resulta de la combinación de dos ordenamientos, uno dentro del otro: Hay un ordenamiento oficial, que se expresa en las leyes, y otro oficioso,

que se concreta en la práctica política sistemáticamente contraria a las leyes. Y a dicha duplicidad de ordenamientos corresponde otro doble nivel de órganos: una burocracia de Estado y una burocracia de partido, pagadas ambas por los mismos contribuyentes y unidas en el vértice, alrededor de una sola persona que es, a la vez, Jefe del Gobierno y Duce del fascismo (cabeza del partido). De modo que, entre la burocracia de la legalidad y la burocracia de la ilegalidad no existe ningún antagonismo, sino un alianza secreta, una especie de *recíproca vicariedad*: tanto que para comprender lo que es exactamente ese régimen, mal se le debe pedir explicación a una sola de esas burocracias, sino que hay que buscarla en el punto donde ellas se encuentran, es decir, a mitad de camino entre la legalidad y la ilegalidad."

Al releer estas reflexiones de Calamandrei, después de preparar estas notas sobre populismo constitucional y fraude a la Constitución, aplicadas al caso venezolano, la conclusión no es otra sino que el "nuevo" y falso Estado de derecho, falseado y fraudulent,o que ha hecho aparición en nuestra América Latina en estos comienzos del siglo XXI, a vista de todo el mundo democrático, no ha sido otra cosa sino el producto de la mentira, el engaño, la falsedad y el fraude aplicado como política de Estado.

Golpe de estado constituyente y fraude constitucional.
Lecciones de la experiencia venezolana con la
Asamblea Constituyente de 1999
de
ALLAN R. BREWER-CARÍAS
se imprimió en la República Argentina
en octubre de 2021.

www.ingramcontent.com/pod-product-compliance
Ingram Content Group UK Ltd.
Pitfield, Milton Keynes, MK11 3LW, UK
UKHW042109021026
15589UKWH00001B/290

9 789564 070582